忘れえぬ人びとの跫音《あしおと》

もっと!
それゆけ
歴史街道

細野哲弘

ウェイツ

備中高梁頼久寺庭園
（備中高梁市：愛宕山を借景にした庭も丸窓の眺めも美しい。「なすこともなき身の夢のさむるあけぼの」）

大徳寺弧篷庵
（京都市：令和4年の特別公開は実に7年ぶりであった。趣向と物語性に溢れ、遠州らしさを感じることができた。「なすこともなき身の夢のさむるあけぼの」）

備中松山城
（岡山県高梁市：430mの臥牛山頂に聳える城への登城坂は高木と険しい岩が連なって、古くから山陰と瀬戸内海をつなぐ要衝の城であった。明治期に一旦は廃城の決定がなされたが、これを取り壊し処理するには峻険すぎる山頂にあるという理由で取り壊しを免れ、現存12天守の一つとなった幸運な城。今や天空雲海に浮かぶ山城として人気を博し、今回の訪問に際してもわざわざこれを見に札幌から来たというご夫婦と一緒になった。現在は城も登城道も整備されているが、麓から30分近くかけて杖ついて上がり下りするしかない立地は、確かにデイリーワーク用には向かず、政庁は麓の頼久寺に置かれた。「なすこともなき身の夢のさむるあけぼの」）

信松院松姫像（八王子市：金龍山信松院　金龍山信松院は、八王子市台町の「松姫街道」と「南大通り」の交差する角にある。松姫像は、寺院の門の傍らにある小振りの像である。門を入ると左側に松姫がこの地に移る前に一時身を寄せた庵に因んだ「金照庵」というカフェがあり、そこで「松姫もなか」という菓子を楽しむことができる。「紡ぎ伝えられる遺命（その1）―武田松姫の生涯―」）

保科正之墓所（福島県猪苗代町見祢山／土津神社：正之は猪苗代湖を一望できるここを墓所とするよう生前から定め置いたとされる。「紡ぎ伝えられる遺命（その2）―保科正之の生涯―」）

江戸城開場談判

（結城素明 作 聖徳記念絵画館所蔵。対面図についてはかねて気になっていることがある。会談場所が薩摩藩邸であり、また勝海舟は客分であり公儀代表でもあるので、彼が上座にあるのはよいとして、交渉の席で彼は刀を自らの左手に置いているのである。これは、油断のない構えでいつでも刀にモノを言わせるぞという「抜き打ち座」という刀の置き方、座り方である。一方、西郷隆盛の方は脇差のみである。本文にあるように、両者は一定の信頼のもとに対座しているはずなのであるが、やはり、交渉次第ではいかなる事態も想定されるが幕府側の対応には制約があり、背水の陣で臨まざるをえないという緊迫した状況を示しているのであろう。「員に備わるのみ」）

西郷隆盛―勝海舟会見史跡

（東京都港区：JR田町駅の近くに西郷―勝の会見史跡の碑がある。旧薩摩藩邸の場所である。令和4年現在、一帯は工事中にて史跡碑も別の場所に一時保管されている。「員に備わるのみ」）

三岡八郎像

（この像は改名後の由利公正の立像として、福井市由利公正公園内にある。ここを訪れて写真を撮った際、急に激しく雨が降り出して、「さすがに、風雲児だけのことはあるわい」と思いながら、ずぶぬれになりながら帰路を急いだ。「恐れながらお尋ねに付き奉って申し上げ候」）

源頼朝房総上陸地(千葉県鋸南町竜島：現地に赴いた日はちょうど春一番が吹き晴天で気持ちの良い日和であった。波は高かったが、対岸の三浦半島がうっすらと見え、海鳥が舞い、沖には頼朝の使った舟の何万倍かの大きさのタンカーが航行していた。「鎌倉草創期の「真実」」)

細川忠興、玉（ガラシャ）像

（この像は、長岡京市の勝竜寺城の敷地内にある。二人は、此処で新婚生活を送った。「梓弓もと立つばかり道を正して」）

ロシア・ウラジオストック駅

（福島正安が目指した極東の町の駅である。筆者はさすがに延々とシベリア鉄道の旅をするわけにもいかなかったが、ウラジオストックから1区間だけ乗ってみた。30分ほど乗って降りた駅（ウゴルナヤ駅）で偶々ホームにいたロシアの男性となぜか目が会って、車内で飲んだウオッカの勢いもあったかもしれないが、ご覧のように交歓した。ウクライナ侵攻前にはこんなことも出来たのである。「独り剣を撫して虎穴に入らん」）

田村家46代当主田村弘正氏と

（氏の山梨県笛吹市一宮のご自宅にて：突然の訪問にも、弘正氏は快く対応していただいた。色々お話を伺い、資料も頂戴した。氏の長女かおる氏には帰りに最寄り駅まで送っていただくなど、ご両所にはお手数をおかけした。背景に写る白い建物は、倉であったものを氏が田村家の事蹟を紹介するミュージアムとするべく当時整備中だったもの。惜しむべき哉（かな）、氏は令和4年にその完成を待たず逝去された。なお、勘当が解かれて田村姓に復帰した田村怡与造は43代目当主である。「怡与造と林太郎そして源太郎のクラウゼヴィッツ」）

二条城二の丸御殿　黒書院方面からの庭園の眺め
（「なすこともなき身の夢のさむるあけぼの」）

二条城清流園 香雲亭と庭園
（清流園の亭と庭園は、建築部材、庭石、樹木の多くを豪商・角倉了以の屋敷跡から譲り受け、京都市が迎賓施設として整備したモノである。上の写真は、2009年三極特許長官会合を京都で開催した折、門川市長のご厚意で、香雲亭で米国、欧州の長官と一緒に着物を着せて頂き、抹茶をふるまうアトラクションイベントをした際のもの。「なすこともなき身の夢のさむるあけぼの」）

二条城石垣
（二条城には、大政奉還の場所として有名な大広間のある二の丸御殿とは別に、ちゃんと内堀を穿（うが）った「本丸」があり、「本丸御殿」もあって、その本丸の敷地の南西隅には五層の立派な天守閣もあった。こうした曲輪（くるわ）の縄張りを「輪郭式」という。残念ながら、天守閣は伏見城から移築したとされるその二代目のものが寛延三年に落雷で焼失し、以来再建されず今日に至っている。現在は天守台の石垣が残るのみであるが、どうしてどうして、「打込接（うちこみつ）ぎ」の手法で組み上げられた堂々とした石垣である。「なすこともなき身の夢のさむるあけぼの」）

目次

小評論

はじめに

令和三年（二〇二一年）二月に「家庭内手作り本」のような体裁で恐る恐る出版した「それゆけ！　歴史街道」は、お蔭様で同好の皆様に喜んでいただきました。それに意を強くして、此の度、それと同じような趣旨で書き溜めたエッセイを取り纏めて、「第二弾」を上梓することと致しました。

歴史を辿るのは、素人は素人なりにそれ自体楽しいことです。また、前著でも申し上げたのですが、素人なりにも、「歴史を紐解くということは、その時の主人公の立場に我が身を置いて、疑似体験をしながら自分ならどうしたかを夢想してみることである」という思いが予《かね》てよりありました。それは今も変わらず、「よこ道、うら径《みち》、まわり路《みち》、ときに行き止まり途《みち》」を実際に辿って、出来るだけ当時の主人公と同じ空間・雰囲気に身を涵《ひた》して、思いをはせて書き連ねて参りました。

前著で、今顧みても汗顔の至りなのですが、子供のころから親しんだ郷土岐阜の凱世の英雄・信長というビッグネームを無謀にも「四部作」仕立てで取り上げたことと、一部の評論とを例外として、あとは一貫して、「必ずしも人口に膾炙《かいしゃ》されていない人びと」にまつわる「ちょっといい話」、「意外なこぼれ話」、「自ずと背筋の伸びる話」を各地に求めることを旨としてきました。今回は五つのジャンルに纏《まと》めてみました。

この二年間に世界、我が国はともに驚愕《びっくり》するような出来事に見舞われ、大きく動揺しました。この本に収められた主題には、過去の出来事に事寄せて、現代社会の課題を投影するものもいくつかあります。また、エッセイではないのですが、折々に感じた事柄を、どちらかというと川柳に近いかもしれない拙い和歌《うた》に詠んだものをも「付録」でつけるという横着もさせていただきました。

ここに収録したものの太宗は、前回同様、以前お世話になった特許庁の「ＴＯＫＵＧＩＫＯＮ（特技懇）」という専門機関誌に、「閑話休題」で掲載の機会を頂いてきたものです。今回の取り纏め出版に当たっても、同誌の編集関係者には快くその原本使用と再編集を認めて頂きましたこと及び十年以上前に寄稿をさせて頂いた「公研」誌の編集関係者にも同様の便宜を頂いたこと、並びに（株）ウェイツの中井健人さん、飯田慈子さんには再編集とその製本に当たってお世話になったことに対し、改めて心よりお礼申し上げます。

なお、前回、一連の稿の文体を「硬すぎて読む気がしない」、「漢字が多くて読みづらい」のではないかと心配し、見かねた家族が「読んで頂く方に少しは和《なご》んで頂けるように」と描いてくれた挿絵は、本文を上回る好評を頂いたので、今回も入れさせて頂きました。仕事や家事／出産の合間を縫って幾つか挿絵を描いてくれた娘の川村萌子、田尻翔子、そしてニコニコして彼女らを見守ってくれた妻の裕子と娘たちの亭主殿に感謝します。

令和五年二月

M.

託《たっ》孤《こ》寄《き》命《めい》に導かれ

紡《つむ》ぎ伝えられる遺命（その一）――武田松姫の生涯――

天正十年（一五八二年）二月末、織田信忠は五万の軍勢を率いて、伊那の高遠城《たかとおじょう》を包囲していた。信濃伊那口から攻め込み、既に松尾城、飯田城などを落とし、または帰順させ、高遠城を攻略すれば、新府城に依る武田勝頼（1）を完全に孤立させることのできる重要な局面であった。立て籠《こも》る守兵はわずか二千五百。兵を周到に布陣させながら、それでも信忠が時間を費やしたのは、父信長から、「今の武田勢にあって唯一油断のならないのが、高遠城主の仁科五郎盛信（2）である。心して掛かれ。」との指示を受けていたからであるが、もう一つ理由《わけ》があった。高遠城に盛信の妹の松姫が身を寄せているとの消息があり、その真相、安否を確認したかったのである。松姫は信忠の元許嫁《いいなずけ》で、このあと述べていく経緯《いきさつ》で家と家との関係では破談となっていたが、信忠にとっては断ち切れぬ想いを持ち続けた相手であった。

信忠から城中の盛信に使者（寺僧）が立てられた。盛信に時勢を説き、盛信の武勇を惜しんで降伏を促すものであった。盛信は敢然とこれを拒否する口上を伝えるとともに、一旦奥に下がりわざわざその覚悟を自筆で書面に認《したた》め、「二度とかかる手管《てくだ》を弄するな」と言い含めて使者に持ち帰らせている。しかし、なぜか、その使者は復命ののち再び城に赴くのだが、盛信は二度と来るなと申したはずだと激昂し、使者の口上を聞かぬうちに耳をそぎ落とし、馬にくくりつけて送り返したとされている。

不思議なやりとりである。真相は不明であるが、このあと攻め手の信忠は踏ん切りがついたかのように三月二日を期して総攻撃に移り、城を攻め落としている。覚悟の盛信は奮戦ののち、夫人と共に自刃。享年二十六歳。さらに陣を進めた織田勢が勝頼を新府城から追い落とし、天目山において遂に武田家を滅亡に至らせたのは、三月十一日のことである。

織田信長と武田信玄とは、直接対決こそ殆《ほとん》どなかったが、ある意味において、戦国時代の世代交代を象徴する代表的武将であった。だからと言って、別に武田信玄が「因習《ふるくさい》」と言っているのではない。彼は、この時期の戦国大名の多くのように下克上で成り上がったのではなく、清和源氏の流れをくむ代々守護大名を務める名門の一族である。領内の統治においても、信玄堤に代表されるような優れた業績を残している。最終的には、両勢力は長篠（設楽ガ原）の戦において時代的な明暗を分けることになるのであるが、それは信玄のあとの話。

仁科盛信甲冑像
（伊那市高遠町歴史博物館）

それ以前の段階では、十三歳という年齢差や実績において信玄が戦国武将として圧倒的に存在感のある先輩格であった。信玄から見ると、上杉謙信との雌雄をつけるために時間を費やしているうちに、尾張から信長という「若造が伸《の》して」きて、「容易ならざるやつが出てきた」とは思ったかもしれないが、「まずはすぐに敵《あだ》にならないような関係にしておく」対象であったのではなかろうか。また、信長にしても、信玄には一目も二目も置くとともに、今川義元のように直接蹂躙《ふみつぶし》にかかって来ないうちは穏便を旨とし事を構えないで、美濃以西の政略に専念したい時期であった。

こういう場合には、権謀術数を秘めた政略的友好関係の取り結びとして婚姻関係が採用された。それは趣旨からいって、領主同士の「家」としての政治的判断がすべてであり、本人の意向などというものは最初《はな》から考慮されなかった。また、それぞれの「家を背負った」息子と娘でさえあれば、実子であろうが猶子であろうが、年齢も大した問題ではなかった。従って、たくさんの悲喜劇が展開されたのだが、この時期の織田―武田の苛烈な権謀の渦の中にあって、意外なほどに純粋な恋愛物語《ロマンス》があった。

織田と武田との縁組は二重に構築された。まず信長は、永禄八年（一五六五年）十一月に姪（妹婿である遠山友勝の娘）を養女にして、信玄の嫡男勝頼に嫁がせ、続いて信玄の五女松姫を信長の嫡男奇妙丸（のちの信忠）の嫁として迎えるという構想《スキーム》である。時に松姫七歳、奇妙丸十一歳であった。永禄一〇年（一五六七年）十二月に、結納の品が岐阜の信長から躑躅ヶ崎《つつじがさき》の信玄・松姫宛に送られた。当時としては破格の進物が用意された。祝儀の酒樽、肴のほか、父信玄への進物としては、虎の皮三枚、豹の皮五枚、緞子百巻、鞍《くら》と鐙《あぶみ》十口。松姫には、厚板（厚地織物）、薄板、縫白《ぬきじろ》（紫の縦糸、白の横糸の織物）、織紅梅（紫の縦糸、紅の横糸の織物）が各百反ずつ、帯三百筋、銭千貫というモノであった。これに対して明けて永禄一一年（一五六八年）六月には、信玄から岐阜への答礼品が届けられた。信長には、蝋燭（越後有明）三千張、漆千桶、熊の皮千枚、馬十一頭。奇妙丸には、大安吉の脇差、郷義弘の太刀、紅千斤、綿千把であった。昔から、結納では新婦側への品を立派にする傾向にあるが、それにしても織田側の意気込みが感じられる。武田側からの返品はやや地味であるが、甲斐は駿馬の産地であり、信長は贈られた馬に大層喜んだとされる。

当時、織田信長と徳川家康（松平元康改め）とは同盟関係にあり、家康と信玄との間には近い将来の北条領（遠江、駿河）を巡る領有密約がなされており、この松姫・奇妙丸の婚姻約束は甲信二国から三河・遠江・駿河の東海を経て濃尾二国までを包含する大勢力圏の実現を予感させるモノであった。

さても、七歳と十一歳の婚約である。現代の感覚では「ままごと夫婦」であるが、当時としても早い決め事であった。しかし、二人は頻繁に手紙文《ラブレター》や贈り物のやりとりをして、幼いながらもお互いに微笑ましく想いを膨らませていった。「どうして貴方の名前は奇妙丸なの？」みたいなやりとりであったらしい。武田側でも、輿入《こしい》れまでは織田への預かりものであるとの認識で、松姫のために躑躅ヶ崎の一画に建物を拵《あつら》え、松姫はその館で過ごした。新館御料人（御寮人）と呼ばれた。

しかし、政略で結ばれた関係は、政略の変化に翻弄《ふりまわ》される運命にあった。勝頼に嫁いだ信長の養娘（のちに龍勝院と称される）は長男の信勝を出産したものの、元亀二年（一五七一年）九月に病死してしまう。更に、翌元亀三年(一五七二年)十二月、信玄が浜松城の北の追分に進出し、徳川軍と交戦したことが大きな転換点になった。この戦いは、「三方ヶ原の戦い」と言われ、城で迎え撃つつもりだった家康は信玄の誘いに乗って城外に撃って出て、生涯忘れえぬほどに完膚《かんぷ》なきまで叩きのめされ、命からがら城に逃げ帰る決定的な敗北を喫するのである。問題は、その家康の後方支援に家康と同盟関係にある織田の軍勢が加わっており、平手汎秀など織田の有力武将が武田軍に討ち取られたことから、武田と織田との関係が微妙になり、松姫と奇妙丸の婚約が「なし崩し的」に沙汰止みになってしまったのである。なし崩しというのは、あとで述べるように正式に破談通告をするような状況ではなく、若い(幼い)二人にとっては、仕切りはそのままなのに、知らぬうちに周りの雰囲気が変わり、戸惑いの方が大きかったのかも知れない。この間の事情を記す記録は乏しいが、その後も双方に非公式な音信《やりとり》が暫く継続された気配がある。

その前後、政局は目まぐるしく展開した。時間が少々遡《さかのぼ》るが、織田や徳川(松平)が勃興するもっと前の時期に、武田信玄(甲斐)、北条氏康(相模)、今川義元(駿河)は互いに婚姻関係を結び同盟関係にあった。比較的それが安定的に機能したのは、それぞれが関心を持って対応したい戦略の向く方向が異なり、それを背後から脅かされない体制を作ることに意味があったからである。武田は信濃に、北条は関東平野内部に、そして今川は遠江、三河に勢力分布を広げることに優先度が高かった。それが、相応の成果をあげつつも、同盟当主の代替わりなどによりその治世者・武略家として実力の均衡が崩れると、たちまちのうちに関係が流動化した。義元が桶狭間に斃《たおれ》た後を襲った今川氏真、氏康の病死後を受け継いだ北条氏政などの器量、力量を見定めた信玄は、川中島を五回戦って上杉との目処をつけると、大きく動き始める。俗に「西上作戦」と称される進軍である。元亀三年（一五七二年）重臣の山県昌景と秋山虎繁（信友）に三千の兵をもって三河から浜松方面に侵攻させるとともに、自らは二万二千の軍勢を率いて遠江に侵入した。

この頃までは信長と信玄との関係は依然良好で、将軍家からの意向を受けて信長が信玄と謙信との和睦などの中立《とりもち》をしたとの記録がある。しかし、信玄が青崩峠《あおくずれとうげ》を越えて、遠江の徳川領に侵攻し、一言坂《ひとことざか》で徳川勢を蹴散らし、破竹の勢いで二俣、浜松あたりまで席巻して、前述のように三方ヶ原で家康と正面衝突をするに至って、遂に織田、武田両家の間には深刻な亀裂が生ずるに至った。

ところが、これに続く三河の野田城の攻略中に武田軍の動きが突如として止まる。そして武田軍は踵《きびす》を返して甲府に退却を始めたのである。陣中で信玄が倒れ、以西への進軍どころではなくなったのである。信玄は帰路、駒場《こまんば》（現 阿智村）に至り、「喪を秘して三年動くな」と言い置いて、息を引き取る。吾が身亡き後の武田家を憂いての無念の最期であった。元亀四年（一五七三年）四月十二日。肺

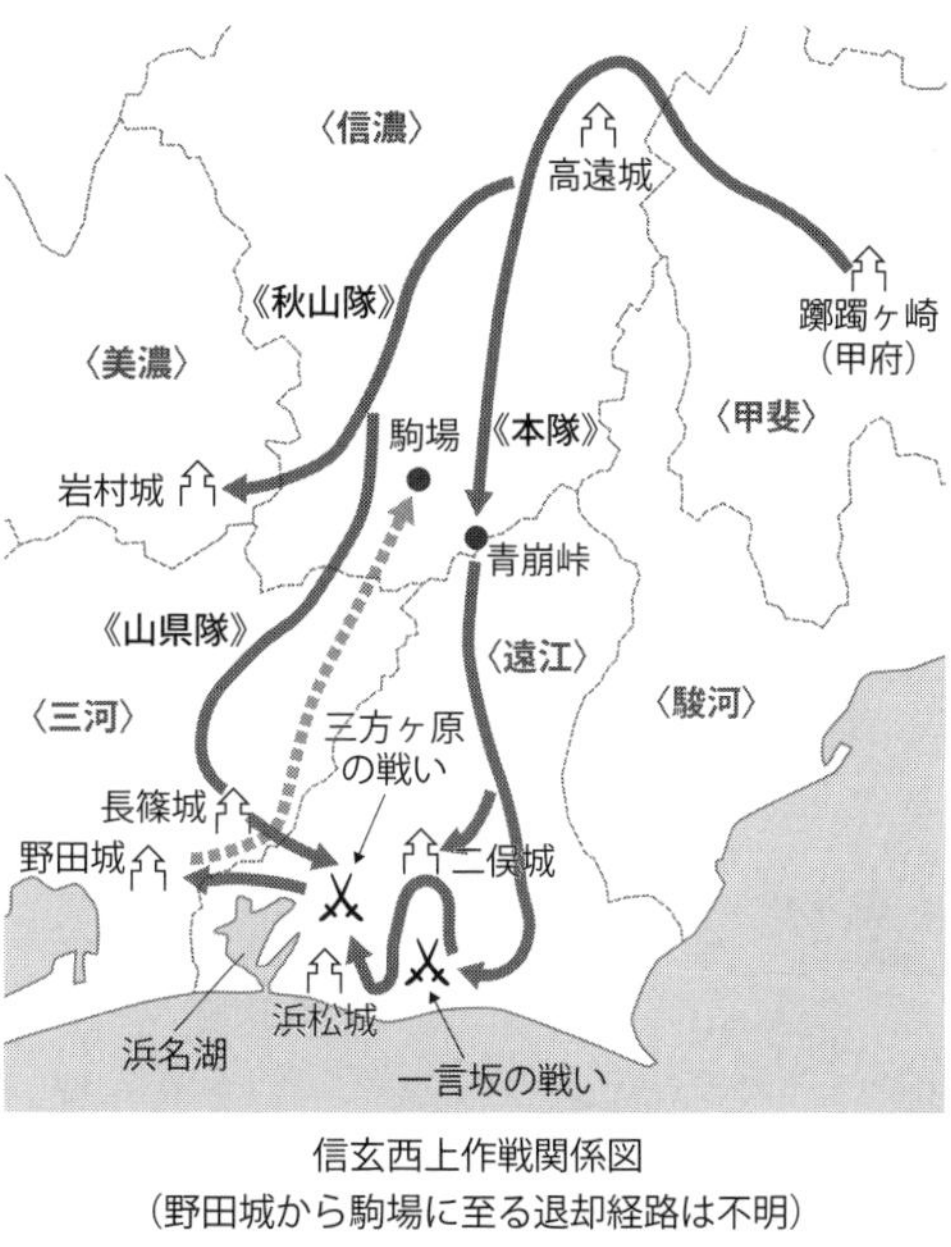

信玄西上作戦関係図
（野田城から駒場に至る退却経路は不明）

結核とも癌とも言われている。享年五十三歳。

信玄が「西上作戦」の途上で陣没しなければ、その後の戦国絵巻は変わっていたのではという「if」談義がある。確かに、その戦闘能力・勢力は当時の信長や家康を上回っていたかもしれず、もし「西上作戦」のままに実際に激突していたら、所謂《いわゆる》「長篠の戦い」に二年ほど先立つこの時期でもあり、武田が勝っていた可能性はあったかと思われる。あるいは、そのまま、信玄は上洛を果たしたかもしれない。ただ、仮にそうであっても清和源氏の流れを組む名家だからといって、「武田の天下」になったかといえば、筆者は懐疑的である。この点は、既に前著の信長を扱った別稿で述べたように、信長の「天下取り」にはそうなるべくして用意された信長特有の要素が沢山あり、信玄のそれとは異なると思うからである。本稿の主題から外れるので、深入りはしないが、当時の戦国大名が悉く《ことごと》「天下取り」を目指していたわけではないし、そもそも「天下布武」は発想からして信長の専売特許みたいなところがある。一旦やられてみれば、第三者をして「そうかそういう手もあるか」と思わせる側面はあるにせよ、誰もができる仕業《しわざ》ではなかった。

ちょっと横道に逸れたので、話を戻したい。

信玄という偉大な柱を失った武田家であったが、四郎勝頼によって継承され、依然として大きな勢力を保持した。しかし「喪を秘して動くな」との信玄の遺訓は結果的に遵守されなかった。闘将の素養はあっても残念ながら知略の将ではなかった勝頼が、重臣たちの諫言《いさめ》を聞かずに軍を催し、長篠の戦い（天正三年（一五七五年）五月）で織田・徳川連合軍に大敗を喫してしまう。さしも鉄壁の団結を誇った武田軍団も内部に深刻な分裂を生じ、凋落の坂を転げ落ちていったのは周知の通りである。

武田軍は、設楽ヶ原（長篠）での決戦で、土屋昌次、馬場信春、山県昌景、内藤昌豊、原昌胤、真田信綱・昌輝兄弟などの歴代の賢臣・強者《つわもの》を喪《うしな》い、また、本戦に先立つ鳶ノ巣砦《とびのすとりで》の攻防などでは、河窪信実・三枝昌貞（守友）、高坂昌澄などを失った。勝頼は、防御を高めるため新たに造った新府城(3)に依るも、離反する家臣を遂に束ねきれなかった。寄せ来る織田軍に押され新城をも捨てて天目山に至り、少数の家族、家臣と共に最期を迎えることとなったのは冒頭に記した通りである。なお、勝頼の死をもって武田滅亡とされるが、天目山で最期を迎えるに際し、勝頼は十六歳の嫡男信勝に「環甲の礼（甲州を統治する地位を継承する儀式）」を俄《にわか》に行っている。信勝は早くに亡くなった信長の姪を母とする世子である。勝頼が、自分の代で一族が滅ぶのは忍びないと思ったか、世子に死花を飾らせようとしたのかは不明であるが、正確には信勝の死によって武田は滅んだ。

目まぐるしく政局を追ってきたが、松姫、奇妙丸の婚約から十数年が経過していた。織田家と手切れになってからも、松姫は奇妙丸の妻になるとの思いを失わず、他から持ちかけられた縁談を顧みることもなく二十二歳を迎えていた。勝頼が新府城に移るに際して躑躅ヶ崎の館を焼き払ったため、松姫のための新館もなくなってしまった。致し方なく、松姫も新府城に移ったのであるが、それを不憫《ふびん》に思った兄で生母を同じくして仲の良かった五郎盛信が、彼女を高遠城に誘《いざな》い、このとき以来松姫はこの城に住まわっていた。

その高遠城目掛けて攻め来るのが、なお淡い思いを捨てきれないでいた信忠であるというのは、松姫にとっては胸裂ける思いであったろう。しかし、誇り高き武田の女である。かかる巡り合わせも武家の女の定めと思い切った。離反や逃散《ちょうさん》が止まらない家中にあっても、武田の矜持の象徴たる盛信を慕って、最後の決戦に馳せ参じる気骨の者どもも少なくなかった。

彼らと運命を共にする覚悟を定めた松姫であったが、盛信はそれを許さなかった。「我らはここに武田の意地を見せて果てる覚悟だが、そなたは死んではならぬ。我が娘督姫ともども落ち延びて武田の血を繋いで欲しい。」と松姫を説き伏せた。幼い姪を包み込むように輿《こし》に抱いて、後ろ髪引かれる思いで松姫が高遠城を出たのは、信忠軍が武田の城を落としつつ北上し、いよいよ高遠城に迫り来る半月ほど前であった。

途中、新府城に立ち寄った折、四郎勝頼からは娘の貞姫を、そして重臣小山田信茂の娘香具姫をも託され、幼い女子三人を連れた道中となった。

高遠城／問屋門

新府城に赴いたあと、松姫は古府中（甲府）の入明寺に武田信親を訪れている。信親は、信玄の正室三条夫人腹の次男であったが生まれつき盲目であったことから早くから出家し（法名龍宝）、躑躅ヶ崎北の館から移りこの寺にあった。信親は、長兄義信亡きあと、信玄の息子では最年長であった。生母は異なるが、松姫の別れの訪問を大層喜び、その道行を励まして武田の血を繋ぐ祈りを捧げて送り出した。天目山で勝頼自刃の知らせを受けるや、後を追って割腹自害した。

新府城（韮崎）からは、甲州街道を少し東に下り生母油川《あぶらかわ》夫人の故郷東油川を経て川中島宿場を越え、山梨郡塩山を目指した。塩山の向嶽寺《こうがくじ》で暫く様子を見るうちに五郎盛信、四郎勝頼の悲報に接して、愈々《いよいよ》容易でない事態を察し、未だ雪の残る山道に足を踏み入れた。探索の目を掻《か》い潜り、少人数の供侍、侍女に守られてゆく道中の苦労は並大抵ではなかった。追手や途中の詮索を避け、主街道を取らず山路に分け入って、塩山から大菩薩嶺を北に迂回して、藤野を目指した。四郎勝頼の正室が北条氏の出であること、北条氏政の妻（黄梅院）が松姫の姉であることの血縁、地縁を頼っての道行であった。案下峠《あんげとうげ》（相模からの呼び名は「和田峠」）を越えて武蔵に入り、横山宿恩方村（八王子）に辿り着

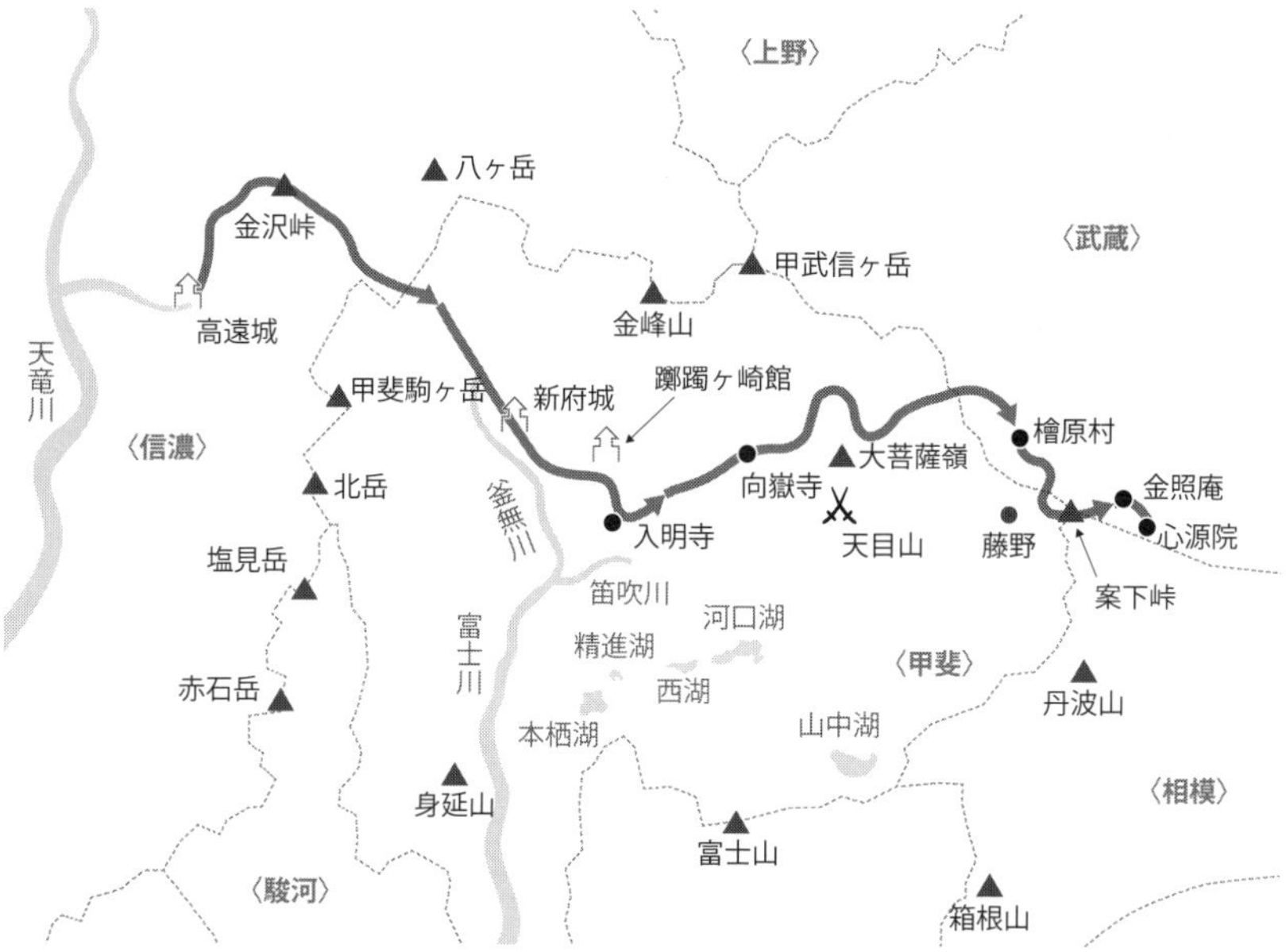

松姫逃避行図

いたのは三月の下旬のことであった。高遠城を出て一ヵ月半余が経っていた。最初、金照庵という小さな寺に依ったが、その後、北条家当主氏政の弟でこの地にあった北条氏照の口利きで、彼が師事する卜山禅師《ぼくざんぜんじ》（随翁舜悦仏国照禅師）の心源院に移り、一行は漸くにして腰を落ち着けることのできる処を得ることとなった。

亡くなった武田一族の供養をしつつ、改めて幼い姪や重臣の娘の養育に思案を始めた松姫であったが、その松姫に北条氏照を通じて、思いもかけぬ知らせが届く。「やっと、そなたを見つけた。ぜひ正室に迎え入れたい。」という申し入れであった。高遠城攻めの際、盛信とのやり取りで既に松姫が落ち延びたことは分かっていたが、その後の消息が絶えたその行方を追い、漸くに松姫の居場所を突きとめた信忠が認《したた》めたものであった。

愛《いと》しく思い続けてきた相手ではある

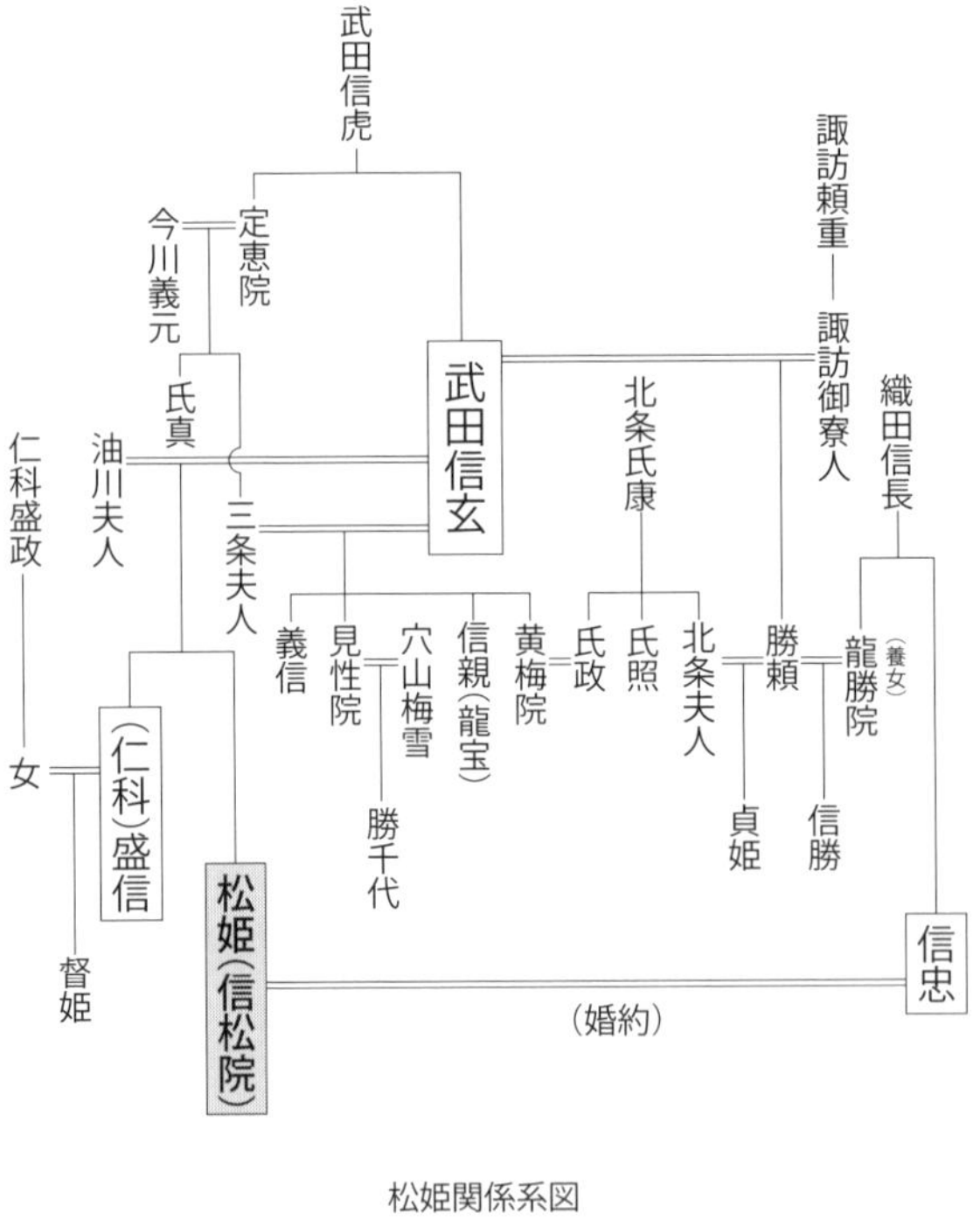

松姫関係系図

が、一族を攻め滅ぼした相手でもある男からの信じられない申し出に、松姫は愛憎の狭間《はざま》で煩悶した。しかし、既に政略的には何ら意味のない身を、なおも希求してくれる織田信忠の情愛にうたれた松姫は、遂に信忠の求めに応える決断をする。

だが、運命はどこまでも過酷であった。浮き立つ気持ちに任せて信忠の許《もと》に向かわんとする松姫にもたらされたのは、本能寺の変で信長だけでなく信忠までも世を去ったとの悲痛な知らせであった。

婚約後の二人のやり取り、想いについては、史実ははっきりと物語ってくれない。しかし、三方ヶ原の戦いで武田軍が織田からの派遣軍と交戦したことから軍事的には「縁切り」状態にはなったものの、それに続く信玄の死という混乱の中で縁談をどうこうするとの明示的な仕切りがあったわけではない。まさに、婚約は「なし崩し」的なまま推移していた。信忠は信長から織田家を正式に承継した当主であるにもかかわらず、側室は迎えたものの、ついに正室を娶《めと》らなかった。一方、松姫の方はといえば、婚約した以上、添うのは奇妙丸（信忠）だけと思い定め、あまたある縁談に見向きせぬままに時を重ねて一族の滅亡を迎えた。最終的に一族の菩提《ぼだい》を弔うために卜山禅師の得度で髪を下すのであるが、その時期は一五八二年秋、まさに本能寺の変での信忠の死を知った後であった。

これら諸々の状況を勘案すると、時空を超えて双方の秘めたる想いが行き交っていたかもしれないと推量するのも、強《あなが》ち故なきことではなかろう。信忠最期の知らせに接し、松姫は「まだ見ぬ許婚《いいなずけ》の心の叫びを聴いたかもしれない」などと記述することは想像が逞《たくま》しすぎるだろうか。

松姫は正式に髪を下ろして尼僧「信松禅尼」となった後、卜山禅師の勧めで独立の庵を近くの御《ご》所水《しょみず》の里に結び、そこを終《つ》いの棲家《すみか》に定めた。

これでもって身の定めを思い知り、一族の菩提を弔うべく、世間とのつながりを断って仏門に入り静かに一生を送った……ということなら、悲恋、悲運の薄幸姫の切ない物語で終わりである。数少ない記録にも、「生まれて容色志操あり、（略）、居止言行孤孀《みぼうじん》の者の如し」（信松院由緒記）とある。

信松院像（金龍山信松院のパンフレットより）

でも、どっこい、そうでないのが松姫様なのである。

ここからの松姫の物語には、二つのポイントが並みならぬ要素となる。一つが養蚕、もう一つが徳川家との縁《えにし》である。いずれも落ち着いた地である八王子に関係する。

まず、養蚕の話。心源院に身を寄せて以降、何くれとなく北条から支援の届く生活ではあったが、落ち延びた一行の将来を考えると、周りの好意だけに頼ってばかりでは不安があった。名家の出ではあっても、一族の盛衰を経験し、況《いわ》んや今は亡き兄達や重臣から託された三人の幼な子を抱える身の上である。世の儚《はかな》さには敏感であった。実際、支援をしてくれていた北条は暫くののち秀吉に降《くだ》り、その助けは途絶えることとなった。そうした気持ちから、松姫は周りの村の子供達に読み書きを教えるなど当座の自立の道を探り始める。武家の嗜《たしな》みの読み書きの指導はその優しい人柄もあって好評であり、御所水の里の村人との距離をグッと縮めるのに大いに役立った。しかし、田舎での束脩《そくしゅう》や謝礼代わりの野菜などだけでは、慎ましい暮らしとはいえ、一行全ての費《つい》えを賄うには程遠かった。読み書きはともかく、金銭を扱ったことも、売り買いの術《すべ》も格別の技術もない「お姫様の一行」である。さて、いかんせん？

思案の末に松姫が目をつけたのは、八王子の周りで盛んであった養蚕とその生糸を用いた織物であった。武家の女子として、家の奥での布、着物の扱いには馴染みがあるとはいえ、玩具の繭玉が蚕《かいこ》と関係があることは勿論、養蚕の「よ」の字も知らない姫様には、決して低くない敷居《ハードル》であった。その彼女の背中を押したのが、初めて見る農家の屋根裏の蚕棚への興味と一行の住まいに出入りする蚕に詳しい土地の女たちの存在であった。蛾の幼虫である蚕が卵から孵《かえ》って四度の脱皮を経て、糸を引いて繭の中で蛹《さなぎ》になるまでの過程を一から学び、桑の栽培、刈り取り、桑の与え方、蚕棚の掃除などさまざまな知識と作業を学んでいった。そのための蚕具《さんぐ》と呼ばれる作業具などは近所の農家の老夫婦のものを譲って貰うなどして凌《しの》ぎつつ、糸の染色までも学んだ。流石に、染色は奥が深く度々失敗を重ねた。一方、手を広げれば広げるほど一連の作業を一行だけでは捌《さば》くことが難しくなったのだが、周りの村人や後で述べる「千人同心」の女房《おかみさん》たちを賃仕事で雇うなどの新機軸《アイディア》を立ち上げ、徐々に事業を軌道に乗せていった。

最終的には、機織《はたお》り機なども導入して現在の「八王子織」の基となる絹織物の基礎を築いたのであるが、これには多くの元手《かね》と伝《ツテ》が必要であった。また生糸が市況品であるため、その価格下落など不測の損害などに見舞われることも少なくなかった。こうした元手資金の確保や市況の不安定さへの対応などを、裏から支えたのが武田由縁《ゆかり》の大久保長安であり、「千人同心」たちであった。

大久保たちの貢献を語るには、背景の説明が要る。そして、ここから徐々に、もう一つの徳川家との縁《えにし》の話題に移っていく。

徳川家は、武田家を滅ぼす先鋒ではあったが、家康は武将として信玄を畏敬し、軍団の実力にも一目置いていた。のちに「井伊の赤備え（4）」として有名になった彦根井伊家の軍装は、赤で統一した甲冑《よろい》、旗指物で戦場を席巻した武田軍団の飯富虎昌《おぶとらまさ》のものを復活させたものである。

また、家康は武田遺臣にも優しかった。多くの武田遺臣を保護して、家臣に加えている（天正壬午起請文）。それは、幼い頃人質として苦労した自らの経験もあり、武士にとっては自らのアイデンティティの元となるものの存在や矜持が必要であることを、そしてそれが主人を失った遺臣にはとりわけ大切であることを、彼が身に染みてよくわかっていたからである。

甲州をその傘下に収めた家康にとって、其処《そこ》と江戸との連絡のためにも、また甲州の金山からの産出金の輸送のためにも、八王子近辺は要地であった。その地の抑えに、家康は積極的に武田の遺臣を召し抱えた。当初は二百五十人程度であった同人組織であったが、徐々に増員され、慶長四年（一五九九年）には「八王子千人同心（5）」となった。現在の八王子市にも「千人町」の地名と屋敷跡碑が残る。彼らにとって、近くの御所水の里の庵に棲み武田一族の菩提を弔う美貌の松姫（信松尼）の存在は、まさに「心の拠り所」であった。彼らは、主家への尊崇の念を絶やさず、なにくれと気配り、支援を怠らなかった。また、大久保長安[6]も元武田の家臣である。武田滅亡後、その手腕を家康に見出されて八王子一帯の総代官に任じられ、松姫には有形無形の支援を惜しまなかった。特に、養蚕、染色から織物作りに松姫が乗り出すに際して、機織り機材の取り揃えなど、ここぞという纏《まとま》った資金の入用な局面で大きく寄与《バックアップ》した。

新しく関東の主となった家康は、大久保や千人同心を介してこのような形で松姫との繋がりを醸《かも》したのであるが、徳川家と松姫との縁はこれだけではなかった。

少し時代が下るが、家康の後を襲職した将軍秀忠には、正室於江与の方には秘密の子息があった。名前を幸松と言って、秀忠の乳母《めのと》に仕える志津（静）という侍女に産ませた男子である。於江与の方の手前、将軍の子としては育てられない身の上であったが、老中土井利勝らの周旋で密かに養育されることに

八王子千人同人の碑（八王子市千人町）と組頭の家（小金井市 江戸東京たてもの園）

なった。その後見に松姫の姉である見性院が当たることとなった。於江与の方は、幸松誕生は「夫の将軍をも牛耳る正室の沽券《かかあでんか》」に関わるとばかりに、誕生後の母子への詮索の手を緩めず、母子には幾たびかの危機があった。しかし、踏み込んだ追っ手を前にして見性院が「この児はこの見性院が養子にした。もはや武田の児じゃ。一切の手出し無用。」と言い放つなどした機転がこれを救った。

この見性院なる女性、彼女も家康と因縁があった。彼女は信玄の二番目の娘であり、武田の宿将穴山信君（梅雪）(7)に嫁したのであるが、実はその信君なる人物がのちに家康に仕え、あの本能寺の変の折に家康とともに堺にあり、決死の逃避行を余儀なくされた一行の一人であった。残念ながら、途中で二手に分かれたのが仇になり、梅雪は横死してしまうのであるが、家康は残されたその夫人（出家して見性院）を保護し、江戸城北の丸に邸居《やしき》を与えていた。

見性院は信玄の血を引くだけあって、大層毅然とした女丈夫であった。土井利勝からの幸松養育の依頼を「徳川は武田には仇かも知れぬが、時代も移り今度は、その仇を恩でお返しするのも面白かろう」と敢然と受けた。ただ、六十七歳という年齢と北の丸に住居があるという立場から、幸松の養育にはどうしても市井での信頼できる助けが必要であった。幸松母子は見性院の采地である武蔵国大牧村に移った。そして、その見性院が手助けとして頼ったのが松姫であった。

松姫は、見性院の期待に応え、徳川の血を引く幸松が数え歳で七才になり、奇しくも因縁深い高遠城を居城とする保科家に養子に迎えられる前の年まで、懇《ねんご》ろに愛情深く養育し、教育に心を砕いた。慎ましく生きること、人との信義を重んじ、周りの人に慈しみを持って接することの大切さを説いた。

幸松もこの二人の尼僧に大層馴染んで、その庇護のもと健やかで情緒深く幼年期を送ったとされている。

松姫（信松尼）がこの世を去ったのは、元和二年（一六一六年）四月十六日。享年五十六歳。心を尽くした幸松の成長を見守りつつ、眠るような最期であったとされている。法名は信松院殿月峰永琴大禅定尼である。御所水の里の庵はその後「金龍山信松院(8)」として整備され、今日に至っている。なお、松姫が没した翌日に家康も駿府にて死去。のちに、家康は日光東照宮に祀《まつ》られたが、その警備に当たったのが八王子の千人同心であった。こんなところにも、巡り合わせを感じる。

最後に、松姫が養育した三人の姫たちのことを付記しておきたい。勝頼の娘の貞姫は、下野国足利郡に知行を持ち足利氏の流れを組む高家とされる宮原義久に嫁した。小山田信茂の娘香具姫は、小山田が最後の段階で武田から離反したため、婚姻に際し「裏切り者の娘」の汚名が災いしたが、最終的に上総佐貫の徳川譜代の内藤忠興に、側室ではあったが輿入れが叶った。いずれも武家の夫人として子宝に恵まれ、平穏な一生を送った。ただ、兄盛信の娘督姫は、当初から病がちで体が弱く、早い段階で仏門に入ることを決意した。得度し「生式尼」と称した。松姫の庵とは別に、近くの横山宿北に草庵を結んで修行の道に入ったが、二十九歳をもって逝去。

これらの縁組、督姫の得度や別の草庵の用意に当たっても、大久保長安が骨を折った。

敬愛する兄盛信や武田当主の勝頼から託された「生き延びて武田所縁《ゆかり》の姫たちを頼む」の願いに応

えて奮闘尽力し、そして遂に見《まみ》えることのなかった許嫁信忠への想いを胸に秘め、さらには武田から徳川に繋がる不思議な縁《えにし》を紡いで、松姫（信松院）は一生を終えた。

保護すべき対象がありながら、その立場にある者がそれを全うできぬ無念を込めて他の者にその願い、役割を託すことを「託孤《たっこ》」又は「託孤寄命《たっこきめい》」という。松姫の生涯は「託孤寄命」に導かれた清純で気高き物語《ドラマ》であった。そして、その紡《つむ》がれた「託孤」の糸は二十年を経て静かに織りなされ、徳川の治世に再び登場することになる。それは次稿でということと致したい。

（1）武田勝頼は信玄の四男で、信玄が征服した諏訪頼重の娘（諏訪御寮人）との間に生まれた庶子であるが、今川義元を継いだ氏真の妹を母とする嫡男義信が廃嫡されて、武田の世子となった。

（2）仁科盛信は武田信玄の五男で信濃国安曇郡の領主仁科氏を継承し、仁科氏の通字である「盛」の偏諱を受け継ぎ、本拠の森城と併せ高遠城を主宰した。一説によれば、信玄の素養を最も受け継いだ武将といわれ、武勇だけでなく治政にも優れ、領民に慕われた。高遠城落城後、首級は京都に送られ一条通辻に晒されたが、胴体は領民により手厚く葬られた。江戸時代後年、高遠藩主となった内藤家により城内法堂院曲輪に祀られた。なお、長野県歌「信濃の国」（浅井洌《れつ》作詞）の五番歌詞にも、仁科の五郎盛信は、旭将軍義仲、春台太宰先生、象山佐久間先生と並んで「この国の人にして文武の誉《ほまれ》類なく、山と聳《そび》えて世に仰ぎ、川と流れて名は尽きず」と謳われ、今なお親しまれている。

（3）元々甲斐武田の本拠は躑躅ヶ崎の館である。守護大名から戦国大名に転化した経緯もあるのか、この本拠は殆ど防御の設《しつらえ》がなかった。領内深くまで攻め込まれるという想定の館ではなかった。平常の行政用の庁舎として機能し、いざというときには国境からの狼煙《のろし》合図とともに館の北三キロメートルほどのところにある要害山という山城に籠ればいいという塩梅《あんばい》であった。「人は城、人は石垣、人は堀、情けは味方、仇は敵」の歌そのままの居城であった。当然攻められるに際しては脆弱であり、勝頼は北部の韮崎の台地に新城（新府城）を築いたものの、家臣団の離反に見舞われた勝頼は「人は城、人は石垣」の意味をかみしめることになった。

（4）「赤備え」は、甲斐武田軍団の代名詞であり、「精鋭部隊」と同義であった。徳川期に井伊家が継承したが、大坂夏の陣で真田信繁（幸村）も部隊を赤備えで編成した。

（5）八王子における同心は、関ヶ原の戦いを前にして、代官頭大久保長安の発案で五百人から千人に増員して「八王子千人同心」となった。慶長五年（一六〇〇年）の会津征伐に参戦し、関ヶ原の戦いでは徳川家康の長柄頭を担当している。その後、日光脇往還、甲州街道の整備・警護に当たり、幕末には蝦夷地の警護にも当たった。慶応四年（一八六八年）東征軍に降伏した後に解散した。八王子にはいくつかの史跡が残り、心源院の境内の木門の手前にも、千人同心に所属し、医術に長けていたとされる小谷田子寅《こやたしいん》の碑文がある。

（6）大久保長安は、春日大社の金春流の流れを組む猿楽師を父に持ち、信玄の時代に見出され、家老の与力として家臣に連なった。武田時代は金山の開発などに携わったが、武田滅亡後は家康に仕え、その後大久保忠隣《ただちか》の与力に任ぜられ、その際に姓を賜ってそれまでの大蔵から大久保となった。釜無川、笛吹川などの堤防修復、金山整備などに功績があり、のちに石見銀山、佐渡金山をも統括する実力者となった。外様としては異例の出世をし、関東代官頭、美濃代官なども兼任し、開幕後は従五位下石見守に叙せられ、勘定奉行、年寄（のちの老中）として活躍した。

（7）穴山信君（梅雪）は武田御一門に連なる譜代の家老で、「武田二十四将」の一人。今川との外交を担当して重きをなしたが、勝頼とは戦略上の対立があり、長篠の戦いの前に織田・徳川に通じた。見性院との間に勝千代を設けたが、勝千代は天正一五年（一五八七年）十五歳で疱瘡により死去。これにより、穴山家は途絶えたが、家康は五男信吉（生母は武田家臣秋山氏の娘於都摩の方）に武田姓（穴山）を継がせた。その後、佐倉十万石、常陸二十五万石に封じられたが、残念ながら、継嗣がなく武田姓は再び途絶えた。

紡《つむ》ぎ伝えられる遺命（その二）　―保科正之の生涯―

本稿は、前稿の続きである。即ち、松姫（信松院）所縁《ゆかり》で徳川幕府二代将軍秀忠の落胤、幸松の「その後」である。

「男女七歳にして席を同じくせず《おなじゅう》（「礼記」）」という言葉がある。これは、一定の歳になれば日常における男女の別を意識せよという本意のほか、男女ともに各々に一人前の個人となるために改めて相応《ふさわ》しい教育を準備すると言う含意もあるという。幸松も男子として、慈悲深く思慮に溢れた二人の尼僧（信松院、見性院）と母親に囲まれてはいたが、そうした生活から離れるべき数え年七歳を迎えていた。既に前年に信松院は世を去っていた。姉の見性院が幸松の養育を託すために白羽の矢を立てたのは、武田の旧臣で徳川家康の下で高遠城を預かり、二万五千石を領していた保科正光であった。保科家の養子として信州高遠城《たかとおじょう》に幸松が向かったのは、元和三年（一六一七年）十一月のこと。なお、保科家は、幸松の高遠入りとともに養育料として五千石が加増され、三万石となった。

保科家は、正光の祖父の正俊の代に信玄に仕え、父正直の時代に領地経営上の経緯などがあって勝頼の許《もと》を離れ、家

保科正之像（狩野探幽筆　土津神社蔵　福島県立博物館寄託／ウィキペディアより）

康に本領安堵された家系である。正俊は「槍弾正」の異名を取る誉れ高き武将であり、また正直の継室が家康の同母妹であったこともあり、徳川家と保科家の関係は良好であった。正光は、見性院からの打診を即答で受けた。実はこの時、正光には正室（真田昌幸の娘）との間に子がなく、かねて妹の子（甥）を部屋子に貰い受け、いずれ養子にと考えていた節がある。しかし、幸松養子については速やかに了承し、当該部屋子については、のちに礼を尽くして関係を解消している（1）。

見性院は幸松の収まりを見届け、元和八年（一六二二年）五月に永眠（七十七歳）し、養父正光も寛永八年（一六三一年）十月に没した。幸松は同年十一月に高遠三万石を襲封し、従五位下肥後守を受任。名を正之に改めた。二十一歳の青年領主である。

見性院墓所（さいたま市 清泰寺）

前稿末尾に、「その紡《つむ》がれた「託孤」の糸は二十年を経て静かに織りなされ、徳川の治世に再び登場することになる。」と書いた。正之の高遠城での暮らしは十数年に及んだが、それを縷々《るる》述べるより、幕閣での彼の事蹟に話を進めたい。決して、その間の高遠でのことが無意味だという訳ではないが、前稿からの「託孤」の糸が年月を経て結果的にどのような形で紡がれて、徳川体制の基礎を織りなしたのかを記すことの方が、本稿の趣旨に叶うと思うからである。

さて、幕閣における正之である。もとより、保科家は大名であるから、江戸との往来もあれば、江戸城内での他の大名との接触・交流もあるのだが、小国であり城内控之間での格付けも低く、正之の挙動は日立たない楚々としたモノであった。「千載之松（大河原長八著）」によれば、「小身と云ひ官位の軽き故、常に末席に着かる。（略）右の様子なれども兼ねて自分の御望みなどは仮初《かりそめ》にもあらず、偶々《たまたま》取り持ちする者などありても少しも聞入れなく、小家に安心して不足とも思召《おぼしめ》さざる様子」であったとされる。

ところが、寛永九年頃から諸々の公式記録に保科正之に関わる記述が俄然頻出するようになる。主なものだけ拾ってみると、

寛永九年（一六三二年）正月二十四日　前大将軍秀忠薨ず。
二月　遺品及び銀五百枚を給《たま》わる。
三月　家光の命により台徳院の廟を三縁山増上寺に建つ
十二月　従四位下に叙さる
同一〇年（一六三三年）二月十五日　桜田門内に邸を賜る。
同一一年（一六三四年）三月　大将軍家光、正之を召し、手ずから茶を点じる。
四月　大将軍家光日光廟に詣る。正之従ふ。
七月　大将軍に従い京都に朝し、天顔を拝し天盃を賜り侍従に任ず。

正之本人が秀忠の胤であることをいつ自覚したかは定かではないが、保科家の養子に入るに当たっては無論のこと、その前の見性院、信松院が手塩にかけている最中に既に趣旨を含ませるところがあったとしても不自然ではない。しかし、だからと言って、尊大に構えるようなことは一切なく、高遠での消息はもとより、江戸城内での立ち振る舞いでも、小身らしさに甘んじる風であったのは、既に述べたとおりである。

その事情を一変させたのが、まさに家光であった。家光が異母弟正之の存在を知ったのは、その経緯に諸説ある。正之が実の弟であるという事実は、恐らく老中あたりからの上申によると思われるが、家光が鷹狩の折に立ち寄った寺が、たまたま正之の母であるお志津が息子の行く末を案じて地蔵を寄進した成就院という寺であり、家光はそこの寺僧から偶然聞いたとの説などがある。そこで初めて知ったというのはともかく、この寺院には、家光が勧請した「秋葉大権現」などがあり、かねて徳川家と一定の関係があったと思われる。いずれにせよ、認識の時期は上記のような変化に先立つ寛永八年十二月頃であると思われる。将軍代替わりに際し、秀忠の遺品が渡されたこと、台徳院（秀忠の戒名）の霊廟建設を任されたことなどにより、周りにもその所以《ゆえん》は自ずから窺い知れるところとなった。

そして、寛永一三年（一六三六年）七月に至り「特に十七万石を増して出羽国村山郡最上を与う」との沙汰

成就院（東京都目黒区　地元では蛸薬師と呼ばれている）

があり、「合わせて二十万石たり」となって、その存在の重きは自他ともに紛れもないものとなった。

家光にとっては、最後は自刃に追い込まざるを得なかった弟忠長(2)との経緯《いきさつ》もあり、謙虚で分を弁《わきま》える優れた肉親の出現は、将軍という孤高に耐える身からすれば、格好の相談相手、癒し相手を間近に得るという恵みに映った。家光の正之への信頼は終生変わらなかった。

徳川将軍家には、各地の譜代大名のほか、最大の藩屏《はんぺい》として「御三家」が配されていたが(3)、上記の処遇は、いわば「第四の藩屏」として保科家を認知し、公表したに等しかった。更に、寛永二〇年(一六四三年)七月には会津二十三万石に封じられ、のちの「会津松平家」の開祖となるに至り、その趣は一層明らかとなった。会津は、豊臣ゆかりの加藤嘉明(伊豫松山から会津に移封)の息子加藤明成の治領であったが、お家騒動(会津騒動)を咎められ、四十万石を返上するという事件があり、正之はその主要部分を引き継いだ形であった。正之の会津転封にあたり、別に南山五万五千石を預かりとして委ねられている。よって、この処遇は実質二十九万石への栄転であるが、敢えて南山を「預かり」として別にしたのは、御三家のうち水戸家(二十五万石)を凌駕するとの印象を避けたものと思われる。なお、加藤家は祖父の勲功に鑑み明成長男の明友が家名の存続を許され、近江国水口で二万石を維持し、幕末まで存続した。

少し先を急ぎすぎた。

家光に見出されて「側近中の側近」としての正之の「栄進」が始まるのであるが、正之の登用時期は秀忠が薨じて家光が「独り立ち」した時期と一致している。家光は秀忠が薨じて将軍になったわけではない。家康が生前に将軍位を秀忠に譲って大御所政治をしたように、秀忠も元和九年（一六二三年）に家光に将軍位を譲ったあと、隠居という名の大御所政治をしている。

家光時代以降の正之の話に入る前に、秀忠と幸松（正之）との経緯《いきさつ》をまとめておきたい。土井利勝からの知らせで幸松誕生の知らせに接した秀忠は「吾に覚えがある」として、非公式ながら「認知」し、於江与の方には内密に、土井利勝を通じ葵《あおい》の紋付きの小袖を下げ渡している。その後は表立った沙汰をなさなかったが、同じく土井利勝をして見性院に幸松養育を依頼させたのは、前稿で述べた通りである。しかし、秀忠は寛永九年（一六三二年）に薨じ、ついに親子の対面は叶わないままに終わった。於江与の方は既に寛永三年（一六二六年）に五十四歳で死去しており、にも拘らずその後も秀忠・正之の対面がなされなかったのは、単に正妻への遠慮だけのせいではなく、政《まつりごと》全体への配慮であろう。

さて、愈々《いよいよ》家光独り立ち以降のことである。家光の時代というのは、「武断政治から文治政治へ」の重要な転換期であった。そうした期に臨んで正之がどのような貢献をして、家光を、そしてその後の徳川体制を支えたのだろうか。

正之が幕政に実質的な関与を始めるのは、江戸城の西の丸、さらには二の丸の留守居役を命じられた寛永一二年（一六三五年）頃からだと思われる。正之は、側近として家光を補佐するため各般に供奉《ぐぶ》の任を果たすとともに、地震、飢饉の災害などの対応に各般の工夫をもって勤《いそ》しんだのであるが、正之の真骨頂は寧《むし》ろ家光の跡を襲った四代将軍家綱の輔弼《ほひつ》にある。家光は嫡男の家綱元服に際し烏帽子《えぼし》親《おや》に正之を選んだだけでなく、慶安四年（一六五一年）四月初めには自分の行列、装いを真似することを正之に許すという異例の沙汰をしている。これは、自分の病の篤《あつ》いことを自覚してのことであり、半月後に実際に世を去ることになるのであるが、最期に当たり「正之を一人召し、大納言殿（四代将軍となる家綱）のことを託し（大猷院殿御実紀）」たのである。正之はまさに家光からの「託孤の遺命」を受けたのである。先に、「文治政治への転換期」と記した。正之が託されたのは、家綱の輔弼と、それを通じた文治政治への転換の実現という使命であった。

「戦国の世で武士は刃《かたな》を持った。しかし、これからは人を切るためではなく、自らの心の上に刃を置かねばならない。」

こうした使命に即した正之業績のうち、特筆すべきものとして、ここでは、①大名の末期養子《まつごようし》の是認、②江戸城消失における処置、③災害対策を含めた民政を挙げたい。

まず、①大名の末期養子の是認についてである。

草創期の幕府は、関ヶ原の戦、開幕の後はもとより、大坂の陣以降も旧豊臣恩顧の大名への警戒に並々ならぬものがあり、また徳川譜代の大名、旗本であっても徳川秩序にそぐわない動きをするものに対しては、改易、取り潰しに容赦はなかった。秀忠時代に改易となったのは、外様二十三名、徳川・譜代十六名、家光時代には、それぞれ二十九名、二十名に及んでいた。

こうした武断政治により、諸大名、旗本に不満、不安が生じ、何より改易、取り潰しの憂き目をみた家や浪人を余儀なくされたその家臣たちに不穏な動きが出ていた。

所謂「慶安事件」が生じたのは、まさに家光薨去直後の慶安四年七月のことである。俗に「由井正雪の乱」とも言われ講談話にもなったこの事件は、駿河から江戸に出た軍学者由井正雪が丸橋忠弥などと語らって幕府転覆を謀った事件である。これは、正雪らが巷《ちまた》に溢れる浪人の境遇に同情し世直しを目指したのが要因の一つとされている。事件は、結果的に武装蜂起の直前に計画が漏れて一派の一斉検挙、正雪らの自裁でことなきを得た[4]。しかし、実はその少し前に「松平定知の意見書事件」なるものもあった。これは、歴《れっき》とした譜代の三河刈谷城主が世情を憂い、幕府政道への不満を意見書をもって表明し、その領有する二万石を困窮者に分け与えてほしいとして将軍家に返上した上、自らは出家して街を托鉢《たくはつ》徘徊するに及んだという事件である。将軍薨去に

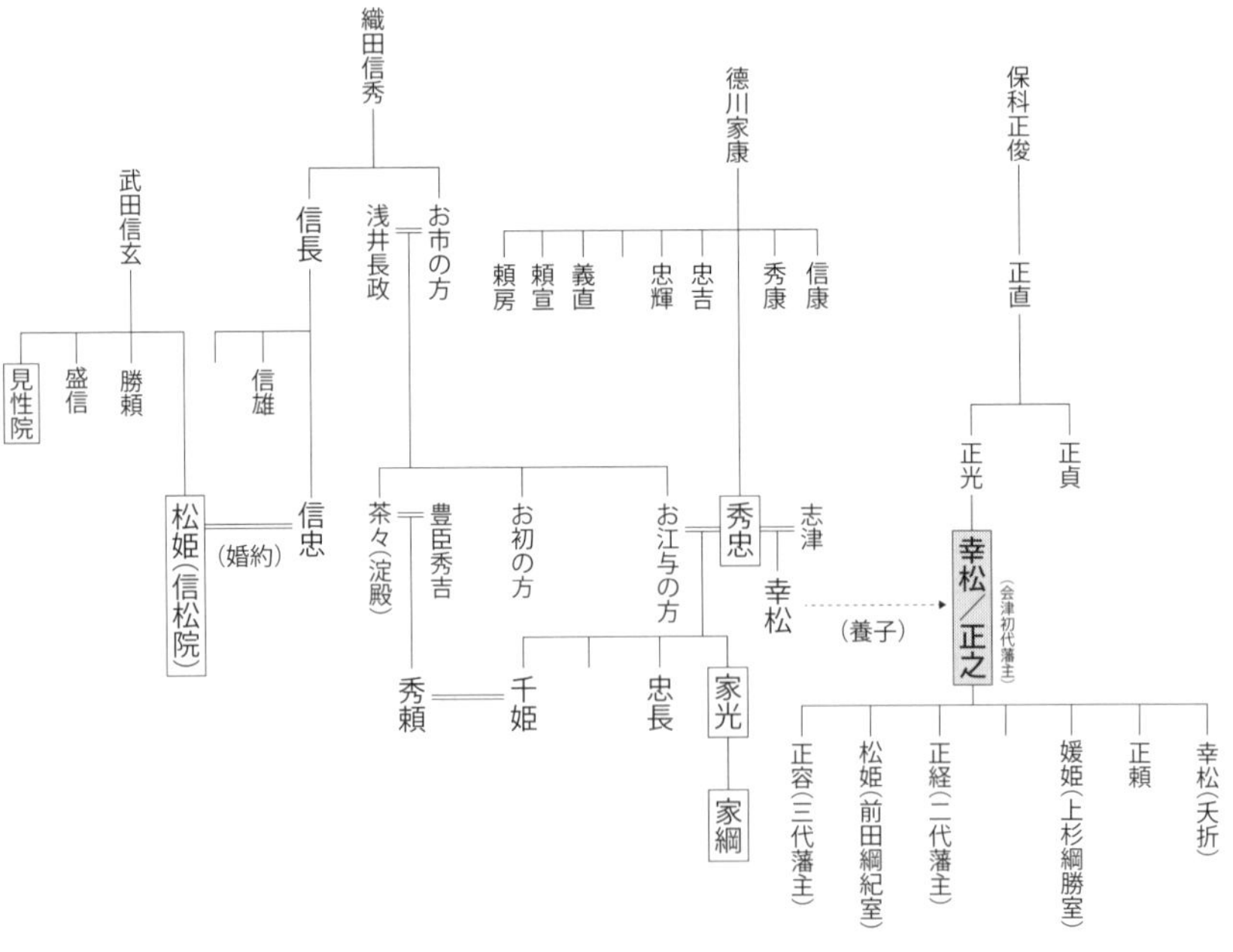

保科正之関係系図

よる権力移行という微妙な時期であり、「こうした期に体制の動揺は禁物」として、老中ら幕閣はこれを「狂気の沙汰《きがちがった》」と裁断《きってすて》し、定知を他家預けに処している。そのように身を捨てて旗本たちの生活窮乏を訴えんとした一大名の真意が省みられなかったことも、由井正雪たちに謀反を急がせた原因であるという説がある。いずれにせよ「強権で押さえ込む」だけという対応に危うさを感じ取った正之は、徒《いたずら》に路頭に迷う武士を増やし社会、政情を不安定にしてきた元凶の一つに「末期養子（当主の死後に養子縁組をして家を継承すること）の禁止」があると思い定めた。老中たちとも語らってそれを緩め、「当主が五十歳未満の場合は末期養子を認める」との決定を出している。慶安事件からわずか三ヵ月後の決断である。

この施策に類するものとして、殉死の禁止、証人制度の廃止も挙げられよう。家光の死に際し堀田正盛、阿部重次の閣老が殉死しているが、施政側の無意味な不安定化を排する観点から、殉死を禁じる決定をしている。また、家康以降徳川への忠誠の証として大名の家族を人質にとる「証人制度」という慣行も、その非人間性、武断性ゆえに廃している。それぞれ、寛文三年（一六六三年）、同五年（一六六五年）のことである。とりわけ寛文五年は家康五十回忌の時期であり、時代変換の象徴的な潮目であった。なお、殉死の廃止は幕府方針となるに先立ち、正之の会津と水戸光圀の水戸の国元で導入されている。

次に、②江戸城の焼失における処置についてである。

明暦三年（一六五七年）一月十八日に発生した江戸開府以来の大火災「明暦大火」は、三日三晩猛威を振るい、江戸の街二十二里八町を悉く《ことごと》焦土となし、十万七千人が焼け死ぬという大惨事となった。江戸城は天守閣、本丸、二の丸、三の丸を焼失し、大名屋敷五百余、旗本屋敷七百七十余、神社仏閣三百五十余、橋梁六十が失われた。この未曾有な事態に対処するにおいて発揮された正之の才覚には、非凡なものを感じる。

その発露《あらわれ》は多々あるが、まず感心するのは、城内の米倉に火の手が迫った時の対応である。その当時、大名火消しはあったが、将軍火消しはなかったし、町火消しは江戸市内の対応で手一杯であった。城内の対応に期待できる火消し勢力はなかった。城内や浅草の米倉には将軍一族向けも含め、旗本に配布する一年分の米が貯蔵されていた。まさにそれが焼失の危機に瀕した時、正之が指示して高札に出したのは、「市中の誰であっても米蔵の火消しに加わった者は蔵内の米は取り放題」というものであった。怪訝顔《けげんがお》の役人が呆然とする中、瞬く《またた》間に市井から人が集まり、火を収めてしまった。勿論彼らによる一定の持ち出しはあったが、なお残る蔵米の量は充分であった。

また、緊急の事態に地方から馳せ参じようとする諸大夫には、その儀に及ばずとしただけでなく、江戸参勤中の大名には国に戻るよう、また、これより参勤の大名には此れを繰り延べるように指令を出した。これには「危急の事態に大名を召集するのが筋」として御三家あたりから異議が出たが、「庶民すら日々の糧秣に不足するときに、消費主体でしかない武士が参集してもそのための食い口が増すだけ」と突っぱねている。

諸国からの米穀の緊急調達も却下した。この時の判断には、諸国からの非常時借入により諸大名に「借り」ができ、相対的な幕府威信の陰りになることを避ける意味もあったと思われる。しかし、判断の中心は、米穀の供給を増やすより、需要を減らすべしという点にあった。

地域の物資の需給が逼迫し価格の騰貴が生じるときに何が必要か、緊急時に臨時の人手はどうやったら確保できるかについて、市場《マーケット》や人情の機微が解っての仕業であったと言わざるを得ない。不足する食糧の確保（供給）にしか考えが及ばない吏幕の中で、大名でありながら、むしろ需要を減らすべきとする発想は秀逸である。

更に、治世の象徴であった天守閣（5）の復興については、老中たちが真っ先にそれを建議する中、これに断固反対した。「天守は近代織田右府以来の事にて、さのみ城の要害に利あるといふにもあらずただ遠く遠望致すまでのことなり。（略）公儀の作事長永引くときは下々の障《さわ》りにもあるべし、かつかような儀に国財を費やすべき時節に非らざるべし（「千載之松」より）」とするものであった。結果、江戸城天守閣はついに再建されず、現在に至っている。

そのほか、緊急時の統率者の在り方にも指導力と見識を発揮している。迫り来る火焔に動揺をきたし、難を避けるため将軍（家綱）に城外（上野寛永寺）動座を勧める幕閣に対しては、「武門の頂点にある者が軽々しく城を捨てるのは王者の面目に係る」として冷静さを促した。将軍は、西の丸への動座に留めている。

最後に、③災害への備えを含めた民政についてである。

江戸はその発展に伴い人口が増加し、上水道の確保が急務となっていた。既に家康の時代から小石川上水、赤坂上水などが造成されていたが、生活水の量は到底人口増に追いつかず、八王子玉川からの新開削が立案された。しかし、前稿でも触れたが、八王子から江戸中央への道筋は、水利と雖《いえど》も軍事上要路であった。即ち、玉川上水を引いては、王城としての江戸の地の堅牢さが失われるとの懸念が公然と出されたのである。

これに対する正之の見解も見事である。曰く、「一国一郡の小城は堅牢なるを以って主とする。天下府城は万民の便利安居を以って第一とす。（略）独り府内の便を得るのみならず、左右の曠野に之を注ぎ、新田を開くこと四十余村の多きに至る。」と。かかる舌鋒で、武断派の慎重論を封じ込めた。

こうした文治重視、民政重視の姿勢は多岐にわたる。この時代の天災、飢饉などによる庶民、領民の苦難は並大抵ではなく、諸国において餓死、逃散など悲惨な状況が繰り広げられたが、彼は率先して、「民の食い扶持を増やし、緊急時には蓄えを臨機応変に活用してその安寧を拡げる」施策を重視した。

上記明暦の大火においても、焼失を免れた蔵米はそのまま旗本、御家人の給金として留保せず、市中庶民への粥炊き出しに供出された。更に家をなくした旗本らに対してだけでなく、町方にも十六万両の救助金を支給した。流石《さすが》に、勘定方から御金蔵《ばくふのさいふ》がカラになると強硬な異議が示されたが、正之の方針は揺るぎもなく明快であった。「およそ官庫の貯蓄というものはかような時に下々に施与し、士民を安堵せしむるためにある。（略）むざと積みおきしのみにては一向蓄えなきと同然也。」

非常時対応として、また為政者の姿勢として、見事というほかはない。庶民の生活再建ができれば、蔵米などは自ずから補充できるという理《ことわり》が解っていた。また、焼死した町民にも慈しみを示し、本所牛島の地に一万柱の遺体を合葬した。今の回向院《えこういん》の始めである。

一連の施策には、幼い頃の信松院らからの「人には慈しみを大切に」との薫陶が偲ばれる。

さて、諸々書き進めてきたが、正之は正保二年（一六四五年）から寛文一〇年（一六七〇年）まで、実に足掛け二十五年に亘り江戸に詰め続けている。この間全く領地に戻っていない。それが可能になったのは、彼の卓越した能力もさることながら、任せて安心な家臣団に恵まれたからでもある。先に、高遠から出羽国最上（山形）を経て会津に移ったことを紹介したが、山形を受け継ぐについては、旧鳥居家の家臣の登用に意を尽くした。これには、多分に幸運な要素がある。山形二十四万石は前国主の鳥居忠恒が継嗣のないまま夭折したため封土没収となったのであるが、幕府は忠恒の弟忠春に三万石を与え、高遠に封じた。いわば、結果的に鳥居家と保科家との交換国替え人事という様相を呈したのだが、流石に二十四万石の大名家の家臣はその全部が高遠には移れず、相当人数が山形に残っていた。一方、大幅に家禄の拡大した保科家にとっては、初めての地で家格を整え、治政を行うについて、これら残留組は即戦力として有用であった。

新体制において、所謂「高遠以来」の譜代である保科民部を筆頭に処遇したが、№2、№3には鳥居家家臣を据えている。鳥居家家臣は「右京衆」といわれ、「高遠以来」の衆とよく馴染んだ。正之にとっての股肱《ふところがたな》の臣ともいうべき譜代の田中三郎兵衛正玄《まさはる》は、それまでの№2から№4に格下げとなったが、そこはかねてよりの正之の薫陶宜しく、泰然として家中の宥和に努めた。家臣全体では高遠以来の衆は三分の一の人数であったが、重臣では過半を占め、関藤右衛門成義《なりよし》、飯田兵左衛門重成など優秀な家臣が領国の行政陣を固めた。

こうした体制は、会津にも引き継がれ、漆、紙、鉛などの領内産品の振興を進めるとともに、飢饉の備えに「社倉制」というものをおそらく日本で初めて創設した。「社倉制」とは、米の備蓄制度。予め一定量の米を買い入れ、これを「基金《もとで》」にして低利で貸し出し、その利子で更に米を買い足し、一時備えは五万俵にまで達したとの記録がある。前後するが、記録を見る限り、飢饉により他国で悲惨な状況はあっても、山形最上、会津において、この時期に餓死者の発生は認められない。また、身分を問わず九十歳以上の領民には玄米五合／日を支給する制度を始めている。当時さすがに現代ほど長寿の者は多くなかったにせよ、いわば「老齢福祉制度」ともいうべき仕組みを、この時代に発想したことは驚きである。記録によれば、九十歳を超える高齢者として、受給者が百五十五人いたとされている。当時の会津の人口十六〜七万人に対し、〇・一％である。さすがに現代の一・六％（二〇二〇年全国平均）に比べれば低率ではあるが、そうした高齢者に給付米を支給するという発想もさることながら、四百年も前の時代にこれだけの人数の九十歳以上の長寿人がいたこと自体にも驚きを禁じ得ない。

一方、江戸の正之である。このように国許での一連の施策を能く指揮したが、注目すべきは、領内での所謂司法判断、とりわけ極刑に処する判断については逐一江戸に上申させ、正之が「再審」することを常としたことである。公事奉行から届く国許の判断を記した取調書を江戸屋敷の吏員に読み上げさせ、疑問を挟むと都度国許《くにもと》に「差し戻し」た。不思議なことに、差し戻しによる再審議では事実認定、分析評価が改められ、結論が変わることが頻《しき》りであったという。今となっては個々の事案の内容の吟味はできないが、現場どころか国許にも居ないで、シャーロックホームズさながらの推理を巡らすことのできる資質に驚嘆するし、士民の日々の生活福祉改善こそを旨とし、よしんば咎人《とがびと》の裁断をする必要がある場合には、謬《あやま》りなきを期するという姿勢に感銘を覚える。

しかし、こうした仁政が通常人の域を越えれば超えるほど、そして正之個人の資質に依存したものであればあるだけ、そうした治政の「継続性、安定性」確保に周りが不安を覚えるのは自然なことである。会津家中の佐藤勘十郎氏興（のちに友松姓に改姓）は、その懸念を直《じか》に正之に訴え、後世にも通用する「縁《よすが》となる考え方」すなわちガイドラインを示し下すよう懇願している。正之も五十歳過ぎ頃から時折喀血するようになり、白内障で視力の衰えにも見舞われるようになっていた。そんな事情を踏まえ、その申し出の趣旨を汲んで正之自ら定めたのが、「会津藩家訓《かきん》」である（寛文八年四月）。

その第一条「大君の儀、一心大切に忠勤を存ずべく、列国の例を以って自ら処《お》るべからず。若《も》し二心を懐《いだ》かば、即ち我が子孫に非ず、面々決して従うべからず。」はあまりにも有名であり、殆《ほとん》どこの一箇条が幕末の会津藩の運命を決めたといって過言ではない。「主を重んじ、法を畏《おそ》るべし（五条）」、「政事は利害をもって道理を枉《ま》ぐるべからず。僉議《せんぎ》は私意を挟み人言を拒《ふさ》ぐべからず。（以下略）（十二条））」、「法を犯すものは宥《ゆる》すべからず（十三条）」など全十五条からなる規範は、いずれも正之の治世哲学の真髄を如実に表している（6）。

さて、本稿は託孤寄命の家綱時代の文治政治の話題を中心にしているが、家光時代の正之の「武張った」エピソードを一つ紹介しておきたい。家光治世下の重大内乱事件で、「武断処置」の最後ともいうべきものに、島原・天草の乱（寛永一四―一五年（一六三七―三八年））の平定がある。これは天草（益田）四郎時貞を頂くキリシタンとのある種の宗教戦争であるが、同時に領民に苛斂誅求《かれんちゅうきゅう》を課した島原藩の失政に対する大規模な一揆でもあった。その鎮圧には幕府の威信がかかっていた。鎮圧に手こずる派遣軍（上使／板倉重昌）への援軍に誰を派遣するかで議論があった。幕府内では家光の信頼篤い正之の派遣が当然視されていたが、援軍を率いたのは松平信綱であった。同時に正之には即刻帰国が命じられた。これに嬉々として応《こた》え兵を整え急ぎ帰国する正之の振る舞いを、訝《いぶか》しむ向きが少なくなかった。しかしこれは、関ヶ原の合戦において上杉征討の陽動作戦が行われた顰《ひそみ》に倣い、（今回は方角こそ逆であるが）「西に乱あらば東に備えよ」との教訓を生かせとする家光の意を汲み、これに阿吽《あうん》の呼吸で正之が応えたものであった。

正之は寛文九年（一六六九年）に漸くに隠居を認められ、一旦会津に戻ったりしたが、翌寛文一〇年十二月三田藩邸で死去している。享年六十二歳。

彼には、生前その功績を朝廷からも嘉《よ》みされ度々官位のお達しがあり、また徳川宗家からは松平の家名と葵の紋を許すという沙汰があった。しかし、彼は官位を受けるには慎重であった(7)。また、松平姓、葵家紋は最後まで固辞している。正之にとっては、「託孤」の使命を果たすことが第一であること、余計な目立ち方をせず宗家を立てることが大切であること、また保科からの恩義も忘れないことが大事であり、その姿勢を徹底して貫いた。保科の家名と角九曜の紋章を終生使っている。保科家が松平姓になり、御家門大名として江戸城黒書院溜之間の常詰となるのは、正之の六男で会津三代目の正容《まさかた》の時である。正之の死から二十年ののちである。

保科正之は、武田の想いを込めた見性院、信松院の慈愛に育《はぐく》まれ、長じては異母兄の三代将軍家光に見出され、高遠から山形、会津の太守を務めるとともに、家光からの託孤寄命に忠実に応えて四代将軍家綱の輔弼《ほひつ》に精励した。幕閣において枢密に参画して、徳川幕府の礎《いしずえ》を固めるに多大なる貢献を果たした。

だが、御三家をも上回る「藩塀ぶり」にも拘らず、その歴史的事蹟は比較的地味に扱われている。同時代の松平信綱、少し時代を降った上杉鷹山などの名声に比べてその感が深い。それは、その思慮に溢《あふ》れ慎み深い立ち居振る舞いもさることながら、恐らくは、開祖となり遺訓を定めて、のちの会津藩の命運を導き、幕末に藩をして最後まで討幕軍・新政府軍に抵抗させた元凶と看做《みな》されたという事由が災いしているのであろう。

しかし、自らが今ある由縁《ゆえん》を自覚し、己に課された責務を粛然と全うした生き様は、時代を超えて鮮やかな光芒《かがやき》を発している。

さて、以下は余話である。正之にとっての「託孤寄命」は既に述べた通りであるが、実はもう一つの「託孤寄命」の伏線系譜がある。秀忠落胤の幸松（正之）が見性院、信松院との縁を、老中土井利勝のとりもちで繋いだことは前稿で述べた。この土井利勝が、実は家康の胤で、秀忠と異母兄弟であったとする

土井利勝像（ウィキペディアより　秀忠の下、大炊頭として実務を取り仕切り、老中、大老を務めた。下総国小見川藩主、佐倉藩主から、古河初代藩主となる。）

有力な説がある。事実、利勝は「東照宮様生き写し」との評判が立つほど風貌が似ていたとされる。利勝の秀忠への献身ぶりは、正之の家光への傾倒に被《かぶ》るところがあり、長男信康を早くに失った家康が、秀忠に跡を譲るに当たり、彼への親身な後ろ盾になってくれるよう、兄貴分（秀忠の八歳年上）の利勝に「託孤寄命」し、利勝がそれに応えたとする推量は、巡り合わせとして興味深い。真相は不明であるが、徳川家の公式記録である「徳川実紀」、古河藩の「土井系図」にも、家康実子との記述がある。

（1）保科家には、正光の異母弟正貞があり、のちに正之は家光から屋敷を新たに与えられた際、江戸鍛冶橋の高遠家の屋敷や保科家累代の品を正貞に譲るなど、本家筋に礼を尽くしている。なお、正貞はのちに上総飯野藩（一万七千石）を立藩し、保科姓を繋いでいる。

（2）駿河大納言と称される忠長は、家光とは同母腹の弟である。生母の於江与の方は忠長の方を寵愛し、最終的にはまだ大御所として存命であった家康の裁断で三代将軍は家光と決まったのだが、秀忠の後継は不透明な時期があった。忠長はそんな経緯もあってか、駿河で五十五万石を領しながらも、大坂城を所望するなどなお上昇志向を隠さず、また立ち居振る舞い、領地治世にも芳しくない趣が目立った。寛永八年（一六三一年）に家光から甲府蟄居を申し渡され、同一〇年（一六三三年）十二月幕命により上野国高崎にて自裁を強いられている。

（3）「御三家」というのは、最初から三つの格別の家を作ることが画されたわけではなく、結果的に三家になっ

たものである。家康には沢山の息子があり、早くに無念の亡くし方をした長男信康を除き、次男の結城秀康を越前（六十八万石）に、四男の松平忠吉を尾張（六十二万石）に、また六男の松平忠輝を越後高田（六十万石）に封じ、まさに藩屏とすべく画策した。しかし、秀康、忠吉が早くに死去し、忠輝も乱行により配流の運命を辿り、より年下の弟である九男の義直（尾張六十二万石）、十男の頼宣（紀州五十五万石）、十一男の頼房（水戸二十五万石）の三家が残った。

（4）この浪人問題／由井正雪の乱には、紀州徳川頼宣の「偽印」事件という裏話がある。全国の浪人を糾合する正雪たちの趣意書に頼宣の印が捺《お》されていたというもの。すわ謀反に加担かと疑われた頼宣が、江戸表で「捕縛、お家取潰し」処分をも含みにした査問を受けるまでに事態は緊迫化した。頼宣は「印は偽物。外様の大名ならともかく、親藩の紀州がこの種の企てに乗ると思うか。」と反駁して沙汰止みとなったのだが、「火のないところに煙は立たぬ」事情はあった。幕府内に、社会問題化した「浪人」を束ねて大陸に外征するという立案があり、頼宣はその急先鋒であった。結局は「その様なことをしている時局に非ず」ということで取りやめになったのであるが、秀吉の朝鮮出兵、のちの明治政府下の征韓論を彷彿とさせる経緯が背景にあり、浪人（士族）不満の捌け口という意味で正雪らの企てに片寄せて利用される要素はあった。

（5）江戸城天守閣は、東京皇居内に残る天守台より北にあったとされる。寛政期の天守閣は、高さ十四メートル台座の上に約四十五メートル天守建物が聳えていたとされ、現存する最大の天守閣である姫路城を遥かに超え

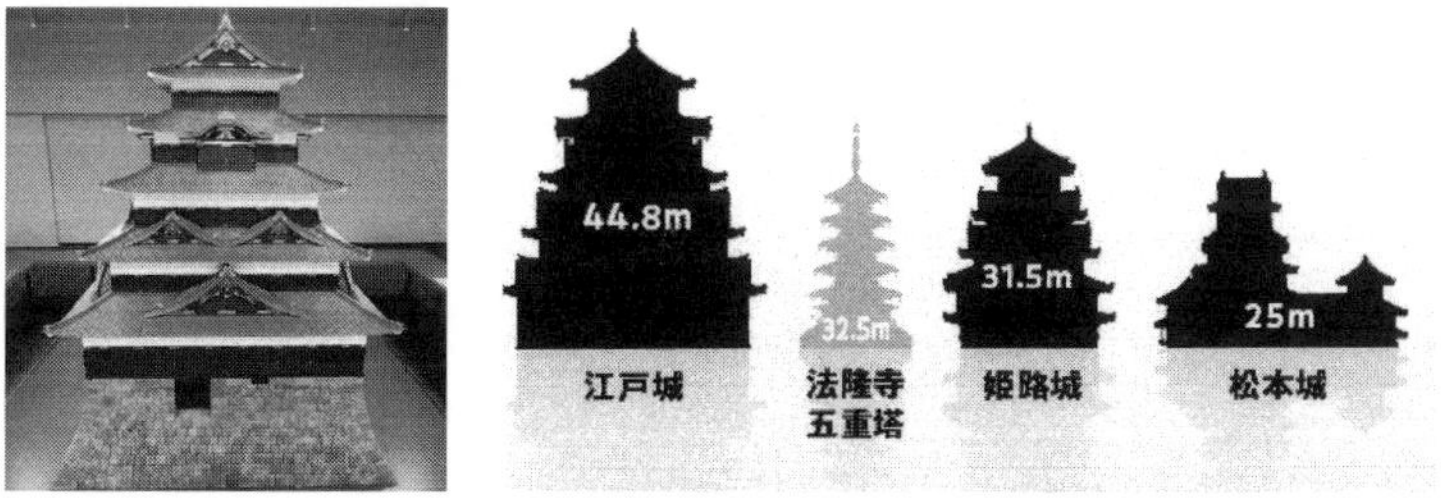

江戸城天守閣の威容

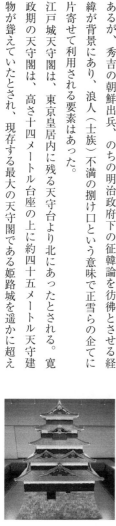

る偉容である。宮内庁、（公財）日本城郭協会資料より作成　写真は皇居東御苑の復元模型である。

（6）「会津藩家訓」には、一つだけ「不思議な段《くだり》」がある。四番目の「婦人女子の言、一切聞くべからず」である。現代的にも「問題のあるテーゼ」であり、あの保科正之が何故と思わせるものである。本稿では正之が太守になって以降の私生活には立ち入った記述をしていないが、そこには「すこぶる幸せな家庭生活を送ったとは言い難い」面がある。嫡男と正室を早くに亡くし、明暦の大火の最中には嘱望した跡取り息子（正頼）を失っている。そして、継室の於万《おまん》の方には、娘の婚姻先をめぐる大醜聞事件を起こされるという不運に見舞われている。それは、継室の於万の方が、他の側室の娘の嫁ぎ先（加賀前田家）の格式が高いのを妬みその毒殺を狙ったものの、狙われた娘の侍女の機転により自らの実娘の方を死なせてしまったという異様な事件であった。於万の方は即刻「遠ざけられ」、関係者も処断されたが、自らの死後、於万の方が政《まつりごと》に容喙《くちをはさんだ》したりする不届きを決してできないよう、かかる異例の教訓を残さざるを得なかった。それほどに、彼にとってそれは許し難い痛恨事であったのであろう。

　なお、余談であるが、於万の方に誤殺された娘が嫁いでいたのは米沢藩上杉家であったが、正之はそれにより正室を失った上杉綱勝に申し訳ないという気持ちを持ち続けた。のちに、その綱勝が急死し上杉家が断絶の危機に晒された折、綱勝の甥の吉良三郎（養子後「綱憲」）を本文にも記した末期養子と認め、上杉家を存続させる差配をしている。実はその際、末期養子の届け出がなされていなかったのであるが、「遅れて」届け出があったことにし、その届け出が「遅れた」ことだけを咎めて禄の半減にとどめるという「温情あと付け」差配であった。この三郎改め綱憲とは、のちに赤穂浪士に討ち入られた吉良上野介の子息であり、討ち入りの急報に接した上杉家の対応に格別の段《くだり》があるのだが、本稿の主題から大きく外れるのでこれ以上は触れない。

（7）生前の官位は正四位下である。朝廷からの従三位をとの沙汰を最後まで受けず、死後に従三位左中将を贈られている。

細川家にとっての「関ヶ原」

心の種《たね》をのこす言《こと》の葉
―細川幽齋―

私の名は麝香《じゃこう》と申します。京の都の東北、吉田の寓居「随心庵」にて悠々自適の時を過ごした夫細川幽斎が身罷《みまか》りまして、もう何度も年を越えました。十七歳で幽斎の許《もと》に嫁して以来の共に歩んだ四十八年を顧みますと、実に沢山のことがございました。決して平坦とは言えない、寧《む》しろ波乱万丈の毎日でございました。幽斎は武家でございますから、武張《ぶば》った話が多ございますし、こう見えて私も一緒に具足をつけて夫とともに陣中にあり、籠城《たてこもり》なども致しましたんですのよ。

夫幽斎の生涯には、幾つかの大きな転機があったように存じます。最初の岐路は、足利将軍に供奉《ぐぶ》し、義輝様、義昭様を盛り立て申し上げたあとの主君選び。次は、本能寺で信長様が斃《たおれ》られた後の明智光秀様との間合い取り。さらに、関ヶ原での合戦に際しての陣取りなどでございましょうか。

今、改めて夫、さらには息子たちの有り様を振り返りますと、武将としての存念《かんがえ》だけにとどまらない「処世への想い」のようなものがあったような気がしてなりませぬ。

婆《としより》の一人語りでございますが、お付き合い頂ければ幸いでございます。

麝香像（舞鶴市 田辺城内展示より）

元々幽斎の家というのは、室町幕府とともにございました。代々管領職にあった細川家の系譜に連なる家系で、頼有様を始祖とする「上守護家」と称されるところの、和泉半国の守護の任にある家でございます。幽斎はその上守護家から三淵家に養子に出ておられた晴員《はるかず》様と清原宣賢《のぶかた》様の娘（のちの智慶院様）[1]との間に生まれ、幼名を万吉、元服して藤孝と名乗り、のちに晴員様の兄細川元常様の養子となって上守護家を継いでおります。ただ、この頃の将軍家は三好、六角、松永一族などの戦国領主の勢力争いに巻き込まれて、本来の権威を発揮できておられませんでした。将軍義輝様すら居所定まらず、お仕えする元常、藤孝父子も時々の政局に翻弄《ふりまわ》され、守護の家柄と申しましても、不遇にして不安定な日々を送っておりました。しかし、藤孝は、十四歳の頃から近習として義輝将軍を盛り立て申し上げる立場にあり、「強い指導者」が将軍家に現れれば、自ずから秩序が保たれるはずだという思いで、一心にお仕えしておりました。

私が、藤孝と名乗っていた幽斎と初めて出会い縁あって嫁ぎましたのも、朽木谷の興聖寺（現 滋賀県高島市）に六年余にわたり隠棲された将軍義輝様に付き従って、藤

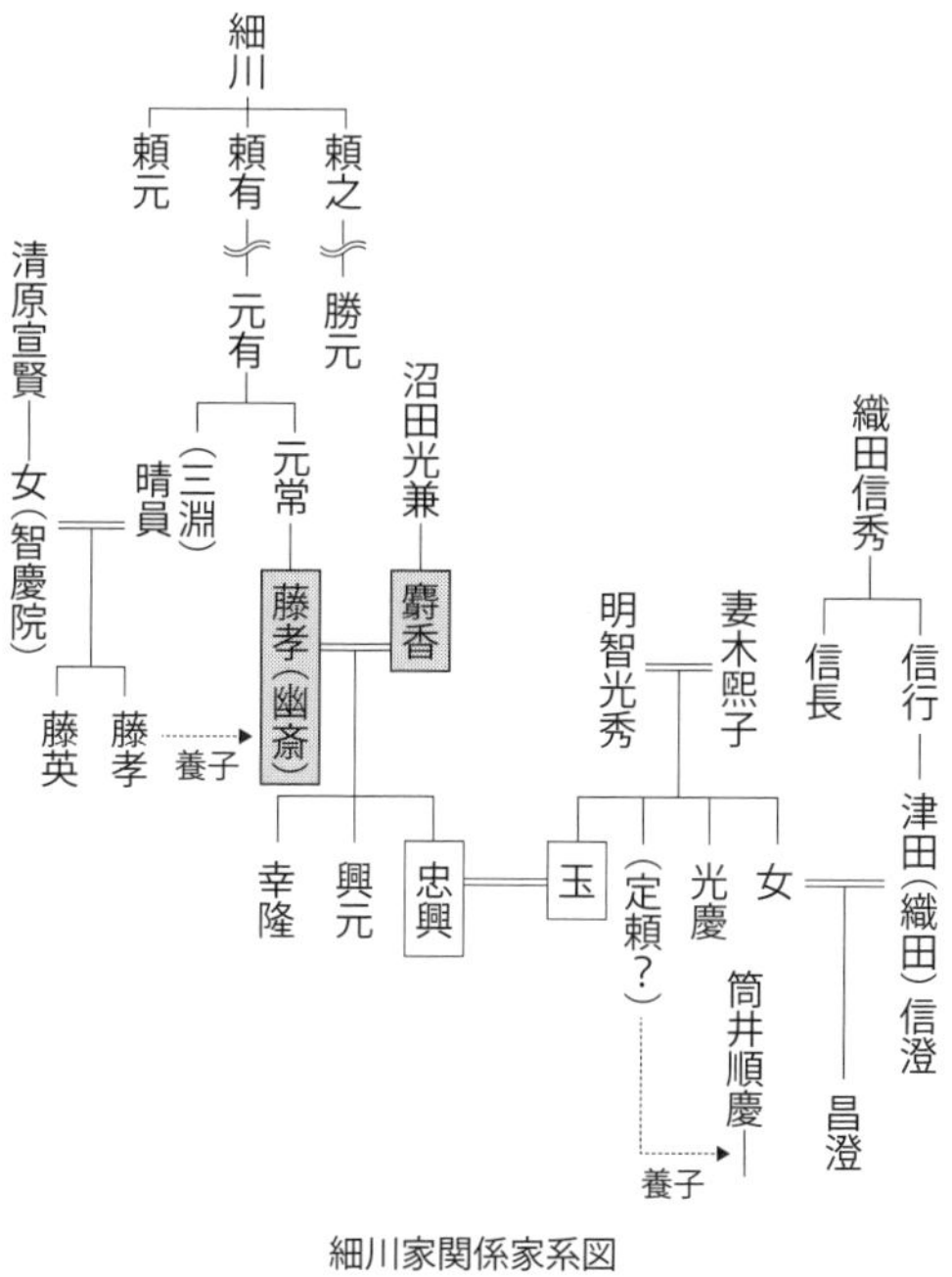

細川家関係家系図

孝がこの地にあった時期でございます。我が父は、若狭国熊川城主の沼田上野介光兼と申しまして、同じく将軍家の奉公衆を務めておりました。朽木谷にいるうちに元常様が逝去され、藤孝は正式に家督を継ぎました。

暫くして義輝様は二条御所にお戻りになり、強い指導者となるべく各地の大名衆との提携を模索され工作を進めておられました。ところが、清水寺参詣と偽って兵を整えた三好義継、松永久通の軍に白昼堂々と御所を包囲され、弑虐《しいぎゃく》されておしまいになるという事件が起きました（永禄八年（一五六五年）「永禄の変」）。将軍義輝様は剣術を塚原卜伝様に師事され、ご自身も強い将軍たらんとした「剣豪将軍」でいらっしゃいました。二条御所で遭難された際にも、鞘を払った刀を何本も座敷に刺し並べ、刃こぼれを起こすたびに刀を取り替えて十数人を斬り伏せるなど奮戦されたと聞いております。しかし、多勢に無勢、最後は槍襖《やりぶすま》を立てられ、絶命されておしまいになられました。

この時、藤孝は義輝将軍の命を受けて、対三好工作のため近傍の大名を訪れて留守でございました。痛恨の極みでございました。しかも、あろうことか三好はかねて誼《よしみ》を通じる義栄様（義輝様の叔父御）を勝手に擁立して将軍職権を壟断《ひとりじめ》する挙に及び、その障《さわ》りになりそうな義輝様の御兄弟の殲滅《みなごろし》を図ったのでございます。義輝様の異母弟で鹿苑寺の院主であられた周暠《しゅうこう》様は、三好の奸計に陥《おとしい》れられあっけなく落命してしまわれました。藤孝は、十数年お仕えした主君を失った悲嘆に暮れる間も無く、これを許すまじとして、迅速に動きました。義輝様のもう一人の弟君で興福寺一乗院門跡であられた覚慶《かくけい》様の救出に向かい、三好の追っ手から辛うじてお救い申し上げたのでございます。覚慶様は一旦甲賀に逃れられ、南近江の矢島にて還俗《げんぞく》され「義秋」様となられました。その後義秋様は正式に元服の儀を執り行われ「義昭」と改名され、藤孝は以後義昭様を仰いでのご奉公となりました。永禄九年（一五六六年）二月のことでございます。一時難を逃れられた甲賀の地は、藤孝にとっては格別の縁《ゆかり》のある地でございますが、このことはすぐあとに改めて触れさせていただきます。

世俗に戻られた義昭様の戦略の軸は、当初は越前の朝倉家との連携でございました。朝倉義景《よしかげ》様を頼んで一乗谷《いちじょうたに》に赴かれた義昭様一行でしたが、義景様は義昭様に次の将軍候補としての敬意は払っていただけるものの、自《みず》ら都に将軍を押し立てるという気概をなかなかお示しになられませんでした。一方、三好一派に担《かつ》がれた足利義栄様は、十四代将軍の宣下《せんげ》を受けられたものの、病気のため京にお入りになれずにおられました。義昭様はこの虚を突いて上洛をお急ぎになりたかったのですが、義景様はその嫡男様が急死されるという不運も相俟《あいま》って深い悲しみに沈まれ、朝倉様の後押しを頼んで上洛するという構想は一挙に萎《しぼ》んでしまいました。

その間、藤孝は一乗谷滞在中、同じく朝倉家に寄寓する足利所縁《ゆかり》で美濃土岐氏の流れをくむ一人の人物の知遇を得ました。それが明智光秀様でございました。その後の細川家にとって格別の謂《いわ》れを紡ぐ方でございます。光秀様は当時、砲術の腕を見込まれての朝倉家客分（五百貫扶持）であられました。歳こそ十歳ほど藤孝より上でいらっしゃいましたものの、二人は和歌や漢籍など共通の話題も多く、時を経ずして親しく交流するようになったようです。光秀様は、当時既に織田信長様家中の知己を辿って織田家への士官の目処をつけておられ、藤孝は光秀様から、織田家の気風、将軍家への尊崇、「天下に貢献する」存念《かんがえかた》などを聞き及んだようでございます。加えて、藤孝には諸国の事情を測る固有の伝《ツテ》がございました。先に甲賀の里のことに触れましたが、藤孝は、所領地に近い甲賀の乱破《にんじゃ》による事情探索に早くから馴染んでおりました。乱波と申しますのは、素破《すっぱ》、嗅足《かぎあし》とも申しまして、時代、地方によって「陰廻《かげまわ》り」、「狭間《はざま》」、「御庭番」などとも称された忍びの者でございます。藤孝は、併せて京都愛宕山下坊福寿院（2）の幸朝僧正様とも昵懇《じっこん》の関係にあり、その配下の修験者の探索を通じても、信長様の評判を聞き及んでおりました。こうした事情から、藤孝は朝倉家に代わる将軍家への有力支援者として、信長様を強く意識するようになったのでございます。

　藤孝は、こうした趣旨を義昭様に進言申し上げましたところ、信長様の所信《ほうふ》に期待を大きくされた義昭様は、永禄一一年（一五六八年）七月には早々と岐阜に赴かれて対面《たいめ》をされました。そして、九月末には信長様の軍勢に守られて、とうとう上洛を果たされたのでございます。上洛までの朝廷、公家衆、織田家との連絡、周旋には、藤孝が周到にその任に当たりました。前後して、十四代将軍の義栄様が病没されたこともあり、六角、三好など上洛を阻《はば》みうる勢力に亀裂が生じたことも幸いしてか、この間の展開は順調に進み、まさに「あっという間」でございました。十月には義昭様に十五代将軍の宣下があり、義昭様は感激のあまり、信長様に対し感状を下されるとともに、副将軍か管領への就任

細川幽斎像（舞鶴市 田辺城内展示より）

をも打診されました。信長様はこの申し出を受けられることはありませんでしたが、義昭様は足利家の家紋の使用をお許しになり、信長様を「父」とも敬《うやま》われるほどでございました。

しかし、時期を経るうちに、お二人の関係は徐々に微妙になってまいりました。信長様は義昭様の将軍宣下のあと早々に岐阜に引き上げられ、その後も畿内、東海、北陸の周辺領主、宗門との戦《いくさ》に忙しくしておられました。そんなこともあってか、義昭様は存在の大きな信長様を相対化し、京にある「独立した権威将軍」として、ご自分を中心とした固有の秩序を希求されるお気持ちを次第に強くされたようでございます。各地の領主宛に御内書をしきりに送られ、将軍としての威光をお示しになって、その反応、忠誠度を試すことを始められました。困惑された信長様は、俗にいう五箇条の条書（3）、お願い三箇条などでなんとか関係を繕《つくろ》おうとされました。しかし、一方の義昭様は、朝倉様、浅井殿、石山本願寺の勢力との提携を模索され、武田信玄様の「西上作戦」に際しては、これに呼応共闘し一挙に信長様を挟撃《はさみうち》せんとの動きに出られたのでございます。

こうしたお二人の反目は、藤孝にとってはこの上なく辛いものでございました。藤孝からは義昭様に「信玄に大功なし、信長に大功あり。信玄、信長の争いは私闘に過ぎず、肩入れ無用と存じ上げる」と諫言《かんげん》申し上げましたが、「信長は、（将軍の権威、行動を掣肘《せいちゅう》して）現に（我に）不義を重ねている」とお聞き届けにならず、反発を強められる一方でございました。

藤孝は苦悩致しました。主君を信長様にお引き合わせし、その助力のもとに主君の将軍就任を実現して世情の安定を願ったのでございます。……がしかし、どう申し上げるのが宜しいのでしょうか、義昭様の、自らは手を下さず、御内書だけでもって他者を操《あやつ》るというような特有の御手法《やりかた》に、藤孝は「強い指導者像」とは違うもの、目指すものの違いを感じ始めたようでございました。他方、こうした藤孝の戸惑いは義昭様におかれても感じとられたのでしょう。徐々に藤孝を膿《うと》まれ、他の寵臣の譏言《かげぐち》を受け入れて藤孝に蟄居すらお命じになるまでに至りました。

藤孝は、既に信長様からは一連の経緯の中でその働きを愛《め》でていただき、その麾下《きか》に加わらないかとのお誘いを頂戴しておりました。藤孝の心が急速に信長様に傾いてまいりましたのは、そのような経緯《いきさつ》の故でございました。但し、将軍家に仕える身でありましたことを吹っ切るのには、些《いささ》かの時間を要し、また諸々の気配りは忘れませんでした。義昭様がその後信長様と決定的な対立をされ槙島で反旗を翻されました折に、信長様が討征に向かわれましたが、藤孝はその軍勢には決して参軍しようとは致しませんでした。また、ずっとのちのことになりますが、義昭様がお亡くなりになった折、葬儀する者がいない中、これを主催したのは、見かねた藤孝（幽斎）でございました。

藤孝は槙島の戦いののち、正式に信長様から桂川の西にある長岡（西岡）の地に二万石を頂戴し、以後、信長様旗下の武将として「天下布武」に奔走することとなったのでございます。足利様への決別の意味も込めて、名乗りも以後は長岡藤孝といたしました。

藤孝は、三好一派で最後まで抵抗した岩成友通の成敗（第二次淀古城の戦）、高屋城の戦、さらには越前一向宗との戦、石山合戦などに従軍し、家中での地歩を固めていきました。また、既に信長様の侍大将となられていた光秀様の与力として、黒井城の戦、信貴山城の戦（松永久秀征伐）にも加わり、光秀様とも縁を深めたのでございます。

信長様からのお声がかりで、光秀様の三女玉殿と嫡男の忠興の縁談が整いましたのもその時分でございました。同時に九曜を定紋とするよう申し付けられ、以来当家の家紋となりました。新居の勝竜寺城で若い二人が睦まじく生活を始めましたのは、天正六年（一五七八年）のことでございます。

さて、ようようにして、父子とも新しい佇《たたず》まいでの家臣仕えと生活を立ち上げて数年を過ごしたのでございますが、突如驚天動地《こしがぬけるほど》の大事件が持ち上がりました。天正一〇年（一五八二年）六月、こともあろうか光秀様が、信長様を本能寺に急襲され、討ち果たしてしまわれたのでございます。天下人とその帷幕にある最大の出世頭である実力者との間にどんな事情があったのでございましょうか。この時藤孝は丹後宮津城にあり、忠興は光秀様の寄騎として備中高松へ出陣の途上でございました。本能寺での異変は、愛宕山下坊から早道《しゅんそく》の達人早田道鬼斎により、いち早く宮津にもたらされました。普段は大概のことに顔色を変えぬ藤孝も「南無三《なむさん》、舅殿《しゅうとどの》早まったことを……」と呟《つぶや》いたなりしばし絶句しておりました。……が、急ぎ引き返してきた忠興の顔を見るや、クルクルと思案を巡らし矢継ぎ早に指示を発しました。道鬼斎に、備中に派遣されておられた秀吉様の動向を把握するよう指示するとともに、織田（津田）信澄様、筒井順慶様などの去就をも探らせました。

この時期の織田家中の皆様は、越中（柴田様）、前橋（滝川様）、伊勢（織田信雄様）などに散っておられ、仮に秀吉様が備中から動けないとなると、光秀様の天下もありうると思ったのではないでしょうか。一方、織田（津田）信澄様は光秀様の娘を妻に、筒井順慶様は光秀様の四男を猶子にしておられました。同じく光秀様の娘を頂いている忠興の立場と重ねあわせた探索でございました。知らせは続々と入ってまいりました。中でも藤孝を苦悶させましたのが、織田（津田）信澄様が光秀様との繋がりゆえに、信長様の三男であられる神戸信孝様と丹羽長秀様に誅せられたとの知らせでございました。筒井様は「洞ヶ峠で様子見」(4)との知らせも届いておりました。

並行して、光秀様からはこれ迄の友誼、舅同士《しんせき》の所以で、藤孝の同心《みかたにつくこと》、加勢を求めてこられました。いよいよ猶予がございませんでした。決断の時が迫りました。藤孝の心を決めたのは、同じく修験者からもたらされた秀吉様の「大返し」の機敏な動きでございました。幽斎と忠興は揃って薙髪《ちはつ》して、信長様に弔意を表して蟄居することと致しました。これにより光秀様には味方しないとの立場を表明したのでございます。同時に藤孝は家督と宮津城を忠興に譲って、幽斎玄旨《ゆうさいげんし》と号し、丹後田辺城に隠居致してしまいました。光秀様におかれては幽斎の意外な対応に驚愕《びっくり》され、一度ならず書状を以って翻意を促してこられましたが、幽斎の態度は変わることはありませんでした。

殿方の「時代の趨勢を見る判断」を妻の身で慮《おもんぱか》るのは過ぎたることでございますが、藤孝（幽斎）と光秀様とは、ともに足利将軍に仕え、織田様の家中にあっても同輩以上の存在ではございましたが、武人としての藤孝（幽斎）にとっては、光秀様との関係は信長様あってのものであったのではないでしょうか。ただ、哀れを留めたのは、玉でございました。息子と結婚以来琴瑟相和《きんしつあいわ》し、舅の幽斎にとっても請われるままに源氏物語などを手解《てほどき》した可愛い嫁でございます。流石に、それを離縁するのは偲びなく、また玉には帰る家とてございませんでした。さりとて光秀様を討って新たな天下人になられた秀吉様との関係を憚《はばか》り、また不測の厄難を避ける必要がございました。幽斎は忠興を諭《さと》して、玉を丹後半島の味土野《みとの》という鄙《ひな》の地に隠棲させることと致しました。

幸い、光秀様との係《かかわ》りをそれ以上追及されることもなく、長岡父子（幽斎、忠興）は揃って秀吉様から領国安堵のお沙汰をいただき、明智領の一部も加え両人合わせ十四万十四百石を知行致しまして、以降は秀吉様臣従の日々に入ったのでございます。

幽斎は、秀吉様の治世においても、望ましい世を求める姿勢に変わりはございませんでした。豊臣秀長様、千利休様らとの語らいを深め、文禄の役などの企てにはこれらの方とご一緒に、恐れながら秀吉様の方針に異を唱えることも致しておりました。しかし、一方において、幽斎はその文化的な素養(6)を秀吉様から愛でていただき、和歌を嗜たしなまれた秀吉様に歌道の指南など申し上げ、御伽衆《おとぎしゅう》を務めておりました。

しかし、慶長三年（一五九八年）八月秀吉様がお亡くなりになりますと、またしても大きな転機が訪れました。

秀吉様の後の治世実務は、秀吉様の御遺言で所謂《いわゆる》「五大老五奉行(7)」の皆々様が取り仕切られることとなっておりましたが、慶長四年（一五九九年）四月、最年長で何かと重しになってこられた前田利家様がお亡くなりになりますと、家康様と三成様との確執が目立つようになってまいりました。愛宕山筋からもたらされる各地の見立てを仔細に検討し、幽斎は家康様が次の天下人となられるだろうことを見通しておりましたが、世間では「天下の行方《ゆくえ》」はなお如何ようにも転びうる流動的な状況だと思われる向きも、決して少なくはございませんでした。そのおひとりが、五大老に列しておられた上杉景勝様でございました。慶長三年、上杉様はそれまでの越後、越中、佐渡の領国から、百二十万石で会津に移封されておいででした。隣とはいえ未知の国であることから、領国経営の課題への対応を急がれ、また前田様逝去のあとには群雄割拠の時代に戻るかもしれないとのお考えでした。若松城は規模が小さいため、新たに西北に巨城を築き、支城にも修築、改造を進め、兵糧、武器の調達に加え、諸国流浪の浪人を多数召し抱えられるという動きを加速されました。こうした動きは家康様が捕捉し、問題視されるところとなり、問責(8)の上で、「謀反割拠の疑い有り」として討伐軍が派出されることとなりました。家康様の軍の東征を待っていたかのように、三成様が畿内で兵を挙げられ、その知らせを得た家康様は上野国小山にて軍議を催され、全軍取って返す決断を下されました。駆け引きを尽くし、愈々《いよいよ》決戦に向けた行軍が始まったのでございます(9)。

隠居として恬淡《てんたん》としつつも、かねて天下の時流を見定めておりました幽斎は、大名諸侯の間での声望、力量に鑑み、仮に家康様でない天下人では世情が収まらず、元の混沌とした状況に戻ってしまうのではないかと危惧致しておりました。民の安寧、平穏を旨とする世の中を望むには、「強い指導者」が不可欠であり、そのもとで「武」以外の趣のあるふくよかな世界を希求することが大事であることを強く感じておりました。それには、それをもたらすことのできる方を盛り立てることが肝要であり、それを託すべき方が家康様であることを、忠興に諄々と説きました。

忠興とて、もとより異存がない上に、忠興には家康様に特別の恩義がございました。時期が少し前後いたしますが、秀吉様ご存命の折に二度に亘り朝鮮に出兵がなされ諸将が従軍されましたものの、多くの費用をかけながら得るものがなく、疲弊だけを残す結果となりました。大身の大名にあっても賄《まかな》いで困窮する家が跡を絶たなかったと聞いております。忠興もたまたま費《つい》えの不足をきたし、時の関白で金銭に鷹揚《おうよう》でいらした豊臣秀次様に頼ったのでございます。ところが、秀次様と確執を深められた秀吉様が秀次様追い落としの材料にこの貸し借りとその折の誓詞提出を問題にされ、秀次様だけでなく、忠興ら借り受けた側もその故を以て秀次様謀反に同心したとの嫌疑がかけられるという事件に発展したのでございます[10]。秀次様は経緯を経て文禄四年（一五九五年）六月切腹を命じられ、無念の最期を遂げられましたが、その追い落としの策謀を主導したのが石田三成様、長束正家様、増田長盛様、前田玄以様の奉行方であったと聞いております。忠興については、前田玄以様を除いては同情的でなく、中でも三成様は忠興を切腹に処すべきとの強硬論者であったとのことでした。忠興は、前田玄以様の取りなしで辛《かろ》うじて切腹は免れたものの、釈明の誓詞の提出はともかく、身の潔白のために求められた借財の返済には、全く目処がつきませなんだ。その窮地を救っていただいたのが家康様でございました。金策に万策尽き、股肱の臣である松井康之

豊臣秀次像（滋賀県近江八幡市）

を使者に立てて恐る恐る無心に及んだ忠興に対し、家康様は長年隠し資金を貯めた鎧櫃《よろいびつ》を開き、黄金百枚を貸し与えてくださったのでございます。忠興は直ちに伏見城に黄金を持参して嫌疑に終止符を打ったのでございますが、忠興は家康様に格別の恩義を覚えるとともに、三成様に対する恨みを含むこととなりました。忠興は、嫡男忠隆を従えて家康様の軍勢に加わって出陣してまいりました。

一方、幽斎でございますが、家康様出陣の留守、間隙を突いて三成様が兵を挙げて、愈々《いよいよ》決戦の幕が切って落とされる展開になろうことは、既に甲賀の乱波《らっぱ》、愛宕山筋の修験者からの知らせで予想しておりましたし、三成様が家康様に与《くみ》する者の留守を襲うであろうことも想定の範囲でございました。忠興は出陣に当たり、妻の玉に「留守中、いざとなれば見苦しくないよう処せ」と言い含めましてございます。玉はその指示に違《たが》わず、三成様から人質として大坂城に入るべしとの要求に接すると、敢然とこれを拒み屋敷に火をかけて自害いたしました。三成様にとって、玉の自害は想定外であったようでございます。もとより、家康様に与《くみ》する大名の気を挫《くじ》く目的での人質収容であったのですが、玉の壮絶な死は「武家の室の鏡」と称賛され、我も我もと追随者が現れてはむしろ逆効果になることを懸念され、他の大名家族については城への収容を諦め、監視するに留めざるを得なかったと聞いております。そのことは、三成様の「忠興憎し」の気持ちをますます強くさせ、やるかたない憤懣の気持ちから、腹いせのあまり、後で申し上げますが、その父幽斎の立て籠もる田辺城攻撃に大軍を向かわせたとのことでございました。

ところで、家康様ご出陣のあと、関ヶ原で両軍が見《まみ》えるまでの間には諸々の経緯《いきさつ》があり、その間忠興が随分と家康様を励まし申し上げたとのことでございました。あとで聞いた話でございますが、家康様は、自陣営の将兵の心理にまで不信を募らせられ、一時は「自分は暫く江戸に留まり、守りを専一にする」とまで意気が萎えてしまわれたことがあったとのこと。その折、忠興は家康様に「吾が妻の玉は大坂城に入るのを拒んで自刃して果てもうした。この機に及んで我々が心変わりなどいたしましょうや」と言上し、これに福島正則様が和して諸将の一致団結がなったとのことでした。

息子、孫たちの出陣に主力部隊を委ねて見送ったあとの幽斎でございますが、留守を預かる身としては大変に忙しゅうございました。あとに残された兵は少ない上に、逃げるすべのない町方も城に収容することに致しましたので、幽斎は早々に防御線を縮小することに決しました。宮津城に火をかけ、支城の峰山、久美浜、中山の三城を破却し、五百名の残兵と武器弾薬、兵糧の全てを田辺城に参集せしめた上で、城に籠《こも》ったのでございます。そこに福知山城主小野木《おのぎ》縫殿介《ぬいのすけ》重勝《かつしげ》様に率いられた軍勢一万五千が到来し、城を取り囲んだのでございます。

その有様を城頭から眺め、幽斎は「よくもまあ、この老いぼれを高く買ってくれたものだわい」とむしろ上機嫌でございました。

田辺城（舞鶴市）

さて、ここで幽斎と和歌との絡みに触れておきたいと存じます。「大軍に囲まれ、愈々《いよいよ》切羽詰まったこの折に、なんだ」とお思いかもしれませんが、実は委細大ありなのでございます。

先に藤孝の生母が清原家の出身であることを申し上げましたが、清原家は学問の家系でございます。祖父の宣賢様というのは当時の都で随一の大学者（明経博士）でいらっしゃり、藤孝は幼い頃生母の家で育てられ、宣賢様から漢籍、和歌など和漢の素養をじっくりと授かったようでございます。当初、藤孝は和歌については「公家児女の業《きぞくのおんなこどものわざ》」であると軽蔑していたようですが、ある時歌心ある傍輩《なかま》から武士の心得を古歌から示唆されて(11)、格別に親しむようになったと聞いております。藤孝は連歌や俳諧にも造詣を示しましたが、就中《なか》でも和歌の趣に肌が合い、その道に精進を重ねました。とりわけ和歌正統二条派の伝統に馴染み、この時代の歌壇において最も尊崇された「古今伝授」を受けるまでの奥義に達したのでございます。

「古今伝授」と申しますのは、藤孝からの仄聞《ききかじり》でございますが、なんでも古今和歌集の全ての歌の解釈を和歌の家が代々秘伝として相伝して繋いでいくものとのことでございます(12)。確かに、藤孝がその道に精進を重ねてたくさんの歌を詠みましたことは存じておりますが、そんな大事《たいそう》なものを藤孝が受け継ぐことになりましたのには事情がございました。

幽斎が和歌を師事したのは大納言三条西実枝《さんじょうにしさねき》様でございましたが、実枝様は既に還暦を迎えられておりましたのに、長男の公余《きんよ》様が早世され、次男の公国《きんくに》様がまだお小さかったため、古今伝授には無理がございました。そこで、身内への伝授にあたり「橋渡《つなぎ》し」を入れることをお考えになり、高弟であり将軍の重臣であって信頼のおける幽斎に白羽の矢を立てられたのでございます。「伝授の奥義は、貴殿に伝授致しますが、三条西家（公国）にお返し頂くまでは決して他に中身を漏らさぬよう。但し、我が三条西家に伝授の中身が戻りましたら、以後はどなたに伝授されようと自由でございます。」との申し出条件をどう評価《うけとめる》するかは微妙でございましたでしょうが、幽斎は「この上なく名誉なこと」として恭《うやうや》しく承りました。元亀元年（一五七〇年）師走の事でございました。

もっとも、このあと義昭様と信長様との関係が微妙になる幾つかの事象《こと》があり、幽斎は事態の処理に奔走せざるをえず、伝授の時間を十分に取れない時期が続きました。事実、伝授は何度か「中断」のやむなきに至り、実枝様からの伝授が終わるまでに四年余の年月が必要でございました。その上で、公国様が二十四才になられたのを機《しお》に、今度は公国様宛に順次伝授を進め、託された伝授を三条西家にお返し申し上げたのでございます。漸くに責務を果たし、幽斎も安堵の体でございましたが、その公国様が三十二歳の若さで他界してしまわれ（天正一五年）、しかも公国様のご嫡男がやはりまだ幼すぎるということで、幽斎は再び伝授を受けた唯一の歌人に戻ってしまいました。

巡り合わせの悪さもさることながら、自らも実枝様から伝授を授かり始めた齢《よわい》を越してしまった幽斎は、改めて思案致しました。「古今集は元々勅選の和歌集であるならば、朝廷の然るべき方に伝授申し上げるのもお返しの筋」と思い定め、かねて伊勢物語の講釈や和歌の添削など申し上げた誼《よしみ》を辿り、後陽成帝の弟君であられた八条宮智仁親王様に密かにその趣《おもむき》を打診申し上げたのでございます。幸いご了解を得られ、宮に伝授を申し上げることとなりましたのは、慶長五年（一六〇〇年）の三月のことでございました。四月の末までにおおよそ主要分の伝授を終えたのでございますが、五月になると幽斎は伝授を中断し、丹後に戻る羽目となりました。先に申し上げた会津の上杉景勝様の動きが急を告げ、家康様が問責の兵を向けられることになったからでございます。忠興、忠隆の出陣のあと、幽齋が残りの寡兵を参集して田辺城に籠り、そこに小野木縫殿介様に率いられた一万五千の軍勢が到来し、城を取り囲んだのでございます。まさに私共は風前の灯となりました。

そんな折、八条宮からのご使者が城を訪れ、「御身を宮が案じておられるので、速やかに和議を図られたい」との書状を持参されました。これに対して、幽斎は「勅諚の思召《おぼしめし》は誠に恐れ多いことなるも、武人として死は覚悟しております。大坂玉造におりました倅《せがれ》忠興の妻、玉は大坂城に人質として入ることを拒絶し、三成の軍に囲まれて既に自害しております。老骨が何の面目あって長らえられましょうや」と口上を述べた上、「ただ、宮にお持ち帰り頂きたいものがございます」と述べて、中一日の猶予を願い出たのでございます。翌々日、使者にお託し申し上げたのは、一つの箱でございました。中には、幽斎がまる一日書院に籠って書き上げ、選び出した「古今伝授終了」の証《あかし》の品々、すなわち、「古今集の仮名序と真名序、巻二十の大歌所御歌の講釈を記した書付、古今集の秘説を説いた切紙、そして伝授が済んだことの証明状」が入っておりました。実枝様からの伝授を受け始めてから実に三十年の月日が流れておりました。

箱を託し申し上げ、幽斎はこれで心置きなく最後の奮戦を

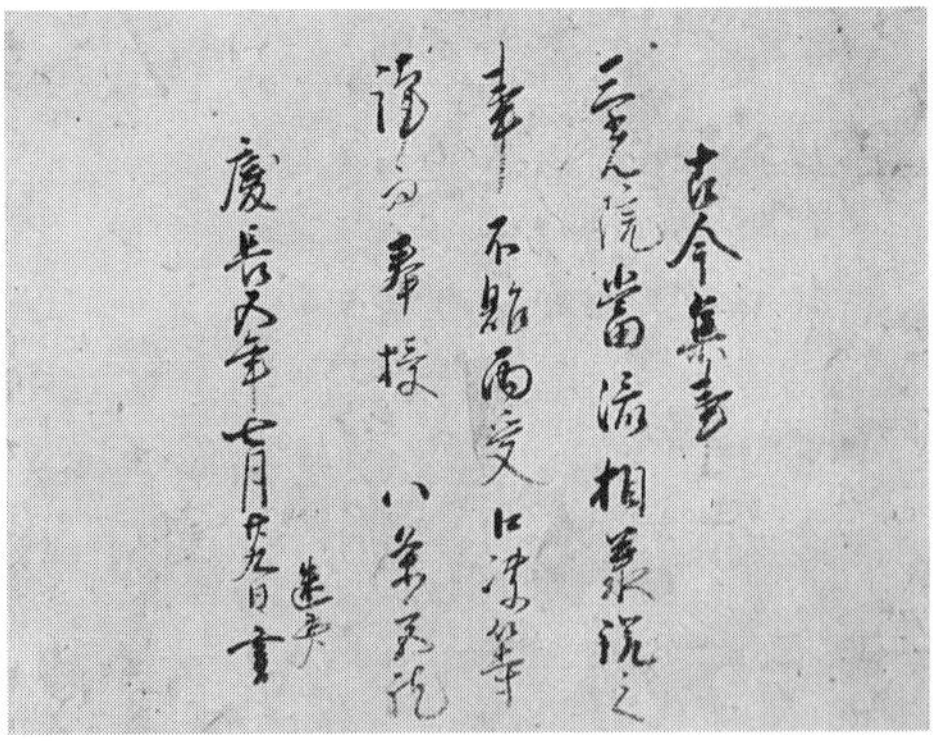
古今伝授証明状（舞鶴市 田辺城内展示より「三光院（三条西実枝）当流相承の説の事、面受口決等を貽さず、謹んで八条の宮に授け奉り訖（おあ）んぬ」と記してある）

する覚悟を固めました。ところが、箱を受け取られた宮様におかれては、「このまま、むざむざ幽斎を殺してはならぬ」と帝《みかど》に経緯《いさい》を申し上げられ、大坂城の三成様宛に「和睦の上、幽斎を無事に城外に出すべし」との勅命をお出しくだされるよう手配されたのでございます。勅命に逆らうことを憚《はばか》った三成様からの使いとして、間もなく前田茂勝様（前田玄以様の猶子）が城にお越しになりましたが、幽斎はこれをにべもなく追い返してしまいました。のちに経緯を知って畏《おそれ》多さに恐懼いたしましたが、恐懼には続きがございました。今度は宮からの御使者として、異例にも三人の高位の公家衆(13)がお越しになり、「帝の御叡慮」として同様の勅命を齎《もたら》されたのでございます。幽斎も流石に忝《かたじけ》なさの極みとして和議に応じることと致しましたが、和歌の繋がりがこのような展開をもたらすとは思ってもみないことでございました。それだけでも異例格別でありますのに、幽斎は、なんと「勅令に応じての開城には諸々準備もございますれば……」と称して、城の明け渡しは「六日後に」と注文をつけたのでございます。

実は、幽斎には思惑がございました。幽斎の下には、修験者たちから、さらには従軍している忠興からも、家康様の東軍と三成様の西軍との衝突が間近であること、その場所が赤坂（関ヶ原）付近になりそうであることなどが続々と入信しておりました。使者の前田様を追い返し申し上げたりしたのも、決して「前田茂勝様は城を包囲する軍に加わっている将であり、三成様の謀《はかりごと》であるとの疑いを挟んで信用しなかった」というわけではございません。むしろ、仮に勅令が本当であれば、寄せ手の軍も無闇に動きが取れないはずなので、ならばできるだけ包囲の軍勢を引き付けておけば、三成様方に味方する兵力の決戦場への参陣を遅らせる「時間稼ぎ」ができるはずだと考えたのでございます。城の明け渡しに六日もかけたのも、同様の狙いでございました。

その狙いは奏功し、寄せ手の軍勢が漸くにして城の囲みを解いた頃には、既に天下分け目の決戦は終わってしまっておりました。わずか五百の手兵で一万五千の軍勢を一ヵ月半もの間足止めさせた功の重さ[14]を家康様はよくお分かりでございました。幽斎は大層なお褒めを頂き、豊前に三十三万九千石の知行を賜わり、豊後杵築《きつき》六万石と併せると三十九万九千石の大身となったのでございます。尤《もっと》も、既に幽斎は隠居の身であり、家督を継いだ忠興にも累次の功績があるので、思し召しはそっくり忠興が頂戴し、これを機に長岡から旧《もと》の細川に家名を戻し、以後の細川家の九州における地歩の礎《もと》としたのでございます。

籠城の際の話として、一つだけ自慢話をお許しください。幽斎に付いて籠城致し、具足をつけ、鉢巻を締めてはみましたが、女子《おなご》とて

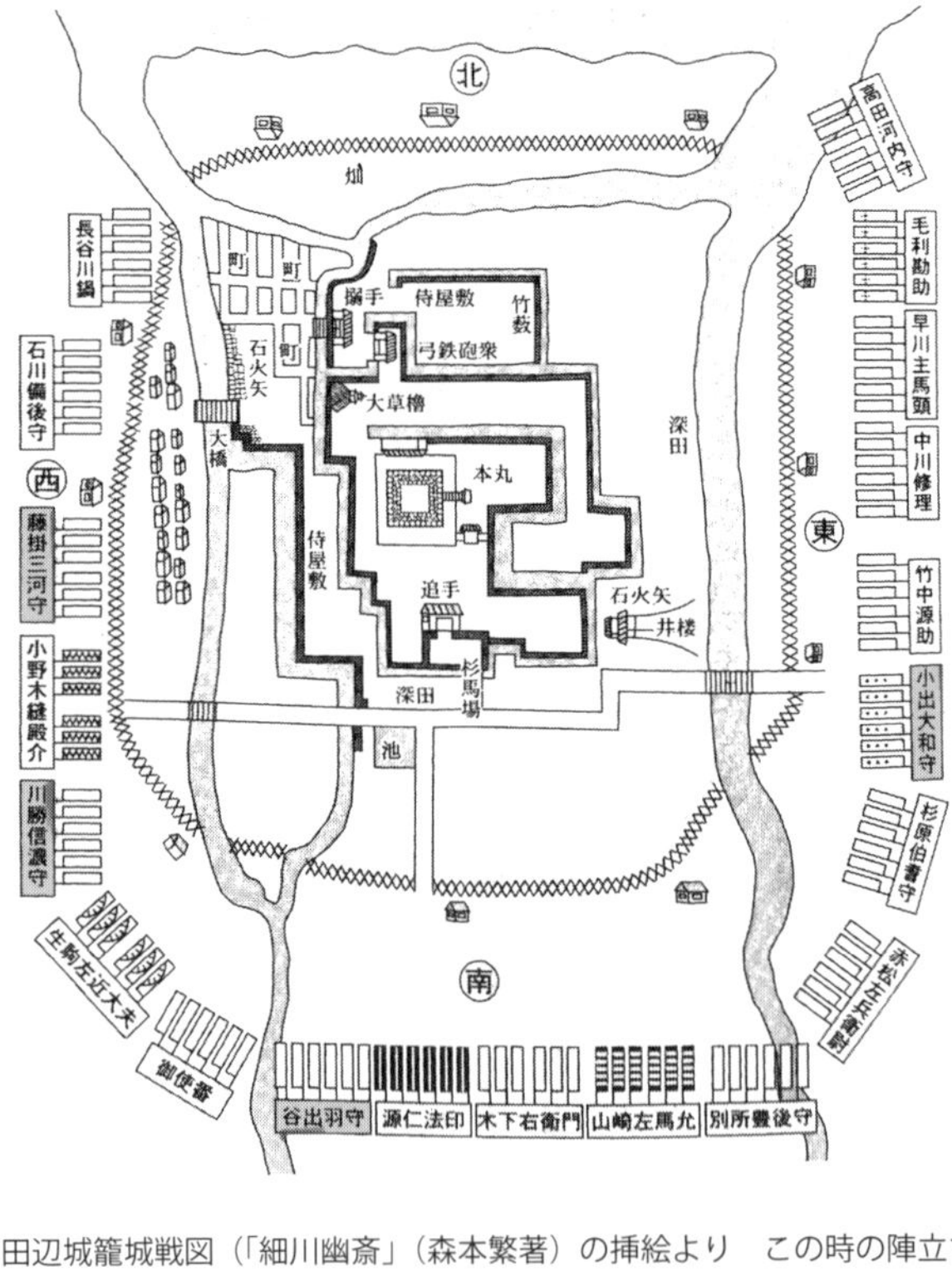

田辺城籠城戦図（「細川幽斎」（森本繁著）の挿絵より　この時の陣立ちのうち、麝香の空砲書付により、幽齋軍に、そして家康軍に仇した訳ではないと証拠立てられて、咎めなく助命された西軍武将は、小出大和守、藤掛三河守、谷出羽守、川勝信濃守の諸将であった。）

見回りと郎党へのお声かけくらいしかできませなんだ。……が、城内を回って外を窺《うかが》っておりますうちに、ある奇妙なことに気付いたのでございます。城を取り巻く軍勢は様々な御家中からの寄せ集めでございましたが、その中に城に撃ちかける鉄砲を「空撃ち」している家中がいくつかあるのでございます。面妖なことと存じました。陣中にて書き留める手段《すべ》も不自由でございましたので、化粧箱の白粉《おしろい》や紅で、そうした御家中の旗差し物の紋様を絵図にしてまいりました。それを見た幽斎は小躍りして、「でかした、でかした。動員された丹後、但馬の領主の中に必ずしも本気で攻め越すのを潔《いさぎよ》しとしない者がいる証拠である。確かに、儂《わし》が和歌を手解《てほどき》した者もおるわい。これなら、寡兵でもしばらく持ち堪《こた》えることができるやもしれぬ。」と気勢をあげ、のちにその旗印の御家中の名を「御家に弓を引かざりし家なり」と家康様に言上いたしたのでございます。攻め寄せた総大将小野木様は田辺城の開城ののち蟄居し助命嘆願をされましたが、忠興がこれを追及して許さず、最後は自刃となりましたが、私が布に認《したた》めた旗印の皆様には、お咎めは一切ございませんでしたのよ。

……そうでした、和歌の話をしていたんでございましたね。実は、田辺城から八条宮様宛にお届けした箱の中には、古今伝授の品々のほかに、幽斎の歌が一首入れられておりました。

古《いにしえ》も　今もかわらぬ　よの中に
　心の種《たね》を　のこす言《こと》の葉

これを伝授の書き付けなどと一緒にご覧になった宮様が、幽斎の想いに感じ入られて帝に勅命を賜るように進言されたのは、先に申し上げた通りでございます。この句は、言わば、古今伝授の大役を果たし、自ら歩んだ武士としての処世を思いつつ覚悟を決めて詠んだ辞世の句でございました。

長々と勝手な思い出話をして参りました。武家として時々の長者との関係に細心の心配りをし、時に「日和見」、「世渡り上手」などと言われた幽斎でございますが、そこには「世の流れが何に向かっているか」を見極めようとする思いが一貫としてあったように存じます。上手《うまく》に申し上げるのが難しゅうございますが、加えて「その向かうべき世の中の軸に文化、典雅の要素を加えることの大切さ」とでも申しましょうか、ある種の多様性ある情緒の意義を探究《つきつめようと》する姿勢があったような心持ちが致します。残すべく「言《こと》の葉」に託した「心の種」には、和歌に込められた古《いにしえ》の抒情、作法だけではなく、武断から文治への時代の変化に相応《ふさわ》しい為政者リーダーの心得、備えるべき素養への期待も含まれていたのではないでしょうか。

以上が幽斎の「妻として」の思い出語りでございますが、折々に触れました忠興たち兄弟や孫たち、そして私にとっては嫁である忠興の妻玉について、「母／祖母、姑の立場から」もう少《もそっと》し思うところがございます。次稿に話を繋がせて頂ければ幸いです。

（1）この清原宣賢の娘は十二代将軍義晴の側に仕えた後、三淵晴員に下げ渡されたという経緯があり、生まれた万吉（藤孝）は義晴の胤で、将軍義輝とは腹違いの兄弟であるとする説がある。

（2）幽斎と愛宕山下坊とは関係が深く、三男の幸隆（法名／妙庵）を入れている。武家の三男、四男を仏門に入れるのは慣わしになっており、珍しいことではなく、幽斎の孫（息子忠興の三男）の光千代も幼い頃に福寿院に入っている。なお、光千代は、のちに還俗し人質として江戸に送られ、徳川秀忠のもとで養育されることとなる。

（3）永禄一三年（一五七〇年）の五箇条の条書は、その第四条にある「天下の儀、何様《いか》にも信長に任せ置かるるのうえは、誰々によらず、上意に及ばず、分別次第成敗たるべきの事」の条を以って、信長が義昭を傀儡化する目的で作成したとの説があるが、そうではなかろう。信長は条書と同日付で諸大名に「天下静謐《てんかせいひつ》」のための上洛要請をしており、その「天下静謐」の趣旨に抗して上洛せぬものは信長の一存で成敗するとの含みであるとするのが妥当である。そもそも本当に傀儡化を目指す趣旨なら、この大事な項目を四番目になんか置くとは思えない。但し、義昭の抵抗は根強く、信長の対応も強硬になっていく。そのあとの十七箇条の諫書では、事細かに箸の上げ下ろしまで制約を課しており、傀儡化が鮮明になっている。

（4）筒井順慶には猶子が多く、また文献で見る限り明智光秀の息子は三男までしかその存在を確認できず、この猶子説の真偽は不明である。しかし、この時光秀が筒井勢の同心を願って工作していたことは事実であり、その去就は注目されていた。順慶は軍を整えたものの、洞ヶ峠で状況を見極めて動くことはなかった。様子を見て日和《ひよ》ることを「洞ガ峠を決め込む」などと称するのは、ここからきている。但し、洞ヶ峠への布陣は類書では異論が多く、寧ろ光秀が此処に布陣して順慶の加勢を待ったとする説もある。いずれにせ

よ、順慶が様子を窺い動かなかったのは事実のようである。なお、順慶は本能寺の変の後は秀吉の家臣となり、小牧・長久手の戦いなどに参加している。それ以前に松永久秀などとの駆け引きで名が出てくるので老練な武将というイメージであるが、意外に若く三十六歳で病没している。

（5）本能寺の変に事後対応するに、有力武将が散り散りの状態であったことは本文のとおりである。この時期に秀吉よりも京に近い処に居て、挙動を尽くせば最も主導的な立場をとれたはずであったのが、四国征伐準備のために軍勢を整えていた神戸（織田）信孝と丹羽長秀であった。ところが、彼らは全体の状況判断に怠りがあり、また光秀の女婿たる織田信澄の存在を過大評価して、寧ろ信澄が光秀と一緒になって自分たちに攻め越すという幻惑にとらわれた。結果、恐怖に駆られて信澄を詐術で謀殺するうちに、時機を逸して、秀吉の後塵を拝することとなった。

（6）幽斎（藤孝）の文化的素養は幅広く、本文で紹介した和歌などのほか、猿楽、蹴鞠、囲碁、包丁（料理）、造園などにも通じ、茶の湯は千利休に師事した。ただ、ある時から、侘《わ》び、寂《さ》びをことさらに言い立て、高価な器に拘泥する師の趣に疑問を感じ、その許を離れている。なお、忠興も茶の湯に勤しみ、利休七哲の一人に数えられている。

（7）「五大老」とは、徳川家康、前田利家、宇喜田秀家、小早川隆景、上杉景勝。「五奉行」とは、石田三成、浅野長政、長束正家、増田長盛、前田玄以。なお、秀次事件で浅野長政が一時失脚した折には、奉行に宮部継潤などが加わったことがある。

（8）この問責に対し、上杉側は有名な「直江状」を以ってむしろ家康の野心を揶揄するような返書を送り、家康の出府を挑発している。これに家康が激怒して兵を出したことになっているが、家康とすれば、自らが奥州に兵を出す動きを見せて、逆に三成の暴発を挑発する目論見であったであろう。上杉と石田三成の間に呼応する事前の示し合わせがあったとする説もあるが、両者の格式の差と接点の有様を考えると、あまり説得的ではないと思われる。

（9）こう書くと、家康出陣から三成挙兵まで一直線に推移したような印象があるが、実は家康の会津への行軍はその趣旨から最初からゆっくりであったし、三成も挙兵までに随分と時間をかけている。これは、三成が自らの信望のなさを自覚し、大谷吉継、安国寺恵瓊などと語らって毛利輝元を総帥として担ぎ出す工作にも、また家康弾劾の「内府ちがひの条々」などを起草するにも時間を要したからである。しかし、「内府ちがひの条々」は三奉行の連署がされており、これは「公儀」が三成側にあることを示していた。さらに、毛利輝元が総帥に就いたことは家康にかなりの動揺を与え、彼の「豊臣恩顧の大名への不安感」を掻き立てて、その後の行軍をひどく緩慢なものにした。福島正則はじめ豊臣恩顧の諸将に「裏切らない証拠に実際に攻めてみよ」とけしかけたところ、あっという間に彼らが岐阜城の織田秀信（信忠嫡男）を蹴散らし、一挙に赤坂まで押し出してしまう勢いを示した。この時まだ、家康は奥州からの帰途江戸に留まっていた。精鋭の秀忠軍は家康の指示で信州上田の真田軍を攻めると称して様子見をしていた。結果、秀忠軍は関ヶ原に間に合わず、のちに家康から諸将の前で「大目玉」を食ったことになっているが、元はといえば、豊臣恩顧の大名の異心なき奮戦を見るまでは迂闊に参陣するなと指示したのは家康自身であった（細川家文書「綿考輯禄」による）。

（10）秀次からの借財、誓詞の処理ができず、またほかの事由を言い立てられ、陰謀に加担したとして碌を削られた大名には、小早川秀秋（十万石削減）、前野長康父子（禄を剥がれたうえ、切腹）などがいる。元々の秀次の直轄領八十万石に加え、秀長、秀保の死によって収納した石高も多く、これらによって「宙に浮いた所領」は結果として、三成（四万石から十九万四千石へ、他に預かり領六万石）、増田長盛（二万石から二十万石へ）、長束正家（丹羽長秀家臣の身分から一挙十二万石へ）などに分け与えられた。かねて所謂武断派に対して禄の少きを憂いていた文吏派の留飲を下げさせたのであるが、その手法や分配の有様は逆に両派の確執を広げ、関ヶ原合戦の一つの伏線となっていった。

（11）ある時、敵将を追う途中で見失い諦めて引き返そうとしたところ、敵将の乗り捨てた馬の体が温かいことから、敵がいまだ近くにいるはずであることを、一緒にいた侍から古歌「君はまだ遠くに行かじ我が袖の涙も未だ冷えやらぬゆえ」でもって示唆され、これに感じ入ったのが藤孝の歌道精進の端緒とされている。

（12）我が国最初の勅撰和歌集である古今和歌集の解釈については、古くは藤原俊成、定家、為家と伝わり、その後三つの家（二条家、京極家、冷泉家）に分かれて伝授が繋がれた。のちに美濃国の歌人武将 東《とうの》常縁《つねより》が藤原為家の娘婿で歌人であった先祖の東胤行《とうのたねゆき》から伝わる伝授の中身を整理し「切紙」による様式を整えた。その常縁から古今伝授された連歌師飯尾宗祇が公家の三条西実隆に繋ぎ、以後その子、孫の実《さね》枝《き》と秘伝を繋いだ。

（13）この時使者に立ったのは、いずれも幽斎と和歌の師弟関係のある中院通勝、烏丸光広、それに三条西実条《さねえだ》であった。かつて、朝廷が武家の騒乱を収めるため当事者からの願いにより仲介したことはあったが、朝廷が自らの意思をもって争議の収拾に動くことは稀であり、しかも前中納言、蔵人頭、参議（いずれも当時）といった高位の公家が使者に立つということは、前代未聞であった。なお、三条西実条は亡くなった公国の若き嫡男である（のちに従一位右大臣）。

（14）関ヶ原合戦の勝負の帰趨については、小早川秀秋の裏切りばかりに注目が集まるが、この幽斎籠城による西軍一万五千の足止めに加え、京極高次の突然の翻意と大津城籠城による西軍立花宗茂ら一万五千の足止めの効果は計り知れない。勝負は軍兵の多寡だけではないにせよ、双方激突時の東軍対西軍は七万対十万と言われており、仮に西軍に組み入るはずの遅軍合わせて三万の軍勢が最初から関ヶ原に参軍していれば、西軍は東軍の倍に近く、小早川の裏切りの前に大勢が大きく西軍に傾いていた可能性がある。勿論、東軍にも徳川主力の秀忠の遅軍があり一概には言えないが、「歴史のif」として想像を掻き立てる。

梓弓《あずさゆみ》もと立つばかり道を正して　――忠興とガラシャ――

夫の幽斎と私（麝香《じゃこう》）は、倅《むすこ》、娘ともに子宝に恵まれました。幽斎は、子供には総じて「放任主義」でございました。移り変わる状況のもとでいかに身を処すかという自らの判断には、神経を研ぎすます毎日でございました。しかし、子供の生き方については、今振り返りましても、本能寺の変あとや、関ヶ原合戦の際のお味方決めに当たっての判断で、忠興との間に格別のやり取りがあったことが記憶に残るくらいで、あとは他の子供たちも含め、それぞれの判断に委ねていたように思います。決して子供に対する情愛に薄いと言うことではございませんでしたし、また細川という武家の行く末についての想いは当然にございましたから、普段からの言葉には出さない薫陶というものはあったのでしょう。しかし、「よいかよく聞け、以下申し聞かせる」と構えるようなことはなかったように思います。幽斎は側室を設けませんでしたから、夫婦と子供達は各々の子供が独り立ちするまで、一時を除きともに暮らす時間も長く、私としても折々に思うことは多々ございました。母として、姑として、或いは祖母として感じ、そして改めて夫幽斎について思案しましたことを、やや散漫な内輪話になろうかと存じますが、お付き合いいただければ幸甚でございます。

忠興は、幽斎が足利義輝様にお仕えしている頃に私ども夫婦が最初に授かった子供でございます。永禄六年（一五六三年）十一月の生まれでございます。細川家代々の風習で幼名を熊千代と申しまして、その後与一郎と名乗りました。

信長様に幽斎がお仕えした後は、父に従いその麾下《もと》に入り、信長様の嫡男信忠様にお仕え致しました。十五歳の折の紀州征伐が初陣でございました。翌年（天正六年）元服し、信忠様から偏諱《いみな》を受け、与一郎から忠興と名乗りを変えました。信長様、信忠様からの覚えもめでたく、京でのお馬揃え（天正九年）にも若年ながら参加を許されるほどでございました。仰天するような本能寺の変で信長様、信忠様が斃れられた際には、幽斎と共に薙髪《ちはつ》し、秀吉様への臣従の道を選んだことは前稿《まえ》にご紹介申し上げた通りでございます。以後、長久手の戦、九州征伐、小田原征伐や朝鮮出兵に参陣し、勇猛果敢の将として存分の働きを尽くし、羽柴姓を許されるまでの評価を頂戴致しました。さらに、これも前稿《まえ》にお話し申しましたが、時代が降《く》だった関ヶ原の合戦では、家康様にお味方し、その功により九州豊前に大身として封じられたのでございます。私が知る限り、のちの大坂の陣までに三十数度の合戦に加わったのではないでしょうか。

細川忠興像（永青文庫蔵 ウィキペディアより）

かように、武勇は皆様に称賛を受け、武家の大切な嫡男としては、細川の家名を存分に挙げてくれましたので、外面《ソトヅラ》はそれなりにだったと存じます。ただ、母親から見ると、檄《かっと》しやすく、猜疑心が強く、執念深くて意地っ張りの、なかなか難しい息子でございました。忠興が生まれた頃、幽斎はまだ覚慶と名乗っておられた義昭様を、まさに興福寺一乗院から救出申し上げ、以後主君ともども雌伏放浪を余儀なくさせられておりましたため、忠興は家臣の中村新助夫妻に預けてその洛中裏長屋で細々と養育してもらわざるをえませんでした。約三年の父母不在の辛い幼児期の事情が、忠興の人柄《ひととなり》に影響しなかったわけはなく、母としては苦痕の種でございました。

忠興のことを申し上げるのに、やはり玉との結婚とその後を語らずには済みますまい。二人の関係は、色々な意味で忠興の人間性《ひととなり》を浮き彫りに致しておりますし、玉自身も格別の光芒《オーラ》を放った女人でございました。

信長様が二人の婚姻を取り持ちされましたのは、織田家のために傘下の明智、細川という有力な武将の絆を深めさせるというご趣旨に出られたものでございましょうが、当の若い二人は相愛の風にて、睦まじく勝竜寺城での新婚生活を始めたのでございます。

先ほど、忠興を難しい息子と申し上げましたが、玉も姿形に似ず(1)、なかなかに強情な面のある嫁でございました。忠興がある時不手際のあった家臣を、激情にかられて自ら手打ちにしたことがございました。そしてその刀の血糊を玉の小袖で拭《ぬ》ぐったとのことで、玉は忠興の振る舞いが余程癇《かん》に障ったのでしょう、その小袖を着替えることもなく、ずっと何日も着続けて無言の叱責をやめなかったそうでございます。流石に根負けした忠興が詫びを入れたとのでございますが、「まるで蛇のような女だな」と呟《つぶや》いた忠興に、玉が「鬼を夫に持つ女房には蛇のような女が相応《ふさわ》しいのでは」と言い返した由。

あとで聞かされ、私は唖然と致しました。どっちもどっちで、ある意味似た者夫婦でございました。それでも、あれこれ痴話喧嘩はございましたものの、子宝にも恵まれ、傍《はた》からは幸せそうに家庭を営んでいるように見えたと存じます。

そうした風景の前提を覆《ひっくりかえ》しましたのが、玉の父である明智光秀様が引き起こされた本能寺の変と、その際の光秀様に同心《みかた》せずという幽斎、忠興の決断でございました。

光秀様を山崎にて討たれ、新たに天下人になられた秀吉様を憚《はばか》る必要があり、玉をそのままの形で家に置くわけには参りませなんだ。織田（津田）信澄様の例を出すまでもなく、光秀様の娘を娶《めと》ったが故に細川の家が討伐の対象になりかねませんでしたし、恐縮なもの言いでございますが、女人には格別の執着を隠されない秀吉様から玉にどのような思し召しがあるやも知れませなんだ。況《いわ》んや忠興に玉を思い切れるはずもなく、「世間の目から遠ざけて熱《ほとぼり》を覚《さ》ます」ことと致したのでございます。丹後の味土野《みどの》という人里離れた地に少数の家人に守らせて「隠棲」させたのでございますが、趣旨《いきさつ》からして私どもも行き来を控えなければなりませなんだ。天正一二年（一五八四年）に至り、秀吉様が関白になられた恩赦で漸くに許されて、宮津を経て大坂玉造の屋敷に戻ったのでございますが、それまでの二年余の「離れ離れの境遇」で、玉は何を思ったのでございましょうか。

少し話が先に飛びますが、そののち玉は「ガラシャ」という洗礼名を受け、キリスト教に帰依《にゅうしん》いたしました。確か、忠興が秀吉様の命により九州に参陣したその留守の頃だったかと存じます。元々向学心と好奇心に溢れた玉は、仏教、とりわけ禅宗の勉学にも興味をもって励んでおりました。あの頃大坂には、キリスト教に関心を寄せる方々が、高山右近様はじめ忠興の周辺にも少なくございませんでしたので、玉が好奇心の延長でそれに関心を持つこと自体はあり得ることでした。それに致しましても、玉は仏教を離れ、キリスト教に入信してまで、一体何を求めたのかということが、姑として、また一人の女として、私はずっと気に掛かっておりました。

　あの状況において家族から離れて隠れ住むような境遇を強いられましたこと自体については、世の慣《な》らいを弁《わきま》える武家の妻として、不自由とは思っても、理不尽と恨んだりはしなかったのではないかと存じます。……がしかし、父光秀様、夫忠興のことなど色々に思う時間は、たくさん過ぎるほどあったのでございます。「義父様《おとうさま》（幽斎）と夫忠興には、父光秀をどうして助けていただけなかったのか」、「私（玉）は一体どうすればよかったのか」……などという思いが胸中を駆け巡らなかった筈はございません。苦しくて物事の山場となるところを「切所《せっしょ》」と申しますが、玉にとっての「切所」は、父光秀様についての自らの思いの捌《さば》きであったのではないでしょうか。まさにそれが玉にとっての「切所＝関ヶ原」だったのでございます。

　玉は、ぐるぐる巡る自問の挙句、自らの運命を変えてしまった父光秀がなした行為の理由[4]を問うのでなく、寧ろ決起したあと苦境にあった父光秀様のために何もできなかった娘として、そうした自分の在り方を問い、自らの無為、無力への苦悔に苛《さい》まれたのではないでしょうか。玉には、「謀反人の娘」としての負い目などは微塵《これっぽっち》もございませんでした。父親の仇討ちをも辞さない姿勢を持っていたように

思いました。誇り高き明智の娘として、夫や舅に対しても何も訴えることができず、結局父親を見殺しにすることになってしまったという罪の意識に苦しめられたのではないでしょうか。玉の姿を身近にみつめて、私はさよう思案いたし《おもいいたり》ました。玉は、その罪の意識を自らのうちにいかに処理《さばく》するかで煩悶し救いを求めて、最後にキリスト教の教えに辿り着いたように私には思えたのでございます。

実は……、玉の心の内をどうしても探《し》りたくて、私も実際に入信致してみたのでございます。細川の宗旨は天台宗でございますが、キリスト信者として「マリア」という名を頂きました。確かに仏門とは違う考え方でございますし、教えの数々は私自身飲み込むには至らないことも沢山ございましたが、玉の身に自らを置いて色々考えてみたのでございます。

玉が熱心に学んだという「コンテムツスムンヂ」というイエズス会の教本を、私も解説していただきました。玉の洗礼名の「ガラシャ」が「神の恵み、恩寵」という意味であること、「神の恵みの聖母マリア」という文脈から、私の「マリア」という名前にも通じるものがあることも教えていただきました（2）。教義については深いものがあって、私の理解では届かないところもございますが、私なりの存念《かんじたところ》を申し上げれば、玉には、父の無念を救えなかった良心の呵責《かしゃく》から逃れるために、「罪への許しを乞う」キリスト教の祈りがどうしても必要だったように思えます。それに応えるには、禅宗などの仏教の教えは無力に映ったのでしょう。玉は、「コンテムツスムンヂ」によく出てくる「大切」の意味をかみしめ、「自らを人より高く、強く、優れた人間だと思ってはいけない」として、謙虚と善徳を以って神の恵みをいただくことを勧めるその教義に強く啓発されたようでございます。玉は、入信により、憤怒から忍耐へ、頑なに突っ張って自己主張しがちな性格から穏やかな優しい性格へと、自らを変える研鑽《しゅぎょう》をしたようにもみえました。

のちに、関ヶ原の戦いに際し、大坂の玉造屋敷で人質要求を拒んで自裁(3)したことを皆様から「武人の妻の鑑《かがみ》」と持て囃《はや》していただき、玉の生涯の白眉とまで言われたのでございますが、キリスト教の教えによって光秀様との心の折り合いをつけた玉にとっては、それは「切所」でもなんでもございませんでした。武人の妻としての当然にして覚悟の所業でございました。そのことは、辞世の句「散りぬべき　時知りてこそ　世の中の　花も花なれ　人も人なれ」にも如実に表れていると存じます。

ちょっと玉の視点からの話ばかりになってしまいました、ごめんください。忠興にとっても、玉は大切な妻であり深い慈しみの対象でございました。ただ、細川家の嫡男として、家の存亡に係《かかわ》りのあることには神経を尖らせざるを得ませんでした。本能寺の変のあと玉と離れ離れになった生活や、関ヶ原合戦の留守中に生じた玉の自裁も、苦渋ながら飲み込むしかないとの思いでございましたでしょう。玉の自裁は痛恨ではあったでしょうが、「いざと言うときは見苦しくないよう」という指示によくぞ応えてくれたとの思いもあったと存じます。玉が内心の苦悩の救いをキリスト教に求めたということは先に申し上げた通りでございますが、忠興自身も入信にこそ至りませんでしたが、キリスト教には関心も理解もございました。玉の死後、毎年教会で追悼のミサを主催して玉を追善しておりました。

玉への想いがそのようであったのとの対比で申し上げますと、忠興が決して許さなかったのが、自らの長男、私にとっては孫の忠隆の所業《ふるまい》でございました。忠隆は加賀前田利家様の七女の千世姫を妻に迎えておりました。ところが、人質となることを拒否して玉が玉造屋敷で自刃いたしました折、同じく出陣した忠隆の留守を守って屋敷に同居しておりました千世は、最後の刹那《しゅんかん》に玉に断りなく屋敷を脱け出て、隣接する宇喜多屋敷に逃《のが》れてしまったのでございます。その屋敷には宇喜多家に嫁した千世の姉豪様がおられたのでした。

忠興の怒りは並大抵ではございませんでしたが、これには前後してやや複雑な伏線がございました。秀吉様がお亡くなりになって暫くののち、家康様と他の四大老、五奉行の皆様との関係が微妙となり、双方の皆様の間で諸々の駆け引きが盛んになってまいりました。

家康様は、ほかの四人の大老の中で存在が大きくいらした前田利家様の影響力を削ぐのに注力され、その一環で利家様亡き後、正室のまつ様（芳春院様）を証人《ひとじち》として江戸に下すことを求められました。また、前田家と縁組している細川家の立ち位置にも不信の念を抱かれ、忠興の三男光千代を証人《ひとじち》として出すとともに、前田家とは「縁者振り《しんせきづきあい》」を絶つように申し渡しがあったのでございます。もとより家康様に臣従する意向に変わりのない忠興としては、致し方なく千世を実家に帰すよう強く忠隆に申し渡したのでございますが、忠隆は睦みあった千世を思い切れず、愚図愚図《グズグズ》と同居を続けておりました。一方、四大老、他の四奉行の皆様との連携によって家康様への対抗を画策された三成様の方からは、その連携を忠興が邪魔をしたと解されるような事由が別にございました。この辺りの経緯はいささか複雑でございますが、秀吉様死後の所謂五大老、五奉行による合議制に破綻が見られ、家康様対その他の対立構造のようになった折り、あまり人口に膾炙《かいしゃ》されておりませんが、病床の前田利家様を掻き口説いて前田家を家康様に敵対しないように仕向けたのは、忠興であったのでございます。これには夫幽斎の差配もあったかもしれませんが、忠興にしてみれば、家康様を盛り立てるための確信的な四大老離間策であったのでございます。しかし、三成様からすると、自ら画した家康様包囲網を瓦解させた張本人として忠興は映ったのでしょう。忠興に深く遺恨をお含みでございました。忠興は、いざとなれば、三成様が真っ先に細川家に追捕を向かわせるであろうことを予見し、忠隆に「未練を繋いで千世をいつまでも家に置いておけば、そのことで千世を殺すことにもなりかねないと案じていたが、現実になりそうな気配である。玉は既に覚悟の留守を守る決意であるので、千世もそれに殉じるか、さもなくばギリギリ間に合うから早々に思い切れ」と改めて縁切りを迫ったのでございました。しかし、ついに忠隆は踏ん切らないまま関ヶ原を迎えてしまい、その上での千世の逐電であったのでございました（4）。

忠隆は、忠興とは異なり若年の折は武勇を発揮する機会もなく、家康様の上杉征伐への参陣が初陣でございましたが、それでもとって返しての関ヶ原前哨戦である岐阜城攻め（5）などでそれなりの武功を挙げたのでございます。しかし、性格《ひととなり》では、どちらかというと「のんびり屋の優柔不断」の嫌いがございました。父忠興の処世については「時の権力者に諂《へつら》いがすぎる。これほど遜《へりくだ》らなくても良いのではないか」、「千世が帰りたいというならともかく、帰りたくないというものを帰す謂《いわ》れはない。」と感じるような風がございました。誇り高い千世にもそれに和する趣がございました。

忠興はこうした息子の態度と千世の処置・身の処し方に我慢ができず、忠興が関ヶ原の戦功により九州に封地を頂き豊前中津城に移るに際して、忠隆を「豊前に足踏《ふみいれること》み、無用なるべし」とした上で、丹後河守という鄙《ひな》びた城に留め置き、ついには廃嫡という仕置きに及んだのでございます。廃嫡された忠隆は、剃髪して長岡休無と称し浪々の身となりました。かつて、本能寺の変の後に玉を庇《かば》った忠興としては、千世を庇った忠隆の胸中に思いが至らなかった訳ではないでしょうから、それなりに苦渋の決断だったと察します。

廃嫡というのは、武家にとっては一大事でございますが、実はこの時、既に忠興には三男の忠利を後継《あとつぎ》にする目論見がありました。

忠利は幼名を光千代と申しまして、福寿院を経て幼くして徳川家に預けとされましたが、秀忠様から可愛がられ、その名前に諱《いみな》を頂くほどでございました。忠興にとっては、意に沿わぬ嫡男を糺《ただ》すよりも忠利を後

中津城（大分県中津市（一社）中津耶馬渓観光協会資料より　元々は黒田孝高（如水）の縄張りになるもので、忠興が入部後に大修築した。石垣は現存する九州城郭としては最古で、黒田家の築いた石垣に細川家が継いだ境が残る。細川氏が熊本に移封された後、小笠原氏、奥平氏と城主が移った。明治維新後に破却され、現在のものは、昭和 39 年（1964 年）に建造された模擬天守。左の写真にある石垣の継ぎ目は、右の四角張った石組みが黒田時代のもの、その上にかぶせたような左の丸い石によるものが細川時代のもの。）

継にする方が、徳川様の意を迎えるには好都合であるという判断もあったかもしれません。

ところが、そうした発想、姿勢は忠隆に不運を齎《もたら》しただけでなく、次男の興秋の面目をも夥《おびただ》しく損なうことにつながったのでございます。興秋には、忠隆廃嫡後の第一の候補になる筈の次男なのに、叔父の興元に子がないためその猶子に出ていたことが災いし、家の後継になり損ねたという思いが元々ございました。さらに上杉討伐の折に、既に証人として出ている弟の光千代に重ねて徳川様に証人として出されそうになった経緯《いきさつ》がございました。父忠興の命により不本意ながら出向いたものの、先方から「流石にそこまでされるには及びませぬ」と言われて帰されてしまいました。「晒《さら》しモノ」にされたという屈折した思いにかられ、「儂《わし》は都合の良い単なる捨て駒か」と大いに含むところがあったようでございます。忠興とはついに反りが合いませず、結局晴れぬ思いを抱いて出奔し、あとで述べますように京の幽斎のもとに転がり込んだりしておりましたが、のちの大坂の陣では「自らの生涯を清算」するかのように大坂方に投じるに至りました。爾後の裁定で家康様からは温情をいただいたのに、忠興は父としてこれを許さず、切腹に追い込んでしまいました。祖母としては涙

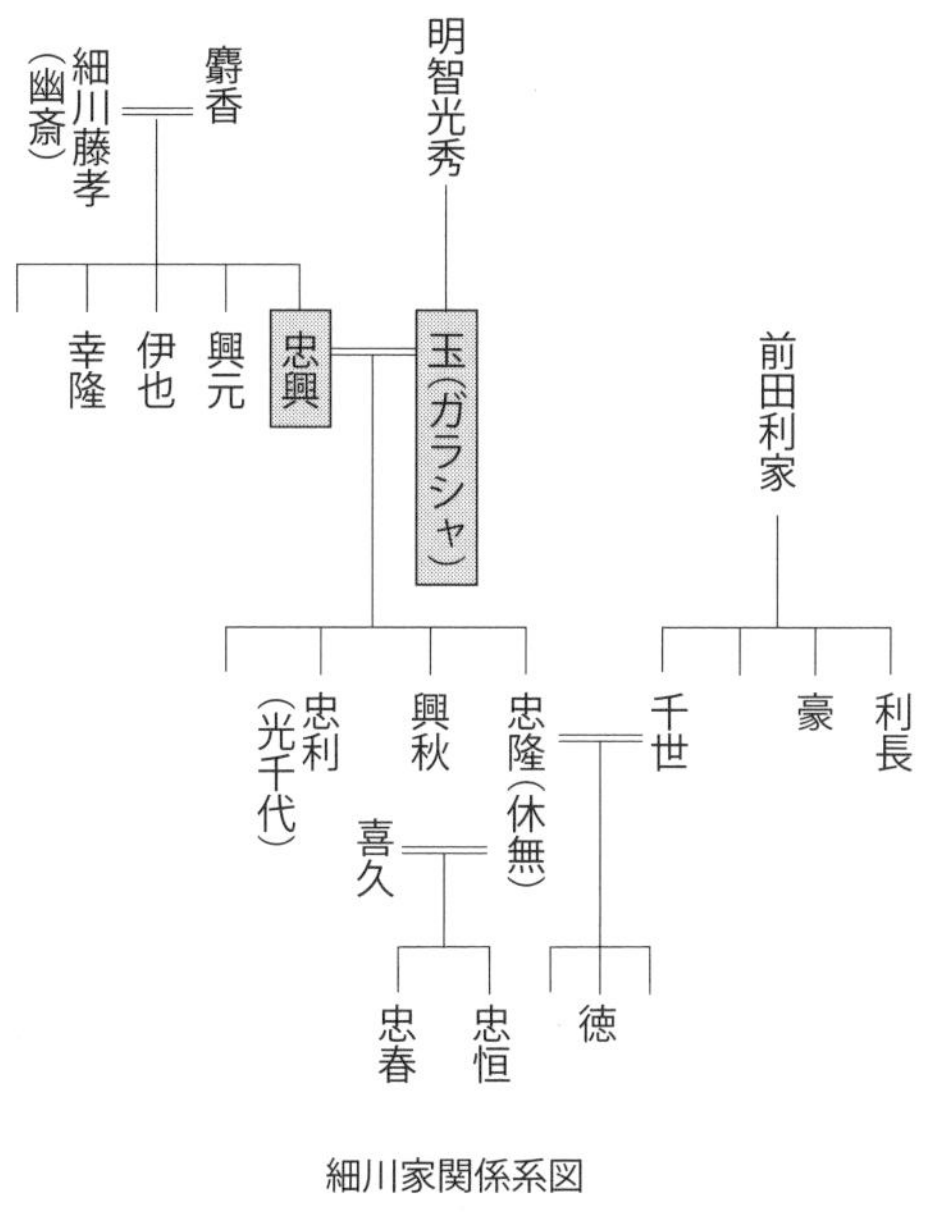

細川家関係系図

が溢れるほどの痛恨の出来事でございました。

また、忠興の弟である興元は、家老格として長く幽斎、忠興に仕え、豊前では小倉城代を務めてくれていたのですが、やはり忠興とは肌が合わず、忠興の度重なる傲慢な態度に愛想をつかし出奔してしまいました。剃髪し堺の寺で過ごした後、一時同じく幽斎のもとに寄宿するようなこともございました(6)。

そんなこんなで、「お家第一」の忠興はその徹底した峻烈《きびし》さで、弟妹、忠利以外の息子たちからは不評を託《かこ》っておりました。忠興は鼻の辺りに傷を負っておりましたが、これは妹の伊也に切り付けられたものでございます。伊也は北丹後の一色義定様に嫁しておりましたが、本能寺の変の後、光秀様に与した一色家を忠興が攻め滅ぼし、その残党から救い出され兄妹対面となったのでございますが、伊也は婚家を討った兄に遺恨を覚え、一閃懐剣を抜いて襲ったという経緯がございました。


このようにお話して参りますと、忠興の至らぬ点ばかり愚痴っているように聞こえるのかもしれませんが、忠興の家長としての処し方は、幽斎から見て異論の少ないものであったと存じます。だから、黙って任せていたと思うのでございます。戦陣を潜《くぐ》っての感覚に通じるモノのある嫡男に全てを任せ、隠居後は気ままに過ごすことができたのでございましょう。

二人とも武芸以外の素養も多岐でございますが、幽斎の和歌に匹敵するのが忠興の茶の湯でございました。利休様に師事申し上げた茶の湯については、格別の趣がございました。「利休七哲」(7)と称された達人の方々の中でも、大名の蒲生氏郷様と忠興とは自ずから他の方々とはその立ち位置が異なりましたし、忠興の茶の作風は、氏郷様のゆったりした気風とも違って「生真面目で緩さを排した武家茶の湯」でございました。徒《いたず》らに新規、奇を衒《てら》わず、頑固《かたく》なまでに保守的な茶の湯道は、忠興の生き様そのものを映していたと存じます。

九州で大身となった忠興とは異なり、忠隆、興秋、そして一時期の興元はいずれも活計《たつき》を立てられずに食い詰め、京で隠居中の幽斎と私の寓居に前後して寄り集まって参りました。千世も実家の加賀で迷惑がられ、一緒に居た時期がございました。これらを幽斎はニコニコして受け入れて世話したのでございます。

あら、これらの押しかけ親族の食い扶持でございますか？　ホッホホッ……、幽斎は家督を譲る際に六千石の隠居料を受けておりました。もちろん、これだけで十分だったかと問われれば難しいこともございましたが、吉田の寓居に収まったあとの幽斎は、公家の皆さま方に和歌や源氏物語、或いは有職故実の指南をし、ある程度の束脩《じぎょうりょう》を得ておりましたので、なんとかなりました。それに、何を隠そう九州の忠興からも折に触れ糧《とどけもの》を受けておりました。

幽斎は、結果的に吾が身を救うことになった古今伝授につきましては、八条宮智仁親王殿下[8]にお伝えして大任を果たしたのでございますが、そのあとは却って気が楽になったのか、以前のような切迫感とは無縁の趣《ようす》で、多くの方々に精力的に、しかし伸びやかに古今伝授を続けておりました。「仰ぐなり　まつ天地《あまつち》の　神まつる吉田の里に　春を迎えて」というのは、その頃ゆったりした気分で幽斎が詠んだ歌でございます。烏丸光弘様、中院道勝様に伝授をして証明状を発給申し上げ、また、本家の三条西実条《さねえだ》様にも改めて伝授申し上げ、さらに連歌師の流れを組む松永貞徳とおっしゃる方など公家以外の方々にも伝授をしていたようでございます。

慶長一〇年（一六〇五年）に至り、老いの身を心配した忠興の招きで豊前に下り四年ほど暮らしておりましたが、最後は馴れ親しんだ洛中で過ごしたいと申しまして、慶長一四年には京に戻って参りました。翌年八月に七十七歳で生涯を終えました。

幽斎自身は武人、教養人として確固たる信念で身を処したと存じます。「願わくば　家に伝えむ　梓弓　もと立つばかり　道を正して」という幽斎の句はそれを感じさせるものです。子供や孫たちには好きなようにさせていたように見えますが、どうしてどうして子供達の全てを包容するような構えで、起きたことを泰然と受け止め、それも含めて「自分の世界」を全《まっと》うしたように思います。妻として思い返して、面白い不思議な人と連れ添ったものだと思うのでございます。私がこう思うのを幽斎はどう受け止めておりましたことやら。もう少しして一緒になる黄泉《よみ》の国で「ねえ、どうご覧になって？」と問いかけてみたいと存じます。

以上、麝香さん、口述お疲れ様でした。以下蛇足ながら、著者から「麝香」とその名の謂《いわ》れについて付言しておきたい。本稿口述の麝香は、元和四年（一六一八年）に七十五歳を限りにして幽斎の許に旅立った。幽斎没八年の後であった。彼女の名前は当時、いや現代でも女人の名前としては大変奇抜である。麝香とはジャコウジカの麝香であり、雄のジャコウジカは雌を引き付けるため麝香を分泌する。そのエキスは、古来インド、中国で強心作用のある生薬の原料として使われたとされ、現代の我が国でも、救心、宇津救命丸、六神丸などの原料となっている。一方、当然に香料としての用途もあり、特に香水の効果を長持ちさせる効果があるという。雄雌、男女の違いはあるが、その子らが京吉田の随心庵に引き寄せられるように集まってきたのも麝香が居たせいかもしれない。その息の長い馥郁《ふくいく》とした趣は、ここまで二稿の口述主人公の語り口に叶う気がして、筆者としては結構気に入ったキャスティングである。

（1）玉につき、絶世の美女であったという印象があるが、当時の典拠となる文献には「大変知的で聡明であった」との記載は多々あっても、実は容貌についてそうしたことを伺わせる記述はほとんど見当たらない。これについては、イエズス会が主に欧州での紹介文献に彼女を「聖女」として取り上げたのが、一九世紀以降日本国内にも流入して、一定の美化イメージが作られたものとする説が有力である。しかし一方、美女でなかったという説もない。口絵掲載の忠興と玉の像は見るからに「美男美女」である。司馬遼太郎や三浦綾子、永井路子らが玉の美貌をテーマにした作品を残している。

（2）「ガラシャ」は、ラテン語の「gratia（グラティア）」、スペイン語の「gracia（グラシィア）」に由来するのであろうが、「玉＝珠」が文字通り「たまもの」であることから、名前として大層しっくりくる。洗礼名の「マリア」はキリスト教信者には多い名前である。因みに、玉と教会の仲立ちをした侍女の清原いとも「マリア」であり、幽斎が籠城した挙句開城し引き渡した田辺城は京極高吉が領するところとなったが、その室もクリスチャンで、やはり「マリア」の洗礼名を有していた。

（3）玉の最期については、キリスト教において自殺を許容しないから、わざわざ家臣の小笠原少斎に胸を突かせて死に至ったとする説がキリスト教関係者にすらある。しかし、自らに死を望む意思（覚悟）があれば、他人の手を借りても自殺は自殺であるというのが教義であろう。寧ろ、自殺でないことを言うために家臣に「討たせた」とするのは、徒《いたずら》に関係者を増やすだけで、より罪が深いのではなかろうか。著者としては、この時点で玉をキリスト教信者として描くより、キリスト教によって心の重しを克服し、純粋に武人の妻として自らを処したとして捉える方が自然に感じる。

（4）玉が自刃した際に玉を介錯した小笠原少斎や他の家臣は、玉の亡骸の上に弾薬を撒き屋敷に火をかけたのち揃って切腹して果てたが、実は千世のほかにもう一人逐電した者があった。忠興に鉄砲の腕を見込まれ、屋敷の警備に当たっていた稲富伊賀直家である。屋敷を取り囲んだ三成の軍勢に中にも稲富の技倆を惜しむ者があり、最後の瞬間にその誘いに乗って屋敷を脱出した。関ヶ原の合戦以後もなお鉄砲指南を求める各地の大名は少なくなく、そうした筋に稲富は仕官を試みたが、玉を置き去りにした事を遺恨とした忠興はこれに徹底して邪魔をした。「稲富伊賀は不埒な振る舞いがあって細川家をお構いのものであるから、御当家にて伊賀をお召し抱えになさるなら、越中守（忠興のこと）が弓矢にかけても掛け合い申すべし」との回し状を出し、加賀前田、筑前黒田、紀州浅野、奥州伊達、秋田佐竹、彦根井伊、尾張松平など錚々たる家からの仕官口を悉《ことごと》く潰している。回し状はいかにもそこまで書くかという趣にて、忠興の料簡の狭さ、執念深さを窺わせるエピソードである。落魄して放浪するしかなかった稲富を最後に救ったのは、晩年の家康であった。「老いてよりの最後の道楽に、こやつから鉄砲を習いたい」とわざわざ忠興に断って召し抱えた。

（5）この時、岐阜城（稲葉山城）には織田信忠の嫡男で所謂「清洲会議」で織田の正統とされた三法師こと秀信（織田中納言）が、西軍の前線として布陣していた。元々は家康の軍（東軍）に加わって上杉征討に加わるつもりであったが、出陣に手間取るうち石田三成から「美濃、尾張を宛行《あてがい》するから」と持ちかけられて西軍に転じた経緯がある。攻防は劣勢となり、一時期岐阜城主でもあった攻城の将池田輝政の説得に応じ開城を決意し、剃髪の上出家した。最後は高野山に送られ、その地で没した。二十六歳であった。

（6）幽斎のもとに出入りした忠興の息子と弟のその後について付言しておきたい。忠隆（休無）は文化的素養では忠興のそれをいくつかを受け継いでおり、幽斎の死後、遺産配分の一環で三千石の扶持米が支給されるようになって生活が落ち着くと、京での文化サロンに欠くべからざる人物となり、能楽、和歌、茶の湯などに親しんだ。年月が下り、忠興から勘当を解かれ（寛永九年）、熊本に移ったのちの忠興と改めて正式和解した。その際、忠興から「八代に六万石で迎えるから一緒に熊本で過ごそう」との申し出を受けたが、これを固辞して京に戻り、悠々自適に過ごした。忠隆は継室との間の子供も含め自らの子供達に、その多くない扶持の先々の配分にも細やかな気配りをしている。継室との間に生まれた忠春は「細川（長岡）内膳家」として家筋を繋いだ。なお、千世との間に生まれた長女徳は西園寺実晴の正室となり、のちの孝明天皇の生母となられる正親町雅子氏に繋がり、今上陛下にも血筋が繋がっている。

また、興元は、その後家康の仲介で忠興と和解し、関ヶ原の戦功で下野国茂木に一万石で封じられた。しかし、より大きな褒賞の沙汰であったのを忠興の横槍でフイにされたとの風説があり、改めて忠興に含むところを残したと言われている。大坂の陣でも活躍し、常陸国で六千二百石を加増され、拠点を茂木から谷田部に移し谷田部藩を開いた。将軍秀忠の御伽衆を務めたとの記録がある。谷田部藩は綿々と維新まで存続している。

（7）「利休七哲」というのは後世の言い方で、当時は「利休七人衆」と呼び習わしていた。利休に師事した前田利長、蒲生氏郷、細川忠興（三斎）、古田織部、牧村兵部、高山南坊（右近）、芝山監物を指すのが通例。但し、時期や茶の湯催しの類の違いにより「入り繰り」があり、一部を削って瀬田掃部、織田有斎、荒木村重などの名前が入れられたことがあったが、忠興（三斎）の名はいずれの場合にも登場し、その存在感は格別である。なお、武芸に関する分野でも、忠興は兜の意匠なども手掛けた。関ヶ原の「忠興陣所史跡」には、自ら考案して着用した「越中《えっちゅう》頭《ず》形兜《なりかぶと》」と愛用の太刀「兼定」を彫った碑がある。

（8）八条宮智仁親王はそののち後水尾天皇に古今を伝授され、それが宮中に古今伝授が定着する礎となったとされている。

吾れ時局に臨みかく始末せり

員《いん》に備《そな》わるのみ
――大久保一翁にみる敗戦処理の美学――

冲方丁《うぶかたとう》に「麒麟児」という歴史小説がある。江戸城無血開城を成し遂げた勝海舟と西郷隆盛の奮闘を描いたもので、歴史好きにはお馴染みのテーマである。江戸に迫る倒幕軍に対し、「もし幕府側から提示した条件を呑まないのであれば、江戸の街を焦土化する」という手筈《フォールバック》を整えたことを突き付け、西郷隆盛とのぎりぎりの折衝をして、江戸城総攻撃直前での無血開城という「離れ業」をやってのけた有様を、勝海舟の視点から描いたものである。勝海舟らしい息遣《いきづか》いが横溢《みちあふれ》していて、海舟ファンならずとも、なかなかに楽しい。その中に、折衝の最中《さなか》「一日返事を待ってほしい」と西郷に頼み込んで城に戻った海舟が、「おーい、そっちの方は上手くいっているか？ それ次第で明日の返事が変わるんだよ。」と幕臣に問いかける段《くだり》がある。

「そっちの方」って、なんだ？ 問いかけた相手の幕臣って、誰なんだ？ 脚光を浴びて表舞台で見栄を切る千両役者《スタープレーヤー》・勝海舟を裏方実務で支えた人といわれてもなあ……？ 一朝ことあらば海舟の号令一下、江戸を火の海にするという手筈を仕切った町方の侠客《おやぶんさん》や火消の頭《かしら》たちはともかく、この時の幕府江戸城にあって実務を切り回した事務方なんて殆《ほとん》ど聞いたことがない。でも、これだけの仕業《しわざ》は確かに裏に誰かシッカリした御仁《ひと》がいないと、舞台が回らないなあ……！ とは思う。本稿は、そんな「そっちの方」で活躍した「縁の下の力持ち」の幕臣の話である。

これまでも、幕末における「筋を通した幕臣」の生き様をいくつか紹介してきた。攘夷か開国か、抗戦か恭順か、公武合体幕府存続か討幕かなど、それぞれの局面で相対する陣営の間はもちろんのこと、体制側にあっても立場の違いがあった。最終的に徳川家は恭順し、新政府への移行となったのであるが、討幕軍が江戸に迫る中で、幕閣内において展開された徹底抗戦の主張は、実質においても感情論《モラル》においても説得力があった。小栗上野介忠順《ただまさ》、岩瀬忠震《ただなり》、水野忠徳《ただのり》など、開明的であり国の将来への設計図を持って、討幕軍には抗戦すべし、その上で国を開くべしと奮戦した人々の姿に、なお共感するところが多い。

一方、改めて冷静に当時の状況に立ち還ると、恭順を唱えて謹慎した徳川慶喜は自分では動けなかった。従って、是か非かはともかく、方針として幕府として恭順と決めた以上、幕府の中にその意向に即して舞台を回す然るべき人が居なくては始まらない。その人は、ともすれば暴発的かつ悲壮的な英雄行動に走りがちな幕府内の抗戦派に敢然として対峙し、恭順の実《じつ》が全うできる環境を整えるのが任務であり、そうした者が、幕府内にちゃんと居ることが肝心であった。それを担ったのは誰であったか。それを支えた思想《おもいのたけ》とはどんなものであったのか。

「恭順」とは全《まった》き意味において「降伏」であり、幕臣としてその屈辱的な意味合いを甘受して、なお譲れない一線を確保しつつ「敗戦処理」を進めるということは至難の業であった。その局面の象徴的なものが「江戸城無血開城」であった。

本稿の主人公の名は、大久保一翁忠寛《ただひろ》。一翁は隠居後の号である。武家の男子の慣《な》らいで、度々名前が変わるが、以下分かり易さを旨として「一翁」で統一する。
また、一翁の治績の紹介については、福地源一郎（桜痴）や松平春嶽などが遺した文書や、一翁が出した手紙を相手が残していたものなど第三者の記録から引用することが多い。それは彼が自らの日記や文書を焼却破棄してしまい、一人称の資料が極めて少ないからである。その点は、本稿における彼の「表の相棒」である勝海舟が、自著（「氷川清話」など）や評伝が多いさまと好対照をなしている。この辺りの機微、所以《わけ》については、追って触れたい。

大久保一翁像（晩年の肖像　近世名士写真其２より）

「相棒」と記したが、一翁と海舟は、断末魔の混乱の中にあった幕府における「恭順派」の代表であり、徳川家臣団の中においても、又討幕軍からもそのように認識されていた。この二人は目指すものは同じであったが、この二人ほどその取り合わせの珍しいものもなかった。勝海舟は、微禄（四十一石）で非役の俄《にわ》か御家人を父（小吉）に持つ下層の無名幕臣であった。「俄か」というのは、その御家人という地位の株を、海舟の祖父である男谷が検校《けんぎょう》として稼いだ金で小吉に買い与えたものであったからである。

かたや、大久保一翁は、小祿（五百石）ではあるものの三河以来の歴《レッキ》とした譜代の旗本で、小姓組番頭など中堅要職を務める家柄の惣領息子である。一翁自身も十四歳にして将軍家斉の小姓として出仕して順調な出世コースをスタートさせたエリート幕臣であった。

しかし、その違いにも拘《かかわ》らず、このあと順に触れていくが、「国際情勢と国柄に鑑みると、徳川家が政権を独占・私有するのは誤りであり、政権は朝廷にお返しして日本人全体で政治を仕組む形にし、徳川家もその構成者のひとりとして参画すべき」という点において、二人は一致した思想の持ち主であった。もっとも、「治政権力としての徳川政権の意味を分かったうえで時代に鑑みて徳川離れの流れを是とする」という共通認識に立っても、それに至る発想土壌は、当然ながらまるで異なる。海舟においては、上記のような前半生のせいで、幕府への基本的忠誠心、帰属意識は薄く、多くの旧態固陋《いしあたま》の幕臣への侮蔑、諦観があり、立場に拘らない放埒かつ自由な発想と行動力を育《はぐ》くんで、そこに発案の源がある。一方、一翁においては、徳川家からの恩恵に浴しつつも、「幕臣として真っ当に考え、その結果として、徳川家への忠誠心と矛盾のない形で」海舟と同じ結論に達している。そこに彼の不思議で先駆的な妙味《おかしみ》がある。ただ、海舟においては、その経歴から「異能な跳ねっ返り」で済まされるところが、一翁においては、徳川家臣同類の中に理解してくれる《ついてこれる》人が少ないという意味で、「浮いた幕臣」とされ続ける煩悶《なやみ》があった。彼の登用、罷免、復活の繰り返しの人生はそこに所以《げんいん》がある。

大久保一翁は、文化四年（一八一七年）に江戸二番町に旗本大久保忠尚の長男として生まれ、幼名を金之助と称した。天保元年（一八三〇年）将軍家斉の小納戸役として出仕し、その後諸大夫《しょだいぶ》となり志摩守を名乗った。家斉が大御所として西の丸に移った後も臣従し、同一二年（一八四一年）新将軍の家慶の小納戸役に転じて右近将監と名乗り、家督を継ぐと同時に忠寛と改名した。将軍家定の世になっても同様に勤仕したとある。

父忠尚は、大番という三河以来の騎馬武闘集団の流れを汲む無骨で剛毅の人であり、母も弓頭の娘であったことから、一翁は幼いころから武士気質に富んだ家庭環境に身を置いた。しかし、十一代から十三代の将軍に近侍しており、敢えて今風に擬《なぞら》えれば、三代に亘り総理秘書官を務めたようなものであり、その間に文事にも趣を広げ、書、漢学、国文、和歌などにも精進した。そして、そのように精励するうちに、その働きぶり、才能の凡ならざるに目を付けられ、「目付」拝命の上「海防掛」の一員に抜擢をされた。嘉永七年（一八五四年）五月、忠寛三十八歳のときのことである。

「海防掛」とは、老中首座阿部正弘が時節の急なるに対処するための中核戦略部隊を作るべく、若手俊英を集めて新設したものである。海防掛はその正式名称が「海岸防禦掛」であったように本来は海岸の調査、防御策の策定など軍事的な性格が強かったのだが、外国船の来訪を目の当たりにしてそのような対応では覚束《おぼつか》ないとして、外交使節への応接、折衝が中心となっていった。その海防掛にあって、前著でご紹介したように、岩瀬忠震、水野忠徳、永井尚志らが外交官的素養で活躍したのだが、一翁

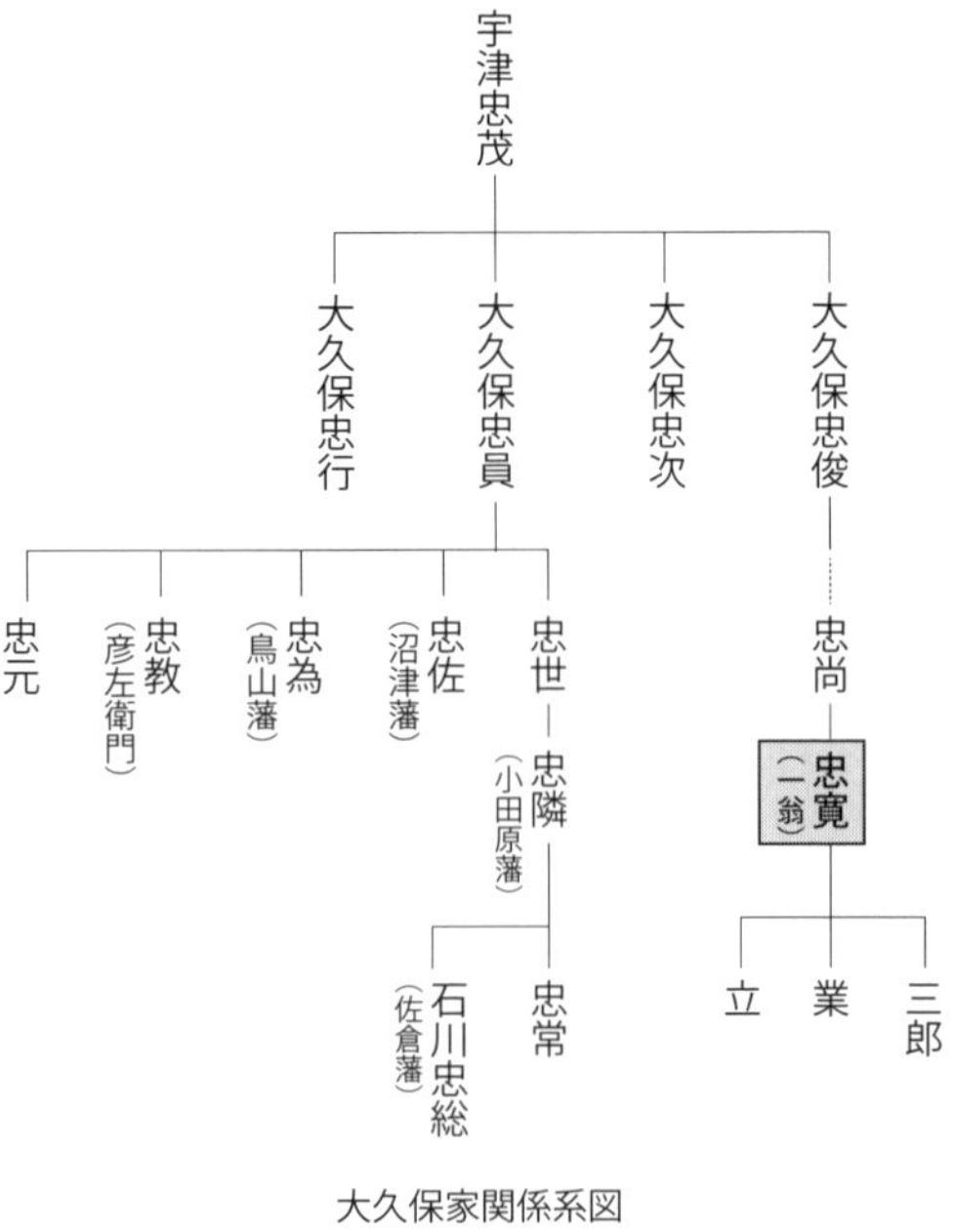

大久保家関係系図

はそれとは異なり、水戸藩、越前藩など有力藩の要路と秘かに折衝し閣内周旋をするといった内務官僚的な活動を得意とした。そんな役割もあって、同じ海防掛であっても、忠寛（一翁）の名はこの時期の表の歴史にはほとんど登場しない。

但し、この間に重要な出会いがあった。阿部正弘の改革の本旨は、門閥や身分にとらわれず自由かつ広く有志の意見を募るという点にあった。それに応じてきた勝麟太郎（のちの海舟）の意見具申「海防意見書」に着目して、これを取り上げたのが一翁であった。これが海舟を歴史の表舞台に引き上げる契機《きっかけ》となったのであり、ここで漸くにして本稿の重要人物の接点ができたのである。勝は、これにより無役の小普請から蛮書翻訳所（調所）勤務となり、以降海軍武官、海洋技術者として活躍の場を切り開いていく。

一方、一翁は海防掛の一員として貿易取調御用という対外貿易を進める任に就《つ》き、同時に蛮書取調所の総裁を兼ねるようになる。海外事情研究、兵器研究、外洋航海術、翻訳官養成などの業務の統括というのがその役割である。

その後、堀田正睦の外交事務取扱（事実上の外相）への発令、貿易差し許しの沙汰など開明派の改革が進んだのだが、阿部正弘の急死を契機に、一転「揺り戻し・反動」の流れとなり、井伊直弼の大老就任、将軍交代、安政の大獄に繋がる展開となる。この間の国内、対外政治の過程はとてつもなく複雑で、それを事細かに追うのは本稿の趣旨ではない。ただ、一翁自身については、幸か不幸か、岩瀬などほかの海防掛の動静が政治の局面と不可分であるのと異なり、その中央での足跡は急に途絶え、表舞台の展開とは距離のある雌伏の時期に入る。

その原因は、安政四年一月長崎奉行への発令を断《ことわ》ったことにある。当時長崎は唯一の貿易港であり、また外交事情を把握するには絶好の場所であった。また、そこの奉行職は役目の性格上「うまみ」もあり、旗本、幕臣の間では垂涎《ひともうらやむ》の役職《ポスト》であった。阿部正弘にしてみれば、能吏ではあるが些《いささ》か謹厳剛直が過ぎるし、対外政策の経験も十分とは言えない一翁を長崎に遣《や》り、いろいろ外交、貿易の勉強をさせてその大成を支援し、少しは丸くなったところで中央に戻そうという「親心」から出た人事であったろう。ところが、そのポストを彼は蹴ったのである。確かに、前年の夏、秋に大病をして、体調が十分でなかったのは事実である。また、幕府の役職は奉行などと同様に、本人だけが赴任をして務めるというのではなく、家臣もろとも引き移って請負的に仕事をする形であったので、五百石の小身で譜代の家臣に乏しい者には荷が重いという面はあった。しかし、本音はまさにその職務の「うまみ」ゆえに、自身の悪を憎む性格、気質では、「悪弊に染まる奉行所の指揮は執れない、お断りだ」とするものであった。折角の思し召しなのに、また下命謹従の幕臣のはずなのに、何をか謂《い》わんやである。その発令辞退は幕閣でも「さすがに骨っぽい」と評判になったが、さりとて辞令拒否をそのままにはできず、駿府町奉行に左遷となった。この左遷がのちに結果的に役に立つのだが、それは後の経緯で触れる。

有為の士には安閑《のんびりし》すぎる駿府でのお務めを経て、約一年の後、一翁は京都禁裏付に発令される。皇居を守護し、人の出入りを監視し、宮中要務を管理する役目である。前後して幕府は朝廷とは条約勅諚など重要な局面を迎え、その間多少の機微に係る事案もなくはなかったものの、駿府から京都在勤にかけ、一翁は政局からは一歩も二歩も引いた傍観者的な立場に居た。井伊大老の登場に伴い、かつての海防掛の同志が次々と井伊に排斥《パージ》される中、一翁は中央に居なかったせいで、以前の水戸藩などとの関係を暫くは「やり玉に挙げられる」こともなく、また井伊派の誤解もあって、あろうことか京都町奉行に昇任登用されたりしている。

しかし、そのような状態は長くは続かなかった。執拗な反対勢力の追及を進める幕府探索方に調べられ、水戸藩の藤田東湖や排斥された岩瀬忠震や川路聖謨《としあきら》らとの以前の関係などが露見《ばれ》してしまう。更には、安政の大獄に批判的な一翁が、大獄推進の手先として専横的にいきりたつ京都奉行所内の与力、捕り方の所業を問題にして、自らこれを摘発するに及んだものだから堪《たま》らない。井伊派から「危険要注意人物」と見做《みな》されてしまう。一翁は安政六年六月西丸留守居役の閑職に、そして間もなく寄合に飛ばされた。寄合というのは小普請と同じく「無役の旗本」という意味である。京都禁裏付から寄合までわずか八ヵ月の出来事であった。

ところが、時局の展開は目まぐるしく、安政七年三月井伊直弼大老が雪の桜田門外に斃《たお》れ、安藤信正が老中となると、政局は再度揺り戻しで、安政の大獄処分が緩和され、所謂改革派幕臣の復活も図られた。早々に水野忠徳が外国奉行に再任され、一翁も蛮書調所勤務に復活した。安藤も坂下門外で襲撃されて退くなど不安定な時局が続いたが、その後の体制で一翁は一気に大目付を拝命した。一翁は、松平慶永と連携して、幕閣に根強くある水戸人脈（斉昭、慶喜）への反感、警戒心を宥《なだ》め取り成しをして、慶喜の将軍後見、慶永の政事総裁職就任などを実現している。そして遂に、文久二年（一八六二年）七月、一翁自身は側御用取次《そばごようとりつぎ》に昇進している。この役職は、その名称こそ茶坊主の伝令役みたいな響きがあるが、将軍に上がる全ての文書を司り、将軍の決裁を得たうえ結果を老中に下げおろすという「権力行使の枢密ルート」である。大目付にしろ、側御用取次にせよ、旗本幕臣にすれば最高のポストである。尤《もっと》も、側御用取次に就任の際のエピソードが一翁らしい。彼は、その役割の重大さに見合うよう、千石に加増の沙汰を受けている。しかし、彼は、「徳川の家臣として職務に精励するのは当然であり、その限りでの手当は頂戴するが、家の家格とは無関係である」からと言って、五百石分の増分は足高（在任中の職務給）にして欲しいと加増を辞退している。彼はそれでいいのであるが、それ以降、この職に補任される幕臣はこれを先例として同じようにさせられるという側杖《トバッチリ》を被った。

さて、さて愈々《いよいよ》事務の元締めとして幕末処理に辣腕《らつわん》を振るい始める……というようには展開しないのが、幕府官僚機構の難しいところ。同年十一月「側御用取次の分限で差し出がましい」との大仰な沙汰を以って、突如講武所奉行に左遷され、加えて京都町奉行時代の「お役（大獄推進）不束の儀」を蒸し返されて奉行職をも罷免され、「差控《さしひかえ》」謹慎処分を受けてしまう。またしても表舞台からの追放である。政権中枢の重い職責にあるのに、それでも「差し出がましい」として糾弾された原因は、「大開国論（1）」という一翁の献策にあった。この「大開国論」とは、要するに「大政奉還論」である。

その中身については、彼が色々な要路に話をし、相手により論旨表現に若干の相違《ちがい》を加えているが、その献策に曰く、「幕府が政治の独占を棄《す》て去り、朝廷を中心に衆論を集めて国是を定めるような新しい国家体制を作り、徳川家も諸侯の一つとしてそれに参画し、開国に向かうべし」と。山内容堂にはやや慎重に説いているが、松平慶永、横井小楠など同志的相手には「もし朝廷がどうしても攘夷を成すと拘《こだわ》れば、政権を朝廷に奉還し、徳川家は神祖の地である駿河、遠江、三河の州を請い受けて諸侯の列に降りるべし」とまではっきりと断じ切っている。松平慶永、山内容堂たちも、慶喜には「政権を返上するくらいの覚悟をもって対処をすべし」と督励したりしているが、「実際に政権を還《かえ》すべし」とまでは言っていない。彼らにしても「大久保の卓識なりと感服せり」などと言いだすのはもっとずっと後のこと。最初は「大久保は狂人かと大いに憤怒を生ぜり。満幕府これを喜ぶものなく、ただ怨悪するもの多し。（松平慶永「閑窓秉筆」より）」という有様であった。

周囲の受け止めは厳しかったが、典型的なエリート幕臣がここまで考えたということには、やはり追加の解説が必要であろう。まず、一翁は当時の外国に対し「和か戦か」という政策の軸の立て方が抑々《そもそも》おかしいと論じる。自らの軍備と外国のそれを比べて、有利なら戦う、不利なら和するという強弱の便宜ではなく、世界に通用する公明正大な政策を掲げられるかどうかが重要で、それに天理があればそれを聞かぬ外国の方が悪いのだから、勝敗を度外視して戦うべしとする。そのためには立場の違いを超えて挙国一致の国是を定める必要があり、徳川家が独占的施政権を返上して他藩からの信用を醸成した上で、朝廷を中心とした政体に移行すべしと展論するのである。その際、狭い主従関係での忠義、面目、恥と言った武士道的モラルは二の次にして、「幕府の方から解体を主導」するべしと主張する。「今の幕府ではだめだ」という点では一翁と海舟は意見が一致していたが、一翁の手法《アプローチ》は、海舟の「雄藩連合で新しい政治勢力を結集して幕府にあたる」という外から作用させるという方法論とは根本的に異なるし、辞官納地や議会制度の先取りみたいな面すらある。いずれにせよ、実際に大政奉還がなされる時期に先立つこと五年も前の段階では、考え方が「相当過激であり《ぶっとんでいて》」、周旋の上手《うま》い下手《へた》の次元の問題ではなく、体制論としては、「発案者とその中身は看過しがたい」ものがあった。時代の流れの中での常で、先駆者というのは排撃される運命にある。

なお、誤解があるといけないので言い添えておくが、一翁の左遷は、幕閣の同僚が並の役人発想としてついていけずに、その判断で異分子として一翁を排除したというほど単純《ナイーブ》ではない。一翁は大官であり、流石にもっと大きなレベルでの判断があった。先に井伊派から睨《にら》まれて云々と記したが、それは一翁が彼らから所謂「一橋派」と見做《みな》されたからであるのだが、実はその一橋派からも一翁は「睨《にら》まれていた」。慶喜は一翁が嫌いであった。はっきり「資性偏固」と一翁を評しているし、京に在勤中に奉行昇格したのは井伊派の勝手な誤解であって一翁に責任はないのであるが、慶喜は「やはり一翁は井伊派に対し何らかの貢献があった筈だ」とみた。慶喜もなかなかの粘着質である。それに加えての上述の「大開国論」の献策である。歴史は最終的にそういうベクトルで展開するのであるが、自らの「大政奉還」の最終決断に先立つずっと前の時点で、慶喜がこれを好ましく思うわけがない。慶喜にすれば、一介の幕吏の身でしかない一翁の献策は度を越しており、将軍の地位を蔑《ないがし》ろにするような思想は断じて容認できるものではなかったのである。

何度目かの雌伏の期間であったが、今度は長かった。一翁が再び活躍の場を得てその真骨頂を発揮するまでに五年を要した。もちろん、この間一翁の身にも諸々の経緯がなくはなかったのだが、時局に変化をもたらすこともできず、一翁は隠居してしまう。具体的には、禁門の変の前後に、一翁は幕府の財政難に対応せよと勘定奉行に任じられたり、第二次長州征伐にも召し出されたりしたのだが、征伐自体に異を唱え数日でお役御免となっている。第一次と異なり将軍の出馬こそなされたものの、最初から面目維持の算段のみを考える幕府の不甲斐なさに業を煮やし、一翁は最後の手段として薩摩藩の調停を具申するに至った。しかし、それも容れられず、その後も度々の出仕を求められたものの、愛想をつかした一翁はこれに応じることなく、正式に隠居して家督を長男の市三郎（のちの三郎）に譲ってしまっている。ここまで、ずっとこの稿では一翁で通してきたが、一翁と称したのはこれ以降である。

一方、時局の方も、第二次長州征伐は幕府の統率力の欠如を暴露するだけの結果となり、薩長の同盟もあって幕府の命運は急速にキワドサを増した。

混乱の中で将軍家茂が没し、慶応二年（一八六六年）愈々慶喜に十五代将軍の宣下がなされた。彼は「英明切り札将軍」との期待を背負って、幕府機構の改革に乗り出した。慶応二年から三年にかけ、陸軍、海軍総裁の他に国内事務、会計、外国事務を司る三総裁を新設し、ひと呼吸おいて遂にこの会計総裁に一翁を起用したのである。慶喜が個人的に一翁を好ましく思っていないことは前述の通りであるが、すでに一翁に匹敵する人材は払底していた。隠居後の人物の起用も異例であった。国内事務総裁は間もなく廃され、また前後して老中職がなくなったこともあり、国内に関する事務は須《すべか》らく会計総裁の元に収斂した。一翁は若年寄の発令も受けている。因みに、多少時期の前後はあるが、陸軍総裁は勝海舟、海軍総裁は矢田堀鴻（副総裁は榎本武揚）、外国事務総裁は山口直毅という布陣である。

幕末の討幕軍との攻防とは国内陸上戦であり、ここに幕府側の軍を代表する勝海舟と国内の軍事以外の事務を統括する大久保一翁という組み合わせが整ったのである。

漸くにして役者が揃って本稿主題のお膳立てができたのであるが、慶応二年から三年というのは幕府にとっての大激動期であって、この間二つの大政事があった。ひとつは慶喜による「大政奉還」、もうひとつは鳥羽・伏見の戦いである。大政奉還は討幕軍に「討幕」の名分を失わせ、爾後の主導権を慶喜側に引き寄せるための戦略行動であったが、鳥羽・伏見での不戦敗的撤退は幕府側の「敗け」を決定づけた。以後、慶喜はひたすら「恭順」の過程を辿った。そして、愈々西郷隆盛と勝海舟との江戸城明け渡し交渉の場面に至るのである。

あまり不思議に思われていないのだが、この陸軍総裁たる「実質」は異例である。西郷隆盛は征討軍の事実上の総帥であるが、一方この時点で陸軍総裁たる勝海舟の麾下《きか》には幕府軍なるものはいない。少なくとも鳥羽・伏見の戦いまでは幕府軍はそれらしい統制下にあった。しかし、慶喜が江戸に逃げ帰り江戸城での評定を振り切って恭順してしまった後は、佐幕藩の兵力はそれぞれの藩において逼塞《ひっそく》したり、各々の判断で抗戦の準備をしており、旗本の多くも慶喜の指示に従い恭順し、さもなくば逃げ出すか、上野などに勝手に立て籠っていた。海舟の号令に満を侍しているような纏まった正規勢力は

勝海舟・坂本竜馬師弟像（東京都港区　海舟が明治５年から同32年に死去するまで住んだ屋敷跡にこの像がある。地元の関係者が全国から協力を仰いで平成28年に建立。像は山崎和國氏の作）

ほとんど存在しなかったのである。今更ながらではあるが、海舟は海軍が専門である。本稿の冒頭に記したように、「いざとなれば江戸の街を焦土にする手筈を整えた」侠客、火消しの人々が「海舟親分の手下」と言えば言えるが、いずれにせよ討幕軍から見て武力衝突の相手たる幕府軍を勝海舟が束《たば》ねていたわけではなかった。

にも拘らず、隆盛が頂上会談で彼を相手にしたのはなぜか。「江戸の街」は、討伐軍にとってその後の兵站その他の軍事展開の基地となり、権力奪還後は施政の基盤になるはずの地であった。その「江戸の街」を人質に取ったのが海舟であり、その海舟の背後にその意向に沿って諸々の仕切りを確実にできる実務官僚がいて、この両者がいずれも「開明派」として交渉相手《はなしがでくる》になりうるという「確信」が、西郷以下の討幕側にあったからである。討幕軍側の江戸攪乱戦術や探索活動などは、多面に展開されていた。西郷らに然るべき「確信」をさせたのは、このすぐ後に引用される書面に「探人入りこれあり」とあるように、幕閣内の議論、人脈を探った間諜《スパイ》からの情報であった。

一方、当時の幕府内部の実情はどうであったのか。先ほど、慶喜が大坂から軍艦で逃げ帰った後の江戸城での評定について触れた。その場では主戦論が圧倒的であったが、肝心の慶喜が煮え切らず、小栗上野介や榎本武揚の必死の諫言を振り切って恭順と決してしまった。恭順が沙汰されると、「満城の士が泣き出すもあり、落胆するもあり……（立花種恭・若年寄／談話）」という有様で、状況を嘆いて若年寄、大名領主の一部に自裁する者がでるなど混乱の極みとなった。

しかし、慶喜の決断について、時勢を達観し、俗論に流されずこれを是とする覚悟の幕臣がいたのも事実である。この辺りについては、主戦論派からみた史実描写は沢山あるのだが、一方、決した恭順をどう算段したかについての記述は少ない。当時の有様を同僚（平山省斎・若年寄）に宛てた一翁の書簡に見ると、「ご恭順御尽くしの他これなきに候えども、……（中略）……彼（討伐軍）より探人入れこれあり……見透かされ候ては残念の至りにて候。右様なことは、勝安房（海舟）並びに、及ばずながら愚翁にお任せ下され候えば、薩長如きの胆は破るに足り候。」とある。幕府としてもこうした気概を示した者に頼むしかない状況であった。

京を発ち、東海道、中山道、北陸道の三方面からひたひたと江戸に迫る討幕軍は、三月六日の評議で江戸への総攻撃を三月十五日に設定するとともに、幕府に対し次のような条件を突きつけた。

・徳川慶喜の身柄は備前藩預けとすること。
・江戸城を明け渡すこと。
・幕府所有の軍艦を全て引き渡すこと。
・武器を全て引き渡すこと。
・城内の将兵は向島に渡って謹慎すること。
・徳川慶喜の暴挙を補佐した者を厳しく調査し、処罰すること。
・暴発の徒が手に余る場合、官軍（討伐軍）が鎮圧すること。

これらの条件はパッケージであり、江戸城の総攻撃期日を示すことによって、討幕軍としては「take it or leave」の交渉を迫ったのである。恭順を示した幕府（将軍）からすると、城の明け渡しを含めいくつかの項目は敗軍の立場として甘受すべきものであったが、最大の課題《ハードコア》は慶喜の身柄の処置にあり、受忍できる項目も他の項目との絡みがあり簡単には受け入れられなかった。慶喜の処置については討幕軍の中で最終の判断がなされておらず、切腹、家の断絶を主張する向きも少なからずあった。

当時の備前藩主の池田茂政は、水戸育ちで慶喜の二歳下の実弟である。倒幕軍としてもそれなりの配慮を示したつもりであったかもしれないが、池田家は元々外様大名であり、自ずから藩士たちも徳川家に対して絶対的な敬意や忠誠心を有しているわけでなく、まして備前藩の藩論は勤王討幕に大きく傾きつつある時期であった。そんな中でこの大名家に預ければ、慶喜の生命の保証がないと深刻に危惧されたのである。また、慶喜の生命さえ確保できれば良いというのではなく、家の存続ならどのような中身にするか定かでなく、さらに他の条件も、いざ遂行するに当たっては簡単にはいかない事情が多々あり、其々が絡みのある内容であった。パッケージディールというのはそういうことである。

ただ、軍事的にギリギリと切迫する情勢に鑑みると、これらの詳細を一括して合意するには、何しろ時間がなさすぎた。勢い、肝になる点を原則了解（「大枠合意」）して、細かな付随する詰めはその後にやるという展開になった。この場合の「肝」とは、慶喜を「幕府側から見ても納得のいくところへ預け」てその後の安全を確保するとともに、江戸城を明け渡すことを約して、総攻撃を回避させることであった。その意味で、そこを肝《ポイント》にするという交渉に臨むということをお互いが了承することが重要で、その点を双方の代表である西郷と勝とが信頼に基づき「握れるか」どうかが決め手であった。三月十三日からの頂上会談の意義はそこにあった。結果として、この二人の大局観、使命感がぶつかり合った上での信頼関係で「大筋で握れた」ことの価値は極めて大きい。二人の会談が歴史的偉業とされるのは正当な評価である。頂上会談の場所には、高輪の薩摩藩下屋敷、田町の薩摩藩蔵屋敷が使われた。薩摩藩には三田の上屋敷もあったが、薩摩による江戸騒擾の拠点となったとして咎められ、小栗上野介などの指示により庄内藩など諸藩が焼き討ちにしていたので、十四日の会談には湾に面した蔵屋敷が使われた。時間を遡ると、三田屋敷の焼き討ちこそが鳥羽伏見の戦いのきっかけとなったとされており、西郷との会談の時点で、一旦は会談場所にここが擬されたのには因果を感じる。

さて、大筋は合意されても、それ以外の実際の仕切りや詳細の詰めは依然として重い課題であった。「神は細部に宿る」のである。幕府にあっては、それが一翁の双肩にずっしりと圧《の》し掛かかったのである。

本稿の冒頭で「そっちの方」を気にした海舟にしてみると、大枠の交渉はできそうだが、全部自分（海舟）ではできない相談なので、あとは任すけど、その分も含めてやれると言って西郷に「請け負ってきていいか」という問いかけであった。少し時間を飛ばすが、結局のところ西郷との会談で総攻撃が回避されて、粛々と城の明け渡しを受けるために四月四日に「勅使入城」がなされたのだが、勅使を受け入れた場に海舟はもはや居ない。西郷は勝との会談ののち急ぎ上京し、そこまでの対応とその後の処置の大枠につき、朝廷の裁可を得ている。最大の課題であった慶喜の処置に関しては、それに至るまでに、幕府にあった二人の女性、即ち、将軍家定の妻・天璋院篤姫、将軍家茂の妻・和宮のルートで薩摩藩や討幕軍を率いた有栖川宮熾仁《たるひと》親王宛に助命嘆願がなされた。また、英国公使のパークスによる「恭順している者を攻撃するのは万国法違反である」とのクレームもあった。それぞれがどの程度奏功したかは不明である。

朝廷からの勅使を奉じて西郷隆盛以下が入城し、徳川家は田安慶頼（松平慶永の弟）を筆頭にして一翁以下の幕臣が出迎えた。その場で、「慶喜は死罪一等を免じて、水戸にて謹慎。江戸城は尾張藩に管理させる。」旨のお達しが正式にあり、他に武器、軍艦の引き渡しなどの命令が改めてあった。海舟は、西郷から既に「慶喜の水戸謹慎」の感触を得ていたから城の明け渡しを飲んだのであり、あとのことは任すという気分であったのであろう。

しかし、江戸城を尾張藩に管理させるという案は幕臣の琴線に触れたし、武器などの引き渡しも簡単ではなかった。さらに徳川宗家の後裔を同じく尾張藩の元千代（のちの義宣）にするとの噂が流れて幕府側では騒然たる雰囲気となり、再び海舟の出番となる。但し、相手は先鋒軍参謀の海江田武次（薩摩）と木梨精一郎（長州）であり、実務の話もあることもあり、海舟はその交渉に一翁を連れて行っている(2)。

江戸城の尾張藩管理がなぜ微妙であったかというと、尾張藩は御三家の中で遂に将軍を出さず、徳川治政下を通じ将軍家とは些《いささ》かの距離をとる趣があっただけでなく、幕末の佐幕か否かの政局でいち早く朝廷側についたことが幕府から見て「引っかかった」のである。江戸城管理の機微は、討幕軍側でも容易に理解された。よって、最終的に「一連の処置が済んだら、（宗家の後裔を出すことになる）田安家に戻すべし」との沙汰となった。但し、江戸城は時間をおかず天皇行啓を経て皇居とされたので、その繋ぎの間の管理はそれ以上の意味はない。

一方、武器、艦船の引き渡しは難渋した。「全て引き渡せ」と言われても、一翁らとしては、恭順はしたものの徳川宗家の処遇が未定であり、その存続を求める以上、兵力の備えのない宗家などというのは呑める相談ではなかった。その旨言い張って、要るだけの装備は持ち続けると頑張った。また、一定の武器や貯蔵物資は引き渡すにせよ、現在それらを管理する歩兵や貯蔵庫、工場の守衛らも一緒に引き取ってもらわないと、役目を失った彼らの挙動に責任が持てないと食い下がった。

難問は艦船の処理であった。一部艦船は既に引き渡してあったが、軍艦でない輸送船は幕府側に返せと談じ込み、一方軍艦の多くは我々（海舟、一翁）の掌握の及ばない状態にあるとして、言を左右した《はぐらかした》。

四月十日までに「幕府側の申し立ては、やむを得ない」との先鋒軍参謀筋から譲歩を引き出すと、翌十一日には早々に一定の武器・資材の引き渡しを完了している。引き渡しに際して、一翁はそれを指揮した立場に鑑み、のちの憂いをなくすため、城にあった文書は勿論、自らの日記、文書に至るまで

悉《ことごと》く焼却破棄している。彼の治績資料の少なさの所以《わけ》である。

十二日になって榎本武揚が軍艦八隻を引き連れて館山に逃れるという「事件」が起き、その後彼らは東北、函館に向かったのであるが、流石に討幕軍から強い叱責と取締の指示が来たものの、「後の祭り」であった。この間、海軍総裁は「何故か」雲隠れしている。

そして、四月二十九日に至り、大監察使三条実美より「宗家の家督は田安亀之助（のちの家達《いえさと》）に引き継ぐこと、駿河七十万石に移封とする」旨の沙汰が、正式にもたらされた。これによって、漸くにして懸案の主要部分に目処がついたのである。一連の過程で、一翁は一身を賭《と》して、海舟を補佐し、請役人を督励して勅使一行を江戸城に迎え、さらに武器・資材を混乱なく引き渡すという「敗戦処理」作業をやり遂げた。

このあと、一翁の関心は宗家の駿府への円滑な移住に移る。彼は新たに設けられた「中老」という職責に就き、以前この地に赴任していた経験をも生かして奉公に勤めた（3）。

改めて、そこまでの推移を振り返ってみたい。

江戸城無血開城が、幕末顚末の出来事として決定的にして最大のものであったとするかどうかには議論があろう。しかし、江戸の街並み、民衆の生活と産業、インフラがほぼ無傷で保持、引き継がれ、活かされたことの意義は量り知れないほど大きい。当時、江戸は人口百万人、既に世界最大の都市であったし、我が国の行政の中心であった。仮に折衝のちょっとした綾の行き違いでこの街が焦土化されていたとすれば、民衆の被害は凄まじく悲惨であったであろうし、新政権は恐らく焼け野原の江戸を拠点にした施政を敷けなかった可能性が少なくない。東上した新勢力としては、依拠するに江戸は唯一無二のものではなく、恐らく京都か大坂を本拠とした新政府が出来て、今の皇居、東京、或いは日本の国土は別のものになっていたかもしれない。

江戸の開城は、時間的には幕府と討幕軍との鬩《せめ》ぎ合いの終着点ではなく、そのあとの東北から函館に至る「内乱（戊辰戦役）」の序章でしかなかった。しかし、仮に交渉が決裂すれば、江戸城だけでなく江戸の市街の焦土化は避けられなかったであろう。そうなっていれば、その後の倒幕軍の行軍、補給線の設計は歴史のようには行かず、またその事態は即ち恭順が破綻したということであり、佐幕勢力の抵抗も倍化したと想像される。結果として内乱状態が長引き、最悪の場合、列強につけ入る隙《すき》を与えていたかも知れない。いずれにせよ、いわゆる維新の国づくり、近代化はずっと遅れ、或いは違った形になっていたかも知れないという意味で、この時点での平和裡の江戸開城の意義は大きかった。

退く側としても、それに絡めて「取るべきものは取る」ための粘り強い交渉が展開され、然るべき成果を見た。そうした成果を上げたいからこそ、だから海舟や一翁は「頑張った」のである。結果、慶喜が一命を永らえて徳川宗家が維持されただけではない。将軍の処置がそうなら、当然他の幕臣、大名の多くも寛典・寛如され、命に係わる断罪も回避されたのである。

一翁は、「敗戦処理」の最後ともいうべき徳川宗家の駿府移住、定着のために務め、これを成し遂げ、版籍奉還後の新静岡県の権大参事として政務補翼（徳川家の家令的な役割）もこなした。その上で、明治四年二月、病気、老齢を理由に官を辞した。静岡郊外の小鹿村に寓居を構えて、漸くにして本当の隠居生活に入った。

……ところが、「入った……つもり」ではあったが、その後も彼の出仕を、しかも新政府から求める声が絶えなかった。以下は、本稿の趣旨に照らせば蛇足に近いのだが、一翁の生き方の一端が窺い知れる「余生余話」として追記する。

実務家人材《テクノクラート》に厚みのない新政府にとって、旧幕臣は無視できない人材の宝庫であった。明治五年初から始まった一連の「大赦」により続々と旧幕臣の登用が進められた。最後まで抵抗した逆臣榎本武楊は牢から釈免され親類預けとなり、日を置かず開拓使四等出仕に、永井尚志、大鳥圭介は放免ののち左院の少議官に発令されて正六位に叙され、矢田堀鴻も工部省六等出仕に発令された。それらと併せて勝海舟が海軍大輔に、一翁が文部省二等出仕の発令を受けている。榎本らが新政府内の思惑から前政権の地位からするとすこぶる低位での登用にとどまっているのに対して、海舟と一翁は特別の扱いである。それだけ、新政府においても二人の評価が高かったわけである。

その後も数々の公職が割り振られた一翁であるが、実は殆ど見るべき業績を残していない(4)。象徴的なのが東京府知事のあと教部省を経て就任した元老院議官である。元老院というのは、三権分立の体《てい》を作るため、司法府の大審院と併せ、立法府として明治一〇年に設立されたものである。ところが、一翁は在籍九年に及ぶ期間の六百六十回の審議にわずか四十四回しか欠席しない精勤ぶりなのに、発言はたったの二十二回、しかも一回を除き「賛成」の一言だけしか議事録に記録がない。まさに「無言の行」である。幕臣としてひときわ能弁であった彼からは想像ができない所作である。しかし、彼にとっては、政権交代後は旧政権に身を置いた者は余計な口出しを控えるべきとの達観した境地であったろう。一翁の思想を伺わせる文書は限られているが、幕府時代の松平春嶽への書簡の中に「古店を譲った後は新店の者に万事任せるべき」との記述がある。

それならば、新たな役職なぞ引き受けなければ良いというのは評としては浅い。「敗北の幕臣」として一徹に大事をやりとげたあとは、ある列に名を連ねることを求められれば敢えて断りはしないが、内実に関わる領域には立ち入らないとする達観した佇《たたず》まいであった。

「員に備わるのみ」と自嘲するような趣の文が残っているが、それは成しえなかったことへの悔悟というより、成しえた敗戦処理に対する剛直な者としての韜晦《とうかい》の念であろう。

明治二一年七月、一翁は元老院議官在職のまま死去。彼の辞世の句は「なにひとつ　世のためはせでまうつしに　のこす姿の　恥ずかしきかな」である。「員に備わるのみ」の趣旨に通じるものがある。政府の評価は別にあり、その功績を嘉《よみ》し、死去を悼《いた》んで、従二位に叙している。

「余生余話」のそのまた余話であるが、一翁は「刀剣・虎徹《こてつ》の収集家」としても有名である。もともと刀剣には嗜好があり、特に江戸鍛冶の虎徹に入れあげ、家を売り払ってまで購入するほどであった。相場より高い価格で購入するため、それがため虎徹が市場から消えるようなこともあったようである。「長曾祢興里入道乕徹銘の虎徹」、「当麻の刃」（重要文化財）などが有名である。後者には、自作の和歌「由起布《ゆきふ》かき山もか寿《す》みて本能々と《ほのぼのと》あけ行く春乃多《のた》まちのそ良《ら》」と「一翁」の二文字が金象嵌《きんぞうがん》で彫られている。

（1）話の主軸が分かりにくくなるのを避けるため本文では触れていないが、一翁の「大開国論」は坂本龍馬をいたく感激させている。もともと幕府側の奸物たりとして海舟を斬りに出かけた龍馬が、逆に海舟に感化され立場を越えて私淑した話は有名である。一翁が差控処分で謹慎している文久三年頃、龍馬は海舟の紹介で沢井惣之丞とともに一翁の自宅を訪れ、一翁から「大開国論」を聞かされている。のちに後藤象二郎、山内容堂を介して大政奉還の舞台回しが動いていくのであるが、龍馬のその後の動きがこの時の話を啓示とした可能性はある。

（2）西郷隆盛と勝海舟との歴史的会談は「一対一」の遣り取りであるように伝えられているし、海舟自身がそのように公言しているのであるが、山岡鉄之助（鉄舟）が身辺警備の役割を兼ねてずっと同席しているし、十四日には一翁も同行したとの記録が残っている。とりわけ、山岡鉄舟にあっては、頂上会談に先立つ三月九日の段階で、静岡まで進軍していた西郷と秘かに接触することに成功し、慶喜の蟄居先案についての幕府側の強い違和感をいち早く伝えて、本件取り扱いの機微さを予め討幕軍側に刷り込むという重要な役割を果たしている。西郷からの本件全体に係る譲歩は、事実上これによって道筋がつけられたと言っても過言ではない。この緊迫する最中《さなか》での密行、討幕軍総帥西郷への接触には、「朝敵徳川慶喜家来、山岡鉄太郎罷り通る」と大音声を発して敵陣を歩いたとする豪傑談が伝わる。しかし、一説には、江戸市中騒擾などを事実上指揮したとしてかねて幕府側に捕らわれの身になっていた西郷腹心の益満休之助が彼を道案内をしたとも言われる。この辺のいきさつや双方の心の通わせ方には面白い趣があるのであるが、これ以上に深入りしない。なお、山岡鉄舟は剣、禅、書の達人であり、勝海舟、高橋泥舟とともに「幕末三舟」と言われるほどの傑物で、視点を変えてその功績を論ずると、この稿と同じくらいの質量の評伝にな

山岡鉄舟像（ウィキペディアより）

りうる人物である。父が飛騨郡代を務め、若き日を飛騨高山で過ごした関係で、高山陣屋前に若き日の鉄舟像がある。

（3）二〇二一年のNHK大河ドラマ「青天を衝け」で、訪欧使節団に随行して帰国した吉沢亮演じる渋沢栄一が駿河藩を訪れ、使節団費用の残金の返却を申し出る場面があった。それに応対したのが当時藩の中老であった大久保一翁である。木場勝巳が一翁を演じ「いい味」を出していた。当時の政府の海外派遣使節団では、不足は追加請求し、余れば使節団が適宜着服するというのが慣例であったが、渋沢は余剰を現地で運用し膨らました上に返却に及んだのである。一翁はその才覚と姿勢を評価し、渋沢を藩の勘定方に推挙して藩に残された太政官札の活用を任せ、さらに政府出仕の後押しをした。二人の縁はそれに留まらず、後に一翁が東京府知事の折、貧困・病気療養施設として渋沢が設立した「養育院」の公営化・運営でも協力している。

（4）本稿の主題からは外れるので、一翁の文部省出仕以降の東京府知事、教部少輔などとしての仕事ぶりを追うのは省略するが、敢えて彼らしいと思われるものを一つ挙げるとすれば、「東京会議所改革意見上申書」の扱いであろうか。これは、幕府時代の町会所の事業を引き継ぎ、東京市内の道路、橋梁、下水道などの整備、メンテナンスする事業を東京府からの下請けだけにとどまらず、より広い意味での自治組織の自主事業として展開させるとするものであった。時の会議所は会頭渋沢栄一、副会頭福地源一郎（桜痴）といった旧幕府人であり、一翁は東京府知事としてこれに好意的に対応した。ところが、自主性を尊重し東京会議所を公選組織とするような改革意図は、中央からの管理、専制を目論む大久保利通内務卿の逆鱗に触れて、残念ながら「改革許可伺」は取り下げの憂き目を見た。

恐れながらお尋ねにつき申上げ奉《たてまつ》り候　―幕末期のある経世家の足跡―

歴史には「そこで一つ事情が違っていたら、その後の歴史は別のものになっていたかもしれない」という局面がある。前稿でご紹介した江戸城無血開城もその一つである。西郷隆盛―勝海舟の頂上会談により江戸の街が焦土と化すのを免れたことはそれ自体我が国近代史において格別に重要な意義を有したが、「無血開城、即ち戦闘なし」の合意がまさに「あのタイミングでなされた」ことは、攻め上った東征官軍にとっても絶妙な意味があった。

大政奉還前後の政治事情を詳しく辿るのは本稿の趣旨ではないが、慶喜が「政権は返上するが、徳川宗家を含む有力大名を構成員にする公儀政体への移行」を狙ったのに対し、薩長で主導権を握った下級武士や岩倉具視などの反幕公家は、飽くまでも「力による政権奪取、徳川排除を目的とした革命遂行」に拘《こだわ》った。しかし、最初に新政府として発足した体制は、必ずしも討幕勢力が支配的ではなかった。王政復古の大号令のあと親幕派公卿を締め出して開催された小御所会議では、公儀政体移行に賛同する山内容堂を西郷隆盛が刀の柄に手を掛けて恫喝《おどしあげ》し、強引に慶喜追討を決めてしまう。政局は、小御所会議を経て、鳥羽・伏見の戦い（慶応四年一月）に繋がるのであるが、朝敵の「汚名」に躊躇《たじろ》いだ徳川慶喜は主戦論の幕閣を振り切って、一部の近臣だけ連れて大坂から艦船を繰って脱兎のごとく江戸に帰参してしまう。

それを追って官軍が東征し、錦旗を煌《きら》めかせて「宮さん宮さん、お馬の前でひらひらするのは何じゃいな」の威勢掛け声とともに時流の迸《ほとばし》りを画した進軍を果たしたと思いがちである。しかし、実はその足取りはひどく「重かった」。あちこちで滞軍した。

慶応四年（一八六八年）二月九日に東征総督府が設置され、東征軍は、その指揮の下に鎮撫軍と称される四つの部隊が組織された。東海道、中山道、北陸道、山陰道（1）の鎮撫軍がそれである。薩長軍をはじめ官軍側各藩は、鳥羽・伏見の戦いまでは自前の藩兵、糧食を以って対応したが、それより以降の政局の変化、進軍には備えがなかった。

要すれば、慶喜を追って、京から進軍する当時の官軍には、絶対的に「軍資金が足りなかった」のである。しかし、にわかづくりの官軍側と雖《いえど》も、戦国時代ならいざ知らず、必要資金、糧秣、資材を進軍の行き先々で強制徴発するようなことをすれば、民衆の支持を失い、革命自体が否定されかねないとの認識はあった。そこで、官軍としては、「官軍の兵食は恭順する沿道各藩に負担せしめ、旧幕府貯蔵の金穀は徴収するが、一般人民には一切負担させせない」という方針を取った。ところが、幕府の財政は既に窮乏を極めており、途中沿道で確保するつもりの幕府貯蔵も必ずしもあるとは限らなかった。当時の記録によれば、進軍してはみたものの、その日の昼食用の糧食すら準備がなく、全軍空腹のため倒れんばかりであったというような有様であった。さすがに主力である東海道鎮撫軍では、参謀に実戦経験のある者を配していたし、蟄居恭順した慶喜からは各地奉行所などに宛てて「官軍に対し恭順の意に即した姿勢を示すよう」指令が出たこともあり、そこまでは酷くはなかった。しかし、今に残る記録によれば、「京を出て大津まで進軍したところで軍資金が払底し、急ぎ鎮撫軍付きの為替方を通じ、京から軍資金の送付を受けそれをもとに大垣まで到達した。しかし、あてにした大垣藩戸田家に預けおいたはずの幕府資金が利用に能わず、藩を経由して村方から借りた玄米を途中で換金しながら進軍した。そうこうして取り敢えずの到達点として目指した駿府城ではあったが、そこには五千七百両しかなく、やむなく城下の豪商から五千両の提供を仰いだ。しかし、焼け石に水であった。」などとある。あとは推《お》して知るべしである。戦闘のなかった東海道鎮撫軍と異なり、中山道鎮撫軍は甲州勝沼で近藤勇率いる甲陽軍と戦闘をしており、幕府軍敗残者との戦い（梁田の戦い）などもあり、江戸で東海道鎮撫軍などと合流したものの、兵と物資の欠乏は極まっていた。

今更ながらであるが、当時の官軍には朝廷の三万石の直轄領以外に「確定資産」はなく、しかも孝明天皇崩御という事態も重なり、とても朝廷の財政《ふところ》に期待を云々というような状況ではなかった。この時点での薩長軍というのは、両藩が総力を挙げての軍隊ではない。藩論は藩主も含めて複雑を極め、それぞれの下級武士の先鋭的政治活動が先行し、これに藩の財政《さいふ》は正式には動員されていない。

慶喜追討などという強面《こわもて》を押し出しながら、新政府が最初にやったことは、当面の敵である慶喜に対する陳情《おねがい》であった。のちに辞官納地、版籍奉還などを強行した政府とは思えないソフトタッチの嘆願であった。「大政を奉還されたのだから、せめて徳川宗家の所領の半分なりとも献上いただけないか」との要請がそれであった。が、しかし慶喜から「そのように言われるなら、（薩長も含め）全ての大名が其々の石高に応じて高割制《ひれい》で負担すべきではないか」と一蹴されてしまう。

結果的に、三月十四日の西郷隆盛—勝海舟の頂上会談で江戸城開城の合意がなされ、翌四月に無血開城となったのであるが、仮に合意がないまま江戸城総攻撃となっていたら、その時官軍にそれができる戦闘能力が保持されていたかは、財政的な事情からみると甚《はなは》だ疑わしい。そんなことを言うと、その後の上野彰義隊の排除、東北から五稜郭までの討伐戦は立派にできているではないかと指摘されそうであるが、それは開城合意以降の情勢を見極めた商家、金座・銀座からの献金、上納金が飛躍的に増えたあとの事だからである。「もしあの時点で無血開城の合意なかりせば」の仮説はなお有効だと思われる。

　いつになく前振りが長くなった。ここからが本題である。辛うじて東征の戦闘を切り盛りしつつ旧政権に代わる政権を樹立できそうになったのであるが、長引くかもしれない佐幕勢力討伐の為にはもちろん、施政の為に必要な資金も依然として決定的に欠乏していた。新政権として、必要な資金を確保して「政権を政権たらしめ、国を国らしく回す」には、何よりも財政の手立てを講じることが焦眉の課題であった。

　少し時計の針を巻き戻す。越前藩主松平春嶽の側近である中根雪江に宛てた坂本龍馬の書簡というものが残っている。それによれば、「新政府の財政を任せるには越前藩の三岡八郎をおいて他にはいないから、彼を即刻政府に出仕させるべき。一日出仕が遅れれば、一日政府の財政措置が遅れる。」というものであった。いったい、三岡八郎とは何者なのか、また

三岡八郎像（「由利公正って知ってるかい？（福井市立郷土歴史博物館資料）」より）

龍馬とはどのような経緯《いきさつ》があったのか。そして何よりも、どんな仕事をしたのか。これが、本稿の主題である。

三岡八郎は、越前藩の僅《わず》か百石取りの藩士である。のちに由利公正と名乗り、東京府知事、元老院議官、貴族院議員などを歴任した人物であるが、本稿では主として三岡八郎時代の業績を追うので、三岡八郎の名前で通すこととする。

さて、先の龍馬の書簡である。折角の書簡ながら、八郎の出仕は簡単ではなかった。八郎が謹慎の身であることや藩内の佐幕派の横槍もあり、越前藩はその出仕要請になかなか応じようとしなかった。前後するが、松平春嶽は一時幕府の政事総裁職に就き、いわゆる「文久の改革」を推し進めたが、一橋慶喜と衝突して旋毛《つむじ》を曲げて国許に戻ってしまう。八郎は春嶽に幕政改革に引き続き携わるよう諫言して逆に春嶽の逆鱗に触れ、蟄居を申し渡されていた。この不遇の時期は四年にも亘り、この龍馬からの推挙はこの時期のことであった。こう書くと、単に八郎が置かれた状況から藩士として動きづらかったというだけになるが、龍馬の書簡の宛先の中根は八郎とは政策路線を異にしていた。推薦を受けたからといって積極的にそれに応じるという立場ではなかったのである(2)。

三岡八郎が漸くに新政府に出仕したのは、慶応三年十二月のことである。「参与会計掛・御用金穀掛」という財政責任者として、彼が成した最大のことは、太政官札の発行である。この太政官札というのは、要すれば「紙の貨幣」である。古来鉱物貨幣の国である我が国にあっても、紙の貨幣にはかねて藩の領内だけで通用する「藩札」というものがあった。しかし、太政官札は、一部地域だけではなく全国で通用することを前提にした貨幣であり、また「金貨、銀貨の正貨との交換、すなわち兌換《だかん》」というものを保証しない通貨である。現代の紙幣に近いのであるが、幕末から明治初期における非兌換の、しかも紙の全国貨幣というのは、前代未聞の代物《しろもの》であった。

八郎とて、最初から不換紙幣だけでいけるとは思っていなかった。むしろ、一定の「ネタ金」が要ると考えて、会計基立金を設定して各層から拠出を募った。三百万両を目安とし、将来原則として税で返済としたものの、残念ながら結果は捗々《はかばか》しくなく、回り回って不換紙幣の発行の必然性が浮き彫りとなった。

三岡八郎は、こうした状況に鑑み、これまで幕府において多用された「劣悪貨幣改鋳」の案などを退け、実に三千万両の太政官札を発行し、新政府の入用に備えることを建白したのである。当然のように大反対の声が上がった。なじみの薄い新しい提案が抵抗に会うのは世の常であるが、元は藩士である政府要人には各々の出身藩の藩札との交換比率を危惧したりする向きがあり、また新政府の人民に対する信用が確立しない段階での不換紙幣の発行は天皇親政に傷をつけかねないなどのある意味もっともな慎重論があり、賛同を得ることは容易ではなかった。

ここでの八郎の立論は、なかなかに見事である。改革案において示された思想《かんがえかた》の要諦《ポイント》は次の通りであった。

まず、不換紙幣は民間実業への貸付、即ち「勧業貸し」に限定し、経常経費には充てないこと、しかも民間にはその需要に応じて貸し付けを行い、政府側の思惑で無理に信用拡大をしないことを強調した。

やや前後するが、既に戊辰戦争は始まっており、新政府は当座の戦費調達のため、大商家から累次にわたり借り入れを増やしており、市場からは都合千万両近くの正金が吸い上げられており、太政官札の発行はある種デフレ状態にある市場に必要な取引資金を供給する役目を果たした。また、貸し付けた資金は利息を付けて返済させたので、その限りでは太政官札もある意味で国債的な側面もあり、厳密には貨幣だけでない意味もあった。さらにその管理を別口座でするという特別会計的な処置もされていた。なお、三千万両の根拠としてそれらしい確かなものは残されていないが、「当時の人口三千万人に一人当たり一両」を想定したという話が伝わっている。いずれにせよ、この辺の感覚と仕組みは独特の勘定心理を有する商家を最終的に得心させるところとなり、慶応四年五月より発行となった。

三岡八郎が新政府において敢然として、また迅速にこれに取り組めたのには、出仕する前の越前藩での成功体験があった。そもそも八郎は中堅藩士の家柄ではあるが、取り立てて名家でもなく、自身もどちらかと言うと武辺の士であった。八郎は若い頃から四書五経よりは、武芸に親しんだ。剣術、槍術だけでなく、健脚な上、乗馬も得意とした。越前には「馬威し《おど》」という正月の伝統行事がある。それは、雑踏のように町民のひしめく街路を馬に乗って縫うように駆け抜けるというもので、それを能く《よ》した八郎の雄姿が藩の重役の目に留まったのが、藩政参画への発端《きっかけ》であったと言われている。その彼がこのあと説明するような脱皮《ばけかた》をする発端《きっかけ》となったのが、横井小楠との出会いであった。

横井小楠(3)は、九州肥後藩の思想家である。保守的な肥後では不遇を託《かこ》って私塾で弟子を取ったりしていたが、その塾に通っていた越前藩士の注進《つて》で越前藩に縁《よすが》を得て、越前藩主松平春嶽の政治顧問に迎え入れられた。彼の説く思想とは、「意欲のある領民に先行的に資金を与えて事業を起こさせ、それによって国を興す」という殖産興業論であった。それまで武辺の士でしかなかった八郎は、そうした考え方に接して大いに感激し、「初めて読書に興味を覚え、反復大學を読み自らこれを実行せん」と誓い、独自の改革案の立案に邁進した。折から、井伊大老と衝突して謹慎《つつしみ》処分にあった春嶽の蟄居も解かれ、八郎はその許《もと》で藩の財政改革案の検討を進めた。しかし、越前藩においても当時の各藩の例にもれず、既に藩札は保有する正貨の限度一杯まで発行済であり、先立つ資金の確保のためには、不換紙幣を活用するしかなかった。

そうは言っても、「武家の商法」というものは須《すべか》らく懐疑《うさんくさ》の目で見られ、しかも不換紙幣を介在させるという構想は、同僚藩士の間だけでなく、庄屋、年寄、富農、商家などからも不評《けんもほろろ》であった。実際に、藩庁ではその是非を巡り、一ヵ月に亘って侃々諤々《ああだこうだ》の大評定がなされている。

それを経た上で、八郎が改めて熱心に商家などの説得に回ったのであるが、彼らを納得させた決め手は、「この資金は経常経費の消費的な用途ではなく、回転し、付加価値を生む投資資金の迎え水的な初期資金として使う」という理念説明と「藩は、不換紙幣の形で金は出すが、運用、物産の処理は

三岡八郎と横井小楠像（福井城の堀脇にある内堀公園内に此の像がある。左が八郎。これは、八郎が小楠の肥後への一時帰郷に同行し、ついでに長崎での藩産品の商談のために旅立つ際の有様といわれている。）

名望ある商家に任せて口を挟《はさ》まない」という運用方針の言明が大きく、それにより、「事業の展開の中で運用される不換紙幣によって損は出ない」という心証形成ができたことであった。

こうやって漸くにして動き始めた事業であったが、その物産はいかにも農民の内職的なものであった。木綿、麻、蚊帳《かや》、繭糸、生糸、布、茶、縄、蓆《むしろ》、草履《ぞうり》などなどである。しかし、状況は越前に幸いした。折から西洋で蔓延《はびこ》った微粒子病で品薄になった繭糸、生糸は、長崎交易において実に百万両の正金を稼ぐに至り、稲作が普及する前の北海道では藁製品が二十万両の利益を生んだ。越前藩が日本海に面した貿易港を有していたことも幸いした。また、これにより、かねて扶持の半地借上《はんぶんめしあげ》で困窮する藩士の家政においても、武家だからと言って内職的行為を控える事情がなくなり、それらも相俟《あいま》って越前藩の経済は活況を呈した。

こうした八郎の改革は他藩からも注目され、その事業モデルとそれを立案した八郎の名は各地に拡がった。

龍馬がどこで八郎を認識したかは定かではない。しかし、記録が残る限りでみると、慶応年間には両者は思想信条で肝相照《はらをわった》らす同志となった模様である。福井城下の莨屋《たばこ》という旅館で夜通し語り合っている。それを踏まえての、龍馬からの三岡八郎の新政府登用の推挙であった。

三岡八郎の名は、我が国の歴史では財政家としてより、むしろ「五箇条の御誓文」の草案起草者としての方が有名であろう。その草案とされるものは「議事之体大意《ぎじのていたいい》」と題されるもので、内容は次（現代仮名遣い表記）の通りである。

一、庶民志を遂げ人心をして倦《う》まざらしむるを欲す
一、士民心を一つにし盛んに経綸を行うを要す
一、知識を世界に求め広く皇基を振起すべし
一、貢士期限を以って賢才に譲るべし
一、万機公論に決し私に論ずるなかれ

「貢士」とは、政府発足時に各藩の藩主から推薦されて着任した新政府役人を指す。そういう類《たぐい》の者にいつまでも居座らせないように、任期を定めて若くて優れた才能を持った後進に道を譲るべきというのが、ここでの趣旨である。

これに福岡孝悌、木戸孝允、更には岩倉具視が手を入れて出来上がったのが「五箇条の御誓文」であり、その内容は次（同）の通りである。

一、広く会議を興《お》し万機公論に決すべし
一、上下心を一にして盛んに経綸を行うべし
一、官武一途庶民に至る迄各其志を遂げ人心をして倦まざらしめんことを要する
一、旧来の陋習《ろうしゅう》を破り天地の公道に基づくべし
一、智識《ちしき》を世界に求め大いに皇基を振起すべし

ここにいう「経綸」とは、国の秩序を整えるということが原義であるが、その秩序の基《もと》として武士も庶民も心を一つにして産業を興すべしという産業立国の勧めである。「経済（経世済民）」の意にも通じる。三岡起草の文言は、順序や言い回しは異なるが、四番目を除き他はほぼ成文に取り入れられている。もっとも、木戸たちの修正は格調こそ高いが、やや「上から目線」の感があり、三岡起草案の方が純粋な想いが伝わってくる。

政府というものは、どのような国家のそれであれ、権威・武力だけでは長くそれを維持することは難しい。民衆からの然るべき支持、信頼が必要である。とりわけ民衆の活動を前提にそれを鼓舞しながら方向性を以って進める経済政策の遂行には、まさに政策主体たる政府に対する民衆・国民からの信用が肝心である。そうであるために、太政官札という兌換《だかん》されない通貨を発行するに当たっては、政府の大義を明らかにして、その成さんとする内容に対する理解と主体たる政府そのものに対する信用・信頼の醸成が不可欠であった。

「経綸」の碑（東京都中央区銀座　銀座通りの京橋に近い高速道路下にこの碑がある。大火で焼失した銀座を近代的に立て直した由利公正を称える記述があり、左背後は文明開化の象徴であるガス燈であり、明治7年の実物とのこと。床は、発掘された煉瓦を当時のフランス積みで再現されている。）

五箇条の御誓文は、人により主張したい趣旨に応じて引き合いにされる条文は異なるが、ここで三岡が伝えたかったこととは、「このように庶民の立場を重視し、合理的かつ民主的に政治を進めるから、どうか政府のやることを信用して欲しい」というメッセージであろう。改めてそう考えると、五箇条の御誓文とは実に含蓄の深い大した宣言である。

さて、太政官札である。この企てはある意味でうまく立ち上がった政策であったが、同時にうまく行きつかない要素を内包していた。八郎の庇護者である松平春嶽のような俊明と言われた人物においても、最後まで藩札と太政官札の区分の理解は明確でなかったし、彼の周りに理解者が多くいたとも言い難かった。大隈重信、陸奥陽之助（宗光）が八郎の案に賛同しなかったし、とりわけ東京の財政の司にあった江藤新平はこの不換紙幣に懐疑的で、最もその普及が期待された首都であるにも拘らず、その流通に抑制《ブレーキ》をかけていた。また英国公使パークスも「万延二分金」(4)などの経緯もあり、正金にこだわった。八郎は、労を惜しまず江藤新平とは立会い討論会を開いてその正統性につき論戦しているし(5)、パークスの論駁にも奔走した。

先見的な思想、政策が時流の中でなかなか受け入れられないことは歴史においても多々あるが、その先見性ゆえに周りの者がついて来れない、或いはついて来れないゆえの嫉妬《やっかみ》という要素もあったろうか、制度が定着する前にそうした勢力に「批判のネタ《ツッコミ》」を提供してしまうことは、致命傷である。国の信用を背景にして不換紙幣を発行する以上、本件で最も大事なこと

太政官札（金一両札 慶応４年発行）（「日本のお金 通貨ハンドブック」（大蔵省印刷局）より）

は、それを額面通りに流通させることであった。その価値を国内において相対化してはならず、それを揺るがせにするような行為、アナウンスは厳に慎むべきであった。慶応四年五月の発行以降、太政官札の発行量は市場の実勢に合わせて巧みに調整され、比較的平穏に運用されていた。太政官札は現場では諸々の受け止め方をされた。「釣り銭」が出ないから、消費現場では使いにくい、流通しづらいという問題もあったが、大口の取引を扱う商人の間では、紙幣はその軽量性ゆえに決済融通において便宜が良かった。立派に流通に乗っていた。

ところが、経常経費には使わないとされた太政官札は、明治天皇の即位や行幸のための経費のために決して少なくない規模が充てられた。またそのこと以上に、そうした経費支出が八郎の担当する分野でなされ、彼がそれを仕切ったために、他の担当部署を持つ同僚官僚を刺激し不平を噴出させた。「そうした経常経費にも使う余地があるのなら他にも回すべし」との潜在需要を顕在化させ、彼らからの非投資的経費への支出圧力は日を追って増加し、そうした支出が事実上増えるに従い、市場における太政官札の信用が動揺をきたし始めたのである。

こうした事情がじわじわと進むうち、慶応四年（一八六八年）十二月四日に突如として「太政官札の相場価格付を認める」旨の布告が東京府から出され、年を越して二月には京都、大阪でも同様の相場公許の布告が出されるに至ってしまう。これは、太政官札の価値を政府の信用に依らず市場の相場で相対評価すること、つまり額面からの値引きを認めるというのに等しい沙汰であった。この布告は具体的には、「金札の儀は、世情融通之為御発行に相成候處、近来往々歩合を付け致取引候者有之、大に物価紛乱之基を生じ、甚以不便に成行候。以来は時之相場を以て通用可致様、御沙汰候事。（原文ママ）」というものであった。ここに言う「金札」とは太政官札のことである。文中、「歩合を付け致し取引」と「時の相場を以て通用」の文言がキーワードである。

一連の布告は、八郎の国策遂行の奔走中に、中央政府でない立場の官吏が彼に断りなく勝手に出したモノであったが、結果としてその意味するところは深刻であり、影響は甚大であった。

八郎は、自らの判断に関わらない混乱ではあったが、政策の真髄が破綻し、最も危惧される形で既成事実が形成されてしまったことの重大さを誰よりも認識していた。彼は、結果責任に殉じて粛然と辞表を提出した。職を辞した彼は、その後参与職からも退き、新政府を去って故郷の福井に戻っている。

太政官札は、前後してコントロールのタガが外れたように発行限度が三千万両を超えて大幅に拡大され、しかも経常支出の割合が大部分という有様になってしまう。結局のところ、明治二年（一八六九年）七月までに四千九百万両ほどの太政官札が発行された。本来目指した趣旨とは異なり、相当の額が戦費を含めた経常支出に回され、不換紙幣として重要な通貨価値も一時期四割にまで毀損《きそん》してしまった。八郎失脚の前と後を比較すると、失脚前の発行金額は二千四十三万両、うち経常支出三〇・五％、それ以後はそれぞれ二千八百五十九万両、八〇・五％である。なお、ここでは、東京府布告のインパクトを重く見て、実際の辞任の時期ではなく、東京府布告のあった一八六八年十二月四日を画して「八郎失脚」の前と後として計算した。

このわずか一年ほどの間に、太政官札による租税支払いや政府支出の太政官札使用など色々これを流通させるために努めた形跡があるが、その効果が十分上がったとは言えないようである。しかしながら、こうした場合にすぐに懸念として連想される物価上昇《インフレ》は、この間ほとんど発生が認められない。

こう書きながら、筆者はある種の既視感《デジャブ》を覚える。彼の貨幣論、財政論には現代における金融政策、財政政策の議論に繋がる共通要素がある。もとより、経済環境はより複雑化していて同日の議論たりえないことは承知している。

しかし、改めて三岡八郎の業績を顧みるに、幕末の段階で現代の経済財政論に通底する理論構築がなされ、しかも実装体験に裏打ちされて短期間といえども実際に全国的運用がされていたと思うと格別の感慨がある。八郎の通貨に対する見識、経済への影響についての理解の先進性は際立っていた。残念ながら、その先進性ゆえに周りの理解、受容の範囲を超えたため志半ばで挫折の憂き目をみて、今やその業績は顧みる向きが少ない。しかし、彼の目指した経済秩序の姿は間違いなく現代においても通用する。

著者として言いたいことは、新政府の資金遣り繰りとして、当時これがいかほどの効果を齎《もたら》したかとか、狭い意味での「建設国債」的なら良いと言うような趣旨ではない。貨幣論はなかなかに奥深いものであるが、国家の信頼、信用に基づいた通貨制度こそ経済の礎《いしずえ》であり、それに則った国家経済政策こそが重要という意味で、三岡八郎の政策発想には普遍性がある。

以下は本稿趣旨を全うした上での若干の補論である。

八郎は実にあっさり政府から退いている。彼の辞表提出は、表面上はその直前で問題になった貨幣司の不祥事である「長岡右京事件」が引き金とされている。事件を巡って長岡の上司である八郎が彼を庇ったことで、取り調べに当たった江藤新平と衝突したことが、その原因とされる。しかし、事の真相は上記のような彼自身の認識が本質だった思料される。

由利公正像（「由利公正って知ってるかい？（福井市立郷土歴史博物館資料）」より　由利公正と名乗ったのは明治３年であり、これは晩年の像。）

辞職後の彼であるが、政府から離れたとはいえ、岩倉、木戸、西郷などは八郎の経済の才に信頼を置き、それを惜しんだ。木戸は早くから彼の中央復帰を求めていた。廃藩置県後の明治四年、三岡八郎改め由利公正は東京府知事として再度官途に就いた。民部卿にとの構想もあったが、大隈などの反感などを考慮して、大久保利通が判断したとされる。明治五年（一八七二年）五月には岩倉使節団の一員として欧米へ渡航し、各国の自治制度・議会制度などを研究。帰国後、板垣退助や江藤新平らと共に、民撰議院設立建白書を提出し、元老院議官、貴族院議員を務め、子爵に叙せられている。没年は明治四十二年（一九〇九年）。脳溢血のため七十九歳での最期であった。東京府知事以降の治績の比重が大きいとは思われるが、従二位勲一等旭日大綬章を授かっている。

また、上記で政策における「既視感《デジャブ》」と記した点についても今少し敷衍《ふえん》しておきたい。近年ＭＭＴ（Modern Monetary Theory／現代金融論）なる理論が話題になっている。ＭＭＴとは、やや乱暴に言うならば、「自国通貨を有し徴税権のある国家においては、デフォルト（債務不履行）を危惧することなく、どしどし財政出動をして構わない」と言う論説である。その是非を論じるのは本稿の主題ではないが、国民の貨幣への信頼があるうちは、仮にそれが自国通貨建て国債の中央銀行引き受けであっても、それを通じた信用拡大、財政出動によって景気対策をすることに制約はない、或いは少ないというのには一定の合理性があるように思える。本文で既視感《デジャブ》と言ったのは、こうした発想の一部が八郎の立論に近いモノがある気がするからである。無論、当時とは経済事情に違いがあるし、ＭＭＴにおいて恐れるに足りないとされるインフレは貨幣現象であって、実物経済の裏打ちがあるかないかは重要である。リスクの歯止め、金融政策の有効性という観点からは格別の議論があろう。

（1）このうち山陰道鎮撫軍は、他の三軍とは異なり万一の場合に天皇を西に動座申し上げることを想定して組織された。西園寺公望がこれを率いた。

（2）越前藩の態度に業を煮やした龍馬は越前まで出向き再度要請して、漸く八郎の出仕が認められた。この行為は、龍馬のある種の絶事（最後の仕事）である。龍馬はその五日後に京の近江屋で命を落としている。司馬遼太郎の「竜馬がゆく」の最後に、八郎が龍馬から貰って大切にしていた龍馬の写真を紛失するくだりがある。ちょうどそれが龍馬最期の虫の知らせであったという設定《たてつけ》であるが、史実かどうかはわからない。

なお、八郎は出仕にあたり「徴士」という身分に拘《こだわ》った。すでに中根は他の越前藩士二人とともに藩に籍を残しつつ新政府参与の立場にあった。八郎は彼らと同列に扱われることを嫌い、藩士のまま出仕するのではなく、新政府専属の身分たる「徴士」を望んだ。のちに横井小楠、木戸孝允もこの身分となっている。

（3）横井小楠は、肥後熊本の儒教家。時習館に学び、実学を重視し、開国通商、殖産興業、富国強兵を説いた。越前松平春嶽に招かれ政治顧問となり、明倫館で講義したほか、政事総裁職に就いた春嶽を補佐して幕府改革にも貢献した。のちに新政府にも招かれ、参与、制度局判事などを務め、岩倉具視からの信任も厚かった。しかし、開明さに反感を持つ十津川藩の攘夷派により明治二年暗殺された。

（4）万延二分金というのは、アメリカとの開国通商交渉で不当に定められた金、銀の交換レートが災いして大量の金の海外流出が生じたため、これを防止する目的で、幕府が新たに品位を落として発行した通貨のこと。外交団からの抵抗は執拗で、早々に取り下げの憂き目を見た。

（5）江藤新平と三岡八郎の論争は、数日かけての公開討論の形で行われた。八郎の立論に圧《お》された江藤が最終日に討論の場に現れず、八郎の「優勢のうちの不戦勝」で幕を閉じた。

日露戦役を蔭で支えた益荒男《おとこ》たち

怡与造《いよぞう》と林太郎《りんたろう》そして源太郎《げんたろう》のクラウゼヴィッツ

数回に亘り、日露戦争を題材にしてみたい。ことの始まりは、司馬遼太郎の「坂の上の雲」である。さすがに「今になって何を今更」という感じではあるが、実は最近になって別の目的で彼の「歴史のなかの邂逅《かいこう》7」（中公文庫）を読んでいて、「坂の上の雲」には各巻毎に「あとがき」があること、四巻目のそれに日露戦争時の陸軍参謀本部次長である田村怡与造《たむらいよぞう》なる人物が紹介されていることを、偶々《たまたま》「発見」したのが発端《きっかけ》である。

筆者が単行本で「坂の上の雲」を読んだのは大学生の頃。全部で六巻まであった大著を三週間ほどかけて読み通している。改めて本箱の奥から取り出して手に取ってみた。若気の至りで筋を追うことに急で、内容を十分含味しない当時の読み方のせいもあって、その人物名に記憶はなかった。しかし、確かに四巻の「あとがき」に彼についての記述がある。

司馬遼太郎は「坂の上の雲」で実にたくさんのことを書き記している。日露戦争のヒーローというと、海軍では東郷平八郎、秋山真之であり、陸軍では大山巌、児玉源太郎などであるが、バルチック艦隊を殲滅《せんめつ》した日本海海戦のインパクトの大きさのせいか、どちらかというと海軍の勲《いさお》の方が華々しく記憶に残る。「坂の上の雲」でもそうした印象が残る書き方がなされている。陸軍については、二〇三高地攻略を巡っての乃木と伊地知の作戦・指揮の不味《まず》さや藩閥人事など、反実力主義の弊害を浮き彫りにした記述の方が目立つ。彼はそこに、のちの太平洋戦争における軍部の宿痾《がん》ともいうべき構造的機能不全の前兆を見ており、明るいはずの「坂の上の雲」に暗い影を落としている。

しかし、相手は大国中の大国であるロシアである。相手がいかにその内部に革命含みの問題を抱えていたとはいえ、それに戦いを挑むに当たって、極東の新興小国とはいえども我が国に「陸軍的にも勝算のある戦略」を持っていなかったはずはないのであるが、その部分についての司馬の筆致は印象として冷淡である。田村怡与造についても、「坂の上の雲」の本文では触れていない。


どうも回りくどいイントロになった。海戦勝利の意義を讃《たた》えるのは良いとしても、一歩引いてこの戦争を見ると、戦勝後に賠償金が取れなかったことなどに象徴されるように、国家間の戦争としては日本の辛勝に過ぎなかった。

そのことを思うと、当時の我が国の国家としての対露戦略は、陸軍も含めた「全体的な戦争設計」という観点からもっと仔細に見ないといけないと思うのである。戦争設計というのは、軍事だけでなく、政治、外交その他を含めた総合的なものである。これより数回に亘りいくつかの側面から見ていくつもりであるが、その最初である本稿は、司馬遼太郎がその大作で誌面を割かなかった田村怡与造なる人物を通じて、当時の我が国の戦略の立て方の一端を考察してみたい。

田村怡与造像（笛吹市・中尾神社宮司で田村宗家の田村弘正氏のご厚意で頂戴した写真）

政府は新体制になって間もない時期に、首脳を挙《こぞ》って海外視察に出している。一八七一年（明治四年）から二年間に亘り、正使岩倉具視、副使大久保利通はじめ、木戸孝允、伊藤博文など内閣構成員の半数を超える陣容で視察団を派遣している。維新後の政権が出来たばっかかりの駆け出しの時期で、かつのちに西南の役の端緒になる外交問題が燻《くすぶ》る中で、「よくぞまあ」と思う。しかし、国づくりの青写真がないまま政権を奪取した勢力としては、寧《むし》ろそうだからこそ、何をおいても先ず国の骨格を早く固めたい、それには先達に学ぶべしとの思いが強かったのであろう。

明治新政府が軍制を整えるに手本としたのは、海軍は英国、陸軍は仏国であった。ところが、その手本として見習うはずだった仏国が普仏陸戦でプロイセン（ドイツ）に負けてしまうのである。それを目《ま》の当たりにした海外視察団は、敢然として陸軍の手本をドイツに切り替える決断をする。

普仏戦争の帰趨《ゆくえ》を見定め、プロイセン国王のウィルヘルム一世、宰相ビスマルクに接した視察団一行、とりわけ大久保利通、伊藤博文は、次のようなプロイセン側の弁舌に圧倒され、その理念、国柄こそ我が国情に照らして相応《ふさわ》しいと、殆《ほとん》ど心酔ともいうほどの強い感銘を受けた。その弁舌に曰く、「世界の列強は表面上儀礼を以て交際をしているが、内実は弱肉強食の世界である。万国公法などは一応の秩序維持のために存在するが、それは自国に理があるときだけ援用され、不利と見れば平気で武力に訴える。こうした国際社会で小国が自らの国権、自主性を保持していくには、君主の下で一丸となって軍事力を高めないといけない。英仏など強国は植民地を擁し、兵威《ぶりょく》を恣《ほしいまま》にし、諸国はその行動に苦慮している。」と。

実は、こうした政治体制のドイツ傾倒に先行して、既に一八七〇年頃から観戦武官として派遣された山縣有朋、大山巌等の陸軍首脳においてもドイツの強さが注目され、加えて桂太郎、川上操六らの中堅将校においてもドイツ式への転換志向が高まっていた。しかし、仏国式の訓練を受けた軍人は少なくなく、軍制の転換は生易しいものではなかった。例えば、西南の役で熊本城を死守し西郷軍を薩摩に追い返した谷干城《たにたてき》、あるいは三浦梧楼などは仏国派《フランスシンパ》で、彼らは退役後貴族院議員に転じたあとも、軍制切替えを断行した陸軍首脳に終生批判的な政治姿勢を貫いた。

他方、それまで主流であり自らも仏国式の教育を受けた中堅士官の中には、事態の推移を冷静に見て、ドイツ流へ共感を示すものも少なからず存在した。明治一二年に定められた陸軍幕僚参謀条例により最初の参謀科将校となった小坂千尋（のちの軍務局軍事第一課長）は、自らの仏国留学の経歴にかかわらず、熊本の連隊勤務を経て東京に戻った田村怡与造にドイツ留学を勧め、ドイツ派の桂太郎や山縣有朋などに推薦の労を取っている。田村怡与造は、結果二度に亘ってドイツに留学と勤務で赴き、ドイツの軍略に馴染み、本稿の主題である国家戦略の立役者になっていく。

田村怡与造は山梨県の出身。一族は、平安末期からの武蔵七党の一つである武士団に属し、甲斐に移ってより武田信虎（信玄の父）に仕え、武田滅亡後は徳川家のもとで神官として家系を繋いでいる。江戸期以降は、幕府直参の格式を有する延喜式内社である中尾神社を主宰し、名字帯刀を許され、明治になっても士族の家柄である。怡与造はその家系の跡取りとなるべき長男坊として生まれている。元々武門の流れを組む血脈のせいか、幕末の動乱期において、怡与造は十五歳にして勤皇派の隊に参加するなどしている。維新後、怡与造は若年ながら地元の小学校の教諭、校長を歴任していたが、そののち創設間もない陸軍士官学校の二期生に応募している。

やや先を急いだ記述となったが、士官学校入学に至るまでの経緯は決して平坦ではなかった。彼は、士官学校生徒募集を県庁からの回覧で知るや「血の騒ぎに耐えかねて」、実家の許し、関係者の了解を得ることなく、校長職を放擲《ほうりだ》して、出奔、上京してしまう。「相談すれば反対される。」との判断からの覚悟の行動であった。しかし、父義事《よしこと》は神官であり、裂帛《れっぱく》の刀匠でもあり、土地の名望家の当主である。その彼がこれを許すはずもなく、怡与造は田村家を勘当されてしまう。彼はその後仕方なく校長時代に妻に迎えた伝子の実家の姓である早川を名乗る時期が長かった。この時、妻伝子は「お金はなんとか致しますから、思う道に進んでください。」と背中を押したと伝えられる。

中尾神社の境内（山梨県笛吹市：田村怡与造生家であり、中尾神社の社号標は怡与造によって建立されたもの。またその右奥の「日露戦役記念碑」には大山巌の名が刻まれている。

なお、一族は明治から昭和にかけて、怡与造を筆頭に陸軍中将を四人輩出しており、うち三人が日露戦争に係っている。

ドイツの軍制というと、真っ先に思い浮かぶのがモルトケにより確立されたドイツ参謀本部である。

その要諦《ポイント》は、軍政から独立した参謀本部が軍の編成大権を駆使して作戦、動員などの兵運用の根幹を掌握し、各軍団、師団に置いた参謀（参謀長）をして系統的に軍団長、師団長を補佐させるということにある。その思想の根幹は、クラウゼヴィッツの「戦争論」に依拠している。一八世紀終わりから一九世紀初頭の欧州は、ナポレオンの全盛期。そのナポレオンがロシアに侵攻するも、補給線の伸び切ったところで「冬将軍」に苛《さいな》まれ滅亡の道を辿った経緯から、クラウゼヴィッツは「補給、後方支援の重要性」を認識し、その戦略思想を盛り込んで「戦争論」を著した。意外な感じがするが、ナポレオンの時代までは、兵糧などは現地調達が当然で、兵站《へいたん》という思想は普遍的でなかった。また、どんな天才であっても一人の能力には限界があり、個人の限界を克服するためには、戦略思考のできる参謀を駆使して軍組織が全体として機能する仕組みとすることが志向された。

一方、ナポレオン戦の経験はロシアにも重大な示唆を及ぼした。「撤退を続けながら敵を国内奥深く引き寄せ、敵の補給線が伸びきったところで反転攻勢に出る」という戦略は、以後ロシアの伝統的戦略にもなった。日露戦争において、満州国司令官クロポトキンがまさにこの作戦を意図するのであるが、これはあとで触れる。

やや話が前後するが、陸軍は一八八四年（明治一七年）に、大山陸軍大臣を団長に三浦梧楼中将、野津道貫少将、桂太郎大佐、川上操六大佐などで構成される兵制使節団を欧州に派遣している。その滞在中、大山はドイツの陸軍大臣にドイツ教官の日本陸軍大学校への派遣を要請した。その結果、招聘《しょうへい》されたのが、メッケル少佐（1）である。彼はドイツ陸軍大学在学中から多くの論文を著し、「戦時帥兵術」は二十ヵ国で出版されるほどの名声を得ていた。とりわけ「独逸《ドイツ》基本戦術」は日本の陸軍大学生への教科書として使われ、その簡明にして実践的な操典は大学校生に多大な影響を与え、日清戦勝はメッケル戦術の賜物と言わしめた。

当時、田村（当時はまだ早川姓を名乗っていた）はベルリン軍事大学に留学中であり、来訪した視察団一行の接遇に当たった。しかし、その後も続くドイツでの留学中、欧州の事情に深く接するにつれ、「メッケル戦術は有用なるも、従来の軍隊だけの戦術では限界があり、これからの戦争は全国民を挙げての国家対国家の総力戦になる」との想いを募らせ、「より戦略思考の高い構え」での対応が不可欠であるとの感を強くした。

その時出会ったのが、クラウゼヴィッツの「戦争論」であった。クラウゼヴィッツは、一八世紀後半から一九世紀前半のプロシア王国の軍人である。プロイセンの軍制改革の先駆者であるシャルンホルストに師事し、陸軍大学校長（少将）として勤務した折、それまでのフランスなどとの実戦を経て得た知見をもとに執筆したのが「戦争論」であった。彼は一八三一年に死去したが、その原稿は「戦争及び戦争指導に関するカール・フォン・クラウゼヴィッツ将軍の遺稿」として、未亡人マリーによって出版された。

「後方支援、兵站機能の重視」、「予め十分な布陣を整えてから戦力を集中投入する思考法」、更には「戦争とは他の手段をもって行う政治の継続である」とする基本認識は、対露戦略に

クラウゼヴィッツ像（ウィキペディアより）

勤しむ田村の焦眉の問題意識にマッチした。特に、「戦争は政治の一部である」という戦争観は近代の総力戦の原点であり、その点で「戦争論」は以前のものと明確に画《くべつ》される。

しかし、問題があった。クラウゼヴィッツの「戦うための哲学」たる著書は、ドイツ観念論や弁証法の方法論に色濃く縁《ふち》どられたものであり、その肝《きも》の解読には大変な困難が伴った。そこに一つの出会いがある。田村は彼に先んじてベルリンに医学留学中であって、ドイツ語に強い森林太郎の知遇を得るや、彼に「戦争論」の解読講義を依頼したのである。森林太郎の鋭敏な哲学センスと語学力は難解なドイツ戦略論へのアプローチに不可欠にして恰好《もってこい》であった。この森林太郎こそ、のちの文豪森鷗外である。

二人の因縁はこれで終わらない。のちに二人は帰国し、各々の道に進むのであるが、小倉第十二師団軍医に赴任した森林太郎にクラウゼヴィッツの「戦争論」を早急に翻訳すべしとの依頼が届く。依頼主は、参謀本部に復帰した田村であった。田村がドイツ留学していた明治二〇年前後の時期は、軍として「戦争論」の重要性に目覚めてはいたものの、焦眉の仮想敵国は中国（清）に留まっていた。しかし、流石《さすが》に三〇年代になるとロシアとの戦争は不可避の状況になり、陸軍首脳、参謀本部では、全ての参謀をより高次元の思想で再教育しないと大国ロシアには対抗できないと判断するようになった。その材料にクラウゼヴィッツの「戦争論」が採用されたのであるが、田村がドイツ時代に難渋《てこずった》したのと同じように「難解すぎて手に負えない」という問題に直面した。そこに至る迄に、陸軍士官学校でもその重要性に着目して翻訳に着手してはみたものの、難解ゆえに中断したままになっていた。

そこで再度小倉の森林太郎に白羽の矢が当たることになる。その頃、森は小倉で、師団長の井上光の勧めに応じ、ポツリポツリと所属師団の将校にクラウゼヴィッツの講義をしていたところであった。井上は、林太郎が日清戦争において第二軍軍医として従軍した折の同僚（参謀長）であった。林太郎は参謀本部田村からの依頼により、その他の師団の参謀にも均霑《しらしめる》するよう、本格的に翻訳に取り組んだ。彼は師団軍医の業務の傍《かたわ》ら、週二回の頻度で、彼が口述翻訳する「戦争論」を、同僚で語学に強い大庭《おおば》大尉に筆記させるという作業を続けた。その成果、とりわけ第一、第二巻の戦争哲学部分は、ガリ版刷りで全国十三師団の参謀長、参謀に配布され、熟読されたという。

この森林太郎の小倉赴任には、文学界も含めて面白い論争がある。

彼は大山巌第二軍で日清戦争に従軍したあと、軍医学校長と陸軍大学校教授を兼ね、明治三一年近衛師団軍医部長に補されている。ところが、それから間も無く、新設の小倉第十二師団軍医部長の発令を受けたのだが、これがそれまでの順調な栄進コースに照らして想定外であったことから、各方面に物議を醸《まきおこ》すことになった。

自負心に溢《あふ》れ、ゆくゆくは軍医総監たるを志向していた森自身もこの発令に酷《すっご》く落胆し、一時は本気で辞職を考えるほどであったとされている。この「左遷発令」は、彼の文学、美術など多方面の活躍に対して、軍医仲間に羨望《うらやましさ》とともに根強い嫉妬《ねたみ》の念があったことが原因であるとする説が有力である。事実、当時の彼は雑誌「めさまし草」を創刊し、評論、創作の文筆活動を手広く展開していた。更に、彼の大学同期の小池正直医務局長が軍医として彼をライバル視して、文芸に勤《いそ》しむことを医官としての職務怠慢と見做《みな》し、これを名目に彼を遠ざけたという見方もされている。

これに対して、「これは左遷にあらず」との説がある。参謀本部の総務部長に就任した田村が、当時喫緊の課題であったクラウゼヴィッツ「戦争論」の翻訳を急がせるため、東京では多方面に繁忙な森を、「手を回して」時間に余裕のある九州に敢えて異動させたというものである。本稿の趣旨から言うと大層面白い仮説であるが、筆者としてはやや疑問に思う。当時大佐から少将になったばかりの田村が、いかに飛ぶ鳥を落とす勢いの参謀本部の意向とはいえ、畑違いの医官人事でしかも既に先に少将格であった森の異動にまで容喙《くちばしを入れることが》できたとするのは、穿《うが》ち過ぎではなかろうか。

また、小倉における森の文筆、講演などの活動は東京時代よりも寧ろ活発化しており、要するに東京に居ては翻訳ができないとして異動させたというのは、森の能吏さ、多才さへの勘違《おめがねちがい》的侮辱でもある。

森林太郎像（小倉赴任の頃と伝えられる）

話を戻そう。

クラウゼヴィッツの戦略論についてである。その本質の理解には大きな誤解がある。我が国では、これに基づく参謀本部の際立った独立性の故に、のちにこれを導入した日本陸軍の統帥権解釈の元凶になったというコンテクストで語られる。具体的には、ひとつは現場指揮官の独断の許容、もうひとつは統帥権の独立である。確かに、彼の立論は、軍政と切り離して、戦略策定、運用における参謀本部と参謀の優位性を際立たせたものであるのは事実。

しかし、戦略における参謀本部の指示は尊重されるにしても、現場の指揮官による戦術の判断が臨機応変であるべきは当然である。まさに「事件は現場で起きている」からである。

更に、統帥権は軍政との区分において参謀本部の作戦専門性を意味しているに過ぎず、軍政を超越するとか、内閣の政治判断に優位するものでは決してないことは、当時のドイツ政治家、軍人においても明らかすぎるほどに認識されていた。即ち、「軍事は政治又は外交の一部であり、政治、外交の大きな判断を凌駕する軍事はありえない。」ということである。

要は、昭和陸軍の問題は、これを運用する側の意図的な壟断曲解《かってなかいしゃく》のなせるものであり、制度そのものの帰結ではないということである。尤《もっと》も、完璧な制度というものはないから、不測の解釈などがなされないよう入念に制度設計の工夫を施すことが大切であるが、それが容易でないことは、洋の東西を問わず歴史が示している。因みに、統帥権問題は、我が国においては太平洋戦争における軍部の越権的暴走の元凶として語られることが多いが、その規定は明治憲法に明文があり、その弊の端緒は日清戦争においても既に現われている。川上操六は、参謀として当時の清国の実力を見切り、渋る内閣を押し切って開戦に持ち込んだとされるが、それに当たり、統帥権条項をたてにした。元来シビリアンコントロールの意義を分かっていた伊藤博文は、ドイツの制度に共鳴し、その効果を十全にするため良かれと思って統帥権を明文化したのだが、日清開戦に当たっての陸軍の態度に接して、臍《ほぞ》を噛《か》んだとされる。

田村は、ベルリン大学でのドイツで参謀学習得、ザクセン連隊勤務での実戦勤務、更には各国情勢の研究を経て、一八八八年（明治二一年）監軍部参謀として復帰し、少佐に昇格。日清戦争では山縣第一軍の参謀副長として従軍。その後再度ドイツ公使館付き武官（中佐）として赴任し、約一年半かけて最新の欧州事情を把握した後、参謀本部に復帰した（一八九八年）。更に翌一八九九年に作戦全般を司る参謀本部第一部長、一九〇〇年には参謀本部の人事を含めた統括をする総務部長に就任し、少将に昇格している。

この間、参謀本部は激震に見舞われている。日清戦争の立役者で、さて次は日露戦争もという段階になって、参謀総長であった川上操六大将が急逝（五十二歳）したのである。川上操六は参謀としては田村の師匠格の人物。薩摩出身ではあるが、藩閥的なところはなく実力主義で分け隔てなく若手を指導し、我が国参謀本部の基盤を築いた。ところが、「日清戦争を仕切り、さて愈々《いよいよ》次は日露」という段で、その彼が日清戦争対応の過労が祟《たた》り急に斃れたのである。その報に接したロシア軍首脳が小躍りしたとのエピソードがあるほどの、惜しまれた逝去であった。

参謀としての彼の後継者は衆目の一致するところ田村であった。川上も山梨出身の田村を「今信玄」と呼んで可愛がった。しかし、いきなり川上の後継に据えるには少し年次巡りが悪く、参謀総長には大山巌、参謀次長には寺内正毅という布陣でしのぎ、一九〇二年寺内の転出の後を襲《おそ》う形で田村が参謀次長に昇格している。

その後の一連の期間に田村が参謀本部で成したのは、ロシアという強大な国の状況を冷静に見据えて、まさにクラウゼヴィッツの戦争哲学を日本陸軍の操典に体現化（embody）するということであった。

まず、「兵站、後方支援機能の充実」である。軍の用兵実務及び後方支援、兵站業務の基本である「野外勤務令」、「歩兵操典」、更に「輜重兵《しちょうへい》操典」を矢継ぎ早に整備した。特に「輜重兵操典」は、それまで顧みられなかった「軍需物資の確実な輸送」を行うための実務運用指針となった。その延長で、集結地への迅速な輸送のための鉄道網の整備と官民の鉄道会社が遵守すべき「鉄道軍事要務令」の制定をなしている。鉄道会議の議長をも務めた。加えて、膨大な消費が想定される弾薬を生産する国内工場（とりわけ大阪工廠）の生産計画にも目を配った。

そして、何よりも重視したのが、「周到な事前準備の上での兵力の集中投下」の観点から、「主戦場」の想定と戦端を開く「タイミング」の見定めであった。緒戦においてロシア軍を凌駕する兵力を仮想戦場に迅速に集結させることを旨として、入念なプログラムを用意した。ときに、ロシアはシベリア鉄道を整備して鉄道による兵力の東方輸送を充実させせんとしていた。「その鉄道網が完成し極東に達するより前に、事を起こすこと」、「兵は仁川から上陸させ、最短最速《まっしぐらに》で最終決戦場と想定する奉天に向かわせること」が画《めざ》された。なお、当初の想定では陸上戦闘が主眼で、旅順は等閑視されていた。それがバルチック艦隊の回航の知らせにより一大戦略変更が行われた。それに伴い、想定になかった第三軍の編成とそれへの乃木と伊地知の登用がなされることになるのだが、其の先のことはここでの主題ではない（2）。

また、「周到な事前準備」の一環として、情報活動にも注力している。情報将校を配置するに留まらず、自らの体調不調をおして自ら参謀将校を率いて仮想戦場の一つであったウラジオストクなどを踏査している。

更にその上で、「戦争をどう収めるか」が、進攻作戦と同じくらいの喫緊さで戦略想定された。先に、満州におけるロシア側の司令官クロポトキンが日本軍を内陸に誘導せんとする意図を持って画策したことに触れた。しかし、当時の参謀本部は冷静であった。奉天までは全力で当たるにせよ、そこまでが我が国の補給《ロジスティック》、軍事展開の限界であることを悟っていた。奉天で勝ちを収めたら、勢いに乗って露領内にむやみに侵攻することなく、即刻アメリカなどに調停を依頼して休戦に持ち込む算段をしている。そのあとは政治、外交の出番と達観している。まさにクラウゼヴィッツの戦争哲学そのものである(3)。このあたりの明治政府首脳の雰囲気《くうきかん》については、更に稿を継いで掘り下げてみたい。

田村は、その余人をもって代えがたい資質と経験を生かして一身に陸軍操典の整備と運用の重荷を負ったが、体調の不調をきたし始めたのは参謀本部総務部長の頃である。短躯肥満《チャビー》気味の彼は、ドイツ在任の頃から、森林太郎から持病の脚気、心臓病の養生をすべしと言われていた。ただ、本人は至って楽観的で、自己の健康の維持・管理には無頓着であった。しかし、参謀本部におけるストレスの多い膨大なデスクワークに日夜勤《いそ》しむうち、心臓への負担から動脈瘤などの症状が顕著になってきた。歩行さえ不自由な中を、騙《だま》し騙《だま》しの療養を繰り返しながらも職務に邁進し、結果的に身体状況は悪化の一途を辿った。

そして、一九〇三年(明治三六年)十月、夫人の伝子らの家族、大山などの陸軍首脳に看取られて、遂に帰らぬ人となった。享年五十一才。川上同様、若すぎる死であった。死後即刻、中将に補され、功四級勲二等を授与されている。日露開戦の前年であった。

この時期における対露作戦キーパーソンの喪失は深刻であった。大山参謀総長はじめ陸軍首脳はもとより、桂首相、小村外務大臣においてもその後任人事に苦悶した。いざ開戦となれば派遣軍総司令官に転出が予定されている大山の下で、田村の職責を継ぎ総参謀長の任務に当たれる人物となると候補者は限られる。その窮地を救ったのは児玉源太郎であった。彼は陸軍大臣、文部大臣経験者であり桂内閣では内務大臣（副総理格）であったが、格下げを甘受して敢然とその職を襲った。児玉も言わばクラウゼヴィッツ思考の体現者のひとりであり、戦争を指揮しながら、その終結までの段取りを常に見据えた人物であった。この時期において、そうした人物を得たことの意義は限りなく大きい。国として僥倖《ラッキー》と言うべきであろう。児玉は奉天での勝利を得るや早々に戦線の収束を図り、外交交渉への道筋を模索した。

児玉源太郎像（近世名士写真より）

「日露戦史」という日露戦役の参謀本部編纂の公式報告書がある。司馬遼太郎に言わせると「長いけれど、どうにも読み込み甲斐のない資料(4)」ということである。戦勝の将軍らは自らの功績を最大限盛り込むように編纂者に強く求め、圧力をかけた。それにすべて応じていると戦況の推移描写に辻褄が合わなくなるから、勢いその記述は時期と兵員の動員事実だけのものにならざるを得なかった。そこには作戦の狙い、その後の戦況推移と結果評価など、戦略的な立場からの描写を入れる余地はなかった。それゆえに、関係者からの評判は芳しくなく、編纂者の某大佐はその後閑職に追いやられたと伝えられる。田村はと言えば、その絶大な功績にかかわらず、早い逝去により称賛の対象としては存在感を出しづらい代表例の一人であった。凱旋した将軍諸侯の事蹟記述の中に埋没させられた嫌いがある。また、日清戦争時に参謀副長として仕えた山縣有朋との用兵をめぐる確執や長州閥との折り合いの悪さも災いしたという説もある。

田村は心身を擦《す》り減らし、精魂傾けて陸軍的な勝利のための処方箋を書いた。どこまでが陸軍の責任か、そのために何をすべきかについて、留学、赴任を含めた見識に基づきクラウゼヴィッツの戦略論に即して最大限の知力を振り絞った。川上操六の後継者として自他ともに認める参謀の権化《けしん》として奮闘した。戦闘の実際の時に、その処方箋を書いた当事者が既に亡くなっているからといって、また前線の指揮官ではなかったからといって、それ故に戦後の評価が受けにくいというのはいかにも切ない。しかし、自らの責任範囲で最善を尽くし、あとは政治全体の判断に委ねるという姿勢は、彼の後を襲った児玉源太郎において全《まっと》うされている。けだし、天晴れというべきであろう。国としての総力戦の意味と限界を知る者同士の阿吽《あうん》の呼吸で、初戦の勝利に奢《おご》らず、主戦論に傾く世論に阿《おも》ねることなく、寧ろ初戦の勝利を最大限の交渉材料にして戦争終結を急いだ児玉の業績は大きい。その意味で、児玉と田村とは設計思想を共有した戦争設計責任者として、二人三脚、いや一身(心)同体であった。

以下、児玉源太郎に関する補論である。児玉源太郎は、前線指揮官も参謀もできるオールラウンドプレーヤーとして当時の陸軍において特別の存在であったが、併せて行政官的センスに溢れた卓抜した業績を上げている。それは、のちに台湾総督となり、それまで必ずしも良好とは言いがたかった台湾治政の立て直しに如実に発揮されるのであるが、日清戦争後の処置においても忘れてはいけない立派な治績を残している。児玉は、大陸において多くの兵士が伝染病に倒れ、その数がはるかに戦死者を上回っていることを深く憂慮した。その伝染病が外征兵により国内に持ち込まれるのを危惧し、外征軍二十三万人の帰国に際して、これを全員上陸足止めとし、意気上がり帰国を急ぐ凱旋将軍の猛反対をものともせず、帰国上陸前の検疫・消毒を完璧に行ったのである。島国としての疫学的必須対応へのこうした真摯な姿勢については、昨今の類似事例における対応を思うにつけ、彼の見識と実行力に頭の下がる思いがする(5)。

（1）筆者は、実はこのメッケル少佐の甥っ子さんの息子さん（メッケル少佐の弟さんのお孫さん）を存じ上げている。九〇年代の中頃にドイツの日本大使館に勤務した折、筆者は経済担当ではあったが、確か広報文化関係の行事でアンドレアス・メッケルさんを紹介されて二度ほどご一緒した記憶がある。今はもう引退されたと思うが、当時は眼鏡をかけた髭の壮年で、独日経済振興公社の一員として活躍され，大使館と連携してドイツにおける対日報道・論調，特にTVやラジオにおける日本関連報道や論調をフォローして頂いていた。

メッケル少佐は、帰国後ドイツ陸軍に復帰して少将まで累進しその後退役されているが、ドイツ帰国後の詳細の事情は承知しない。筆者はといえば、ドイツ在勤当時「あのメッケルさんの係累《しそん》だ!」と興奮して、アンドレアスさんとは専ら日清戦争当時の軍事教育の話ばかりして、それ以外の会話をした覚えがない。後に同僚から「メッケル将軍には、帰国後になかなかのロマンスストーリーがあったんですよ」と聞かされたが、そのままになってしまった。

(2)旅順の攻防では、乃木軍の白兵攻撃により日本軍は多大な犠牲を出した。それは日清戦争において一日で陥落させたという経緯もあって、その後ロシア軍が全山をベトンで固め要塞化したことに無頓着であったのがその原因であった。その意味では、田村の事前の構想が完璧であったというのは極論であるし、急に投入された乃木以下に責任の全てを帰すのはフェアではない。一方、多数の損失を出しながらも、むしろその故に旅順を陥《お》とした乃木第三軍の働きは、ロシア側からは畏怖の念で迎えられた。奉天の一大決戦において、露兵が鬼神と慄《おのの》く乃木軍への対応のため、クロポトキンは過大な兵力を割かざるを得ず、元来優勢のはずの露軍の戦線バランスを著しく失わせたことが、まさかの露軍退却を導いた一因となったということを記しておくのは、フェアであろう。

(3)論旨を混乱させないよう注書きに留めるが、田村がまだ存命中の明治三六年一月に陸軍は「守勢大作戦計画」なる計画を策定している。日本海における制海権の確保が不調の場合には、本土防衛に主軸を移すこともあるべしとの前提での計画である。弱気というより、冷静なコンティンジェンシー・プランである。現に伊藤博文などが日露協商の可能性を並行して探求するなどした頃であり、その直後の日英同盟成立によって事態が大きく変わる前の政策当事者の柔軟さ、周到ぶりが伺える。

(4)この資料の本文記述は、平板にして無味乾燥な数字の羅列が多いが、司馬は巻末に添付された時系列の戦況図だけは大絶賛している。その図を連続的に眺めていると、作戦の意図が分かるし、経過、結果についても雄弁なメッセージが浮かぶとしている。

（５）兵士の健康問題と言えば、日清戦争そしてその後の日露戦争において外征兵士の間で猖獗《しょうけつ》を極めた脚気《かっけ》の原因について、所謂「脚気論争」という議論があったことが想起される。陸海軍の軍医を含めて展開された論争に、実は森林太郎軍医総監の名も登場するのであるが、本稿の趣旨を大きく逸脱するので、これ以上は触れない。

独《ひと》り剣を撫《ぶ》して虎穴に入《い》らん

―日露戦役をインテリジェンスはどう支えたか―

「インテリジェンス」という言葉は、「知性・理解力」という意味よりは、「情報・諜報、国際認識力」という安全保障に絡む意味で、最近よく目にし、耳にもするようになった。もとより、加工されていない事実のかたまりのような情報ではなく、「何に使うか、どう役立てるか」を意識した合目的的な情報が重要であり、それを収集・追求することも含めて、「インテリジェンス」又は「インテリジェンス活動」という。素人的には、ともすれば機微な情報を非公式に徴求して活動する「スパイ大作戦」や「隠密同心」のようなオドロオドロしい趣《イメージ》(1)を連想する言葉であるが、本稿では日露戦役を控えて、異色であり、どことなく「おおらか」でありながら、その本来の趣旨に即して国運を導いた明治のインテリジェンスの一端について書いてみたい。

一九世紀の末、「日本人で最初にジャーナリズムの世界的寵児となった」とされた男がいる。一八九二―三年（明治二五―二六年）、マイナス五十度にもなる冬季極寒のシベリアを単騎横断したとして、我が国はもちろん、欧州でも驚嘆を込めた絶賛の的になった福島安正陸軍少佐である。彼は、それまで任地であったベルリンからの帰国の途を、なんと単騎での陸路に定め、しかも厳しい冬の時期を選んで出発したのである。当時のジャーナリズムでの扱いは、一般市民にもウケる「冒険家としての快挙」であった。一方、彼がのちに取材に応じて語っているように、「当時、我が国のことを不平等条約を解消できないでいる四等国と見做し、また我が国民を体力、能力ともに遜色のある極東の劣等民族だとするような欧州の傲慢かつ不見識な差別認識を正し、わが国民の真価・神髄を分からせるために企てた。」という気概の迸《ほとばし》りがあったのも事実であろう。記事の大宗も、「ロシアを含む欧州のいかなる頑強な人物でも到底発想しない旅程であり、それを成し遂げた偉丈夫の勇気・胆力と体力に刮目《めをみはる》する」とするものであった。しかし、当然ながら、二国間情勢の微妙な時期に帝国軍人がロシアを縦断して歩き回ることが、そんなナイーブな動機に基づくだけのものと思わない向きも当然にあった。特に、ロシア側の公安当局の警戒心には尋常ならぬものがあった。

福島安正像（「福島安正と単騎シベリヤ横断 上下」の口絵から）

手元に「福島安正と単騎シベリヤ横断　上下（島貫重節著・昭和五四年刊）」という書物がある。以下の記述の幾つかをこれに負っているが、この本は彼の冒険行程を克明に記すだけでなく、当時の時代背景などにも多くの誌面を割いている。その意味で、彼の道程を追いつつ、彼の人物像《ひととなり》、課された使命を探るには恰好《もってこい》である。

福島は、一八五二年（嘉永五年）信州松本藩士の長男として生まれている。若い頃から語学に優れ、最初は翻訳担当として司法省に出仕（十三等）し、米国出張などをこなしている。のちに台湾治政の関係で語学の出来る者を募る陸軍省の公募に応じ、十一等出仕に格上げされて転籍。陸軍中尉に任官し、伝令使として参謀本部に勤務するようになるうち、当初山縣有朋、川上操六に、のちに児玉源太郎に見込まれたことが、その後の彼の運命を決めた。薩長出身者が幅を利かせる軍部にあっても、参謀本部だけは川上の「実力本位・出身不問」の方針が徹底され、その下での情報力重視の人材登用基準《メガネ》に見事に合致したのが、彼の語学力と国際センスであった。

彼は、本稿のシベリア横断が偵察活動の白眉《ハイライト》であるが、それに先立つ一八七九年(明治一二年)七月から五ヵ月かけて、北支、内蒙古の探索を行っている。これは彼の情報将校としての第一歩であったが、早速に高い評価を得るような立派な報告書をものにして、第一級の情報将校たりうるとの声望を獲得する飛躍台《ジャンピングボード》となった。探索には、ロシアの外蒙古からの南下計画を睨《にら》み、山海関を通らない満州―北支の最短ルートの確認、内蒙古と河北省の境の民族問題の調査、蒙古人の対日感情の調査が含まれていた。中国人に身を窶《やつ》し、ときに苦力《くーりー》に、あるときは薬商人に変装して集めた情報は克明なレポート(「隣邦兵備略」全六十四巻、「清国兵制類集」全六十五巻)に纏《まと》められ、これを通読した山縣参謀本部長、川上同次長を唸《うな》らせた。

彼らを唸らせたのは、その内容もさることながら、「情報の価値は先行性にあり。一時的な断面の情報より長期にわたる変化を調査して、将来に対する予想を至当に判断し、さらにこの判断に従って対処できる余裕があってこそ、情報が生きた価値のあるものとして意味がある。」とした福島の透徹した「情報マン魂」であった。

さて、いよいよ福島がベルリンを出る日のことから話を始めたい。

当時の記録によると、「一八九二年二月一日、愛馬凱旋号に乗って颯爽《さっそう》と出発。」となっている。騎乗による壮挙とあるから、福島を騎兵と思いがちであるが、彼は歩兵科出身である。馬にはズブの素人であり、馬の選定・調達、乗りこなしも含め、イロハのイからの準備であった。実際に「現金千マルク（邦価三百円＝現在価値百二十万円～四百万円）しかないが、どんな馬が買えるか」と、愚直にも初見の馬商人の店に駆け込むようなことをしている。幸い、その商人は独陸軍あがりの予備役騎兵中佐であり、福島の意図を聞くや大いに感激し、然るべき馬を格安で周旋してくれた。福島は、にわかに乗馬法、飼育法を習得し、防寒対策などして、上記の出発日を迎えている。尤《もっと》も、凱旋号は馬高が百六十二センチメートルあって彼の背恰好にはやや高めで、のちにトラブルの原因になるのであるが、ともかくも勇躍たる門出であった。

なお、それ以前にも「シベリア横断」を成した日本人は存在する。例えば、露ペテルベルクの初代公使であった榎本武揚も、一八七八年（明治一一年）の帰任に際して、六十八日かけてそれを成している。しかし、従者同伴でしかもかなりの行程を馬車、汽船、列車に依るものであった。福島が敢えて騎乗による踏破を選んだのは、市井の草の根情報を「身の丈」で機動的かつきめ細かく得んがためであった。「身の丈」でというのは、道々ツテを頼りながらほとんど初対面の人々と行き会い、歩き回って、自らの五感を頼りに事情を掴《つか》みとるということである。彼については、先に語学の素養に長《た》けていたと述べたが、実に五ヵ国の外国語（英、仏、独、露、中）を操《あやつ》れた。また、言葉に加え、人情の機微にも容易に入り込める明るく細やかな性格や、地図を見ることと天文学が好きという素養は、彼の大きな武器であった。

彼は出発二週間ほどでポーランドのワルシャワに入り、以降、ペテルブルク、モスクワからウラル山脈を越え、チュメニ、オムスクを経て、アルタイ山脈を抜けて外蒙古に入っている。クーロンから再びロシア領内に戻り、イルクーツク、チタを経て満州のチチハル、吉林《きつりん》に至り、極東のウラジオストックを目指している。その旅程を時間を追って具《つぶさ》に紹介することは本稿の趣旨ではない。ご関心の向きは、掲載した地図を眺め、上記島貫本を参照して頂くことにして、ここでは、その探訪活動で分かった諸事情とその意義などをテーマごとにまとめて紹介したい。

まず最初は、シベリア横断の目的についてである。明治の国運を掛けた二大戦役である日清戦争と日露戦争との間には十年ほどの期間しかない。我が国は、日清戦争後の下関条約によって獲得した遼東半島の権益を、独露仏による所謂《いわゆる》「三国干渉」によって放棄

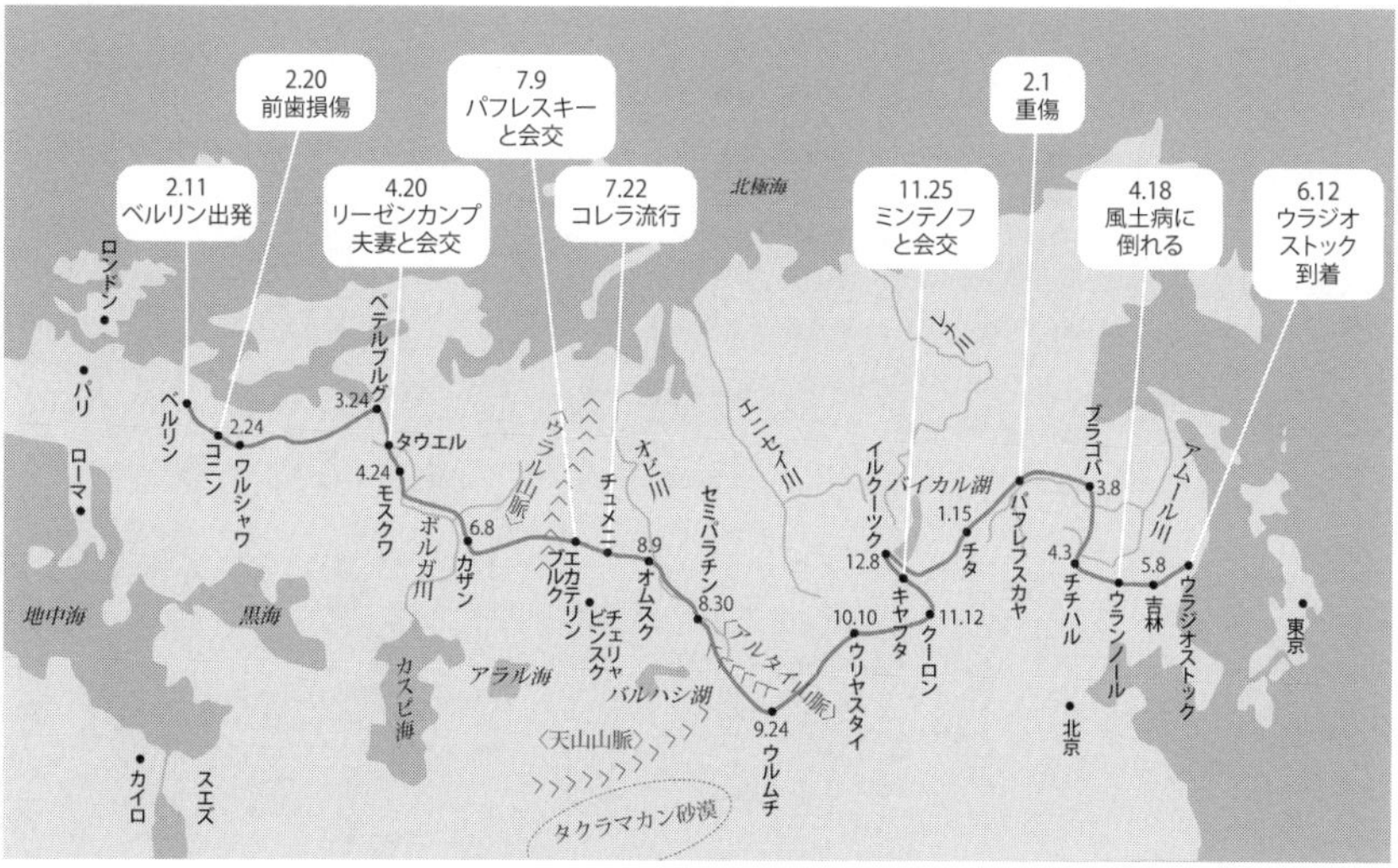

シベリア横断図（1892年—93年）

させられたため、「臥薪嘗胆《がしんしょうたん》」をスローガンに、捲土重来《けんどちょうらい》でロシアへの備えを始めたとする印象がある。しかし、清国、ロシアを対象にする対外戦略の準備は時期的にもかなり重なったところがあり、二面作戦でロシア対策は相当早い段階から進められていた。尤《もっと》も、比較的早くから交流があり、状況分析も先行できた中国（清国）に比べて、帝政ロシアについては、政治社会の内情、陸海軍の実力のほどは未知数の部分が多かった。特に、ポーランドはじめヨーロッパでのロシアの侵略の事実は知っていても、欧州戦線への兵力の貼り付け配備との絡みで、その鉾先を極東に向けるのは可能かどうか、もし向けられるとすれば時期はいつになるのかという点については、不透明の度合いが大きかった。

当時のロシア陸軍は、総員で日本の十四倍、騎兵に至っては五十二倍という実力であると評価されていた。しかしながら、まさに福島の横断諜報で明確に裏付けられることとなるのだが、当時ロシアには極東に常備するまとまった兵力の余裕がなく、仮に極東で戦争を構えるとすると、状況を見て西部から精鋭部隊と物資を輸送するしかないのではないかと推定されていた。そして、その場合の極東地域へのロシア兵員・物資輸送の規模とスピードを決する決め手になるのが、シベリア鉄道の敷設計画であることは衆目の一致するところであった。福島のシベリア横断は、その準備、進捗状況を探り、稼働可能となる時期の見極めをすることに主眼があった。福島の陸路単独横断の企ては、そうした意図の下で明確な参謀本部からの指示・承認の下になされたのである。

話が前後するが、シベリア鉄道の建設計画は既に公式に発表され、一八九一年には工事が始まっている。そのウラジオストックでの起工式にニコライ皇太子が出席し、そのついでに日本を訪問するという行事まであった。福島がシベリア横断の旅行申請をして、正式な認可を待つ間の出来事であった。認可まで時間を要したのは、破天荒な申請の審査が難航したせいもあるが、まさにこの露皇太子訪日時に、かの「大津事件(2)」が勃発し、政府・陸軍首脳はその対応に忙殺されていたからである。

一八九二年、漸くにして決裁を得て満を侍して諜報旅行に出た福島であるが、彼がシベリア横断に携行した武器は、軍刀一振り、拳銃一丁のみ。冬装束の外套、軍靴を着けた福島本人の他に馬に乗せられる荷物は四十キログラムほどに過ぎず、携行品に制約があった。とはいえ、仮想敵国をこれだけの装備だけで渡り歩く諜報将校の覚悟が窺い知れる。彼は警備の厚い鉄道建設地区に直接出没して刺激するようなことは巧みに避けながら、周辺情報を巧みに探っている。探査活動の結果、欧州側の新規敷設起点であるチェリアビンスク（モスクワ東方千四百キロメートル）からの工事の進捗、極東側の拠点ウラジオストックからの工事状況、更には途中の地形、高低差、河川に架ける橋の構造、作業の季節的制約などを勘案して、これが輸送網として日本の脅威になるまでには「十年は掛かる」という見立てをしている。

シベリア横断の写真（「福島安正と単騎シベリヤ横断 上下」の口絵から）ペテルブルク滞在を終え、騎兵に見送られ帝都を出る福島。諜報偵察旅行という性格に鑑み途上の写真は稀であり、貴重なもののひとつ。福島はこの旅にカメラを持参していない。いざという時の証拠を残さないためである。なお、のちに述べる次の亜欧探索ではコダック社のカメラを携行した。

次に、欧州政治情勢、ロシア国内の実情の把握についてである。先に「おおらか」なインテリジェンス活動と書いた。諜報活動には似つかわしくない表現であるが、彼の行跡を見るに、厳しい中にも、おっとりした当時の時代性を感じる。加えてロシアの対日驕慢《おごり》に助けられた面もあっただろうが、福島の人柄《ひととなり》・素質をもってして初めてなしえた人間臭い生きた情報収集の行程《プロセス》という印象が強い。外交官の帰国途上とはいえ、国内行脚《あんぎゃ》には当局の許可が必要であり、地域によって濃淡はあるものの、ロシア側の治安担当により彼の行動は十分に監視《マーク》されていた。申請した主要中継地点では、たいがい州政府、官憲（管轄軍または警察）の出迎えがあり、歓迎会という名の事情聴取懇談がなされた。外出中に宿舎の荷物を秘かに検《あらた》められたり、街中で尾行されたことも再三であった。尤も、表向きは大国ロシアの鷹揚さを示すためか、然るべき筋からの「歓迎」はそれなりに丁重であった。要所要所で迎えてくれる官憲から提供される宿舎は快適・清潔であったし、君が代演奏で迎えられたこともあった。更に、あらんことか離宮滞在の皇帝アレキサンドル三世と皇后に拝謁の機会をすら用意されたこともあった。福島の偵察旅行の公然さもさることながら、対日攻略の鉄道建設起工のついでに訪日に及んだロシア皇太子といい、仮想敵国の諜報将校と知って接見した皇帝といい、ちょっと普通なら考えにくい「おおらかさ」を感じる。

他方、然るべき街に入る前と出た後にはマークの手が及んでおらず、南京虫だらけの田舎宿、農夫の家での滞在など自力独行の旅程ならではの苦労はあったものの、得意の語学を駆使してナロード（民衆）に分け入り、直に民情に触れる貴重な経験と情報収集を積み重ねている。一般の民衆、農奴たちの苦難と鬱積した不満、そして複雑に反政府活動を構築する内外の組織の動きを垣間見ている。

とりわけ、ベルリンから最初に入ったポーランドは、長きに亘りロシア、ドイツ、オーストリア三国によって植民地支配の苦難を強いられ、これに耐えてきた国であった。それだけに、独立活動家、革命家の秘密結社が多数存在した。国内で地下活動をするとともに、革命資金、武器、通信機材の調達のために、周辺各国に秘密の拠点を置き、外国勢力とも結託して積極的な諜報活動、抵抗活動を展開していた。福島は、ポーランド国民の心情に触れるとともに、こうしたマグマをうまく使うとロシア帝国の足元を揺るがすことが出来るとの心証を深めた。こうした撹乱工作のエース的存在が明石元二郎《あかしもとじろう》であるが、本稿での主人公ではないので敢えて深追いはしない(3)。福島は、ポーランド内外の反ロシア勢力との交流、繋がりを得て、その後のシベリア横断のルートや寄宿先を選定するに当たり、ポーランド所縁《ゆかり》の運動家の所在地を頼ることが多かった。

一方、各地でロシア陸軍の華とも言うべきコサック騎兵の連隊と度々行き会った。その厚誼に癒されるとともに、コサック騎兵の素晴らしく訓練された規律、士気、コサック馬の惚《ほ》れ惚《ぼ》れするような身体能力に接した彼は、そのレベルの高さに驚嘆し、我が国の騎兵・歩兵ではこれら部隊には伍し難いのではないかとの危惧を抱いた。こうした実感は、のちの日露陸戦において、秋山好古が騎兵を馬から降ろして機関銃で対応するという作戦判断をしたことに通底する。

先に「ツテを辿って」と書いた。異国の初めての土地で、「ツテを辿る」もなかろうと思われがちだが、彼の旅程を追うと、二つの「ツテ」の存在が窺《うかが》い知れる。即ち、福島が出発する前に既に関係者の努力で拡げられていた情報網の存在、そしてまさに彼が動きながら「自ら紡いだ繋がり」である。

前者については、交流のあるイギリス、ドイツ、フランス、スイス、フィンランドなどの諜報網との繋がりの利用、日頃からの現地人の協力者の開拓、さては「娘子軍《じょしぐん》(4)」との連携などであるが、これらは各国公館付き武官や民間人に扮した情報員などの手によって少しずつ構築なされていた。

後者については、例えば、タウエルというボルガ川河畔の街の騎兵連隊に寄宿し、レーゼンカンプ連隊長夫妻と懇談した折、フランス語の堪能な同夫人からその実父であるバクレフスキーという財界人の紹介を受けたことなどがよい例である。バクレフスキーは元ポーランド貴族で、独立義勇軍を率いてロシア軍と相対したが、武運拙く敗れてシベリア流刑とされ二十年間服役させられた人物である。しかし、釈放後不屈の精神で酒屋チェーンを興《おこ》して財を成した。その後も独立軍への支援意欲は変わらず、福島の意図にも共鳴して、シベリア各地の支店・ネットワークへの紹介状を発出してくれた。これは、独行福島の力強い後ろ盾となった。福島はイルクーツクの手前のキャフタという町でミンチノフというロシア豪商に迎えられ、情報入手を含め世話になっている。これもバクレフスキーからの紹介になるものである。また、ロシア人にあってもポーランドシンパは少なくなく、エカテリンブルクでの福島とバクレフスキーとの最初の邂逅《であい》は、街の治安当局であるはずの警務部長のロシア貴族が周旋してくれた。

山脈を越え、川を渡り、探索の旅は着々と続き、収穫も多かったのであるが、道中の苦難は並大抵ではなかった。生身の人間福島の苦闘にも、簡単に触れておきたい。先に、購入した凱旋号の馬高が高すぎたと記した。これは頻繁に馬の蹄鉄に挟まる氷塊を取り除くとともに、荷の上げ下げをするため乗り降りをするのに、福島の消耗をきたす原因になった。また、独露国境を越えてすぐのコニン（現ポーランド・コニン郡）の街では、歓迎の太鼓の音に驚いて凱旋号が棒立ちに伸び上がった際に、これをとっさに制御できずに、馬の首に顔をぶつけ前歯を折る羽目にもなった。寒さだけでなく、砂塵に苦しみ、疫病にも遭遇した。ペレムで発生したコレラは、雪解けとともに猛烈な勢いで拡がり、チュメニでは、探索もそこそこに次の目的地に逃げ出さざるを得なかった。

福島は少なくとも道中二度の重篤を経験している。アムール河近くのパクレフスカヤという村では、馬に乗ろうとした際、装具の重さのため乗りきらないうちに馬が駆け出し、鞍がずり落ち、福島は氷上に転落してしまった。その折、氷塊の角に頭部を強打し、大出血して失神するという事故に見舞われている。幸いコサック騎兵に助けられ、近くの農夫が呼んでくれた看護士の薬剤、手当てのおかげで、辛《かろ》うじて化膿を免れ大事には至らずにすんだ。しかし、頭痛、目眩《めまい》が引くまで、付近の農家で長く安静を強いられた。さらに、吉林を間近にしたウランノールという村では、「有火《ゆうほう》」という風土病に冒され、四十度近い熱に浮かされた。農夫に手配してもらった医者の手当を受けつつ快癒するまで、昏睡の十八日間を含め、実に約一ヵ月を田舎の宿で過ごすはめになった。こうした危機を救ってくれた世話

アルタイ山踏破の図（「福島安正と単騎シベリヤ横断 上下」より）これは1892年11月に出た写真画報に掲載されたもので、当然想像画であるが、当時の光景をよく表しているとして、全国に報道された。

になった農家、看護士などには、費用を遥かに上回る金子《しゃきん》を渡して礼を尽くした。

携帯する食糧も、決して十分なものではなかった。食料は道中で調達するのを原則としたが、沿道には人家もまばらで、何日にも亘り限られた手持ち食料だけで凌《しの》ぐことは日常茶飯であった。彼の体力を支えたのは、鶏卵、パン、お茶であった。特に、鶏卵は毎日三十個（！）、お茶は二十グラムを費消した。さすがに、馬の飼葉《かいば》は持ち歩くわけにはいかず、所々で世話になった軍施設はまさに馬たちにとってもオアシスであった。

さて、苦難にめげず福島の旅はウラジオストックに向けて続いていくのであるが、ウラジオストック到着前に当時の国際情勢を振り返っておこう。

列強の中国浸食は帝国主義そのものであった。ロシアは、三国干渉を主唱したと清国に恩を着せ、旅順・大連の租借だけでなく、ハルピン経由でウラジオストックまでの鉄道敷設を認めさせた。これと競うように、ドイツは膠州湾租借、山東鉄道敷設、鉱山開発権を獲得。フランスも広州湾一帯を租借し、イギリスも九龍半島、威海衛を租借した。いわば、北から、満州、長城以北はロシア、山東省はドイツ、揚子江流域はイギリス、広東など南西諸省はフランスが、それぞれ蚕食した訳である。こうした中でも、ロシアの南進活動は際立ち、満州を超え朝鮮へも軍事、内政の介入を強め、欧州への備えとしては露仏同盟を締結している。

欧州では、それと前後して独墺伊三国同盟が結ばれた。そんな状況を踏まえて、イギリスでは極東での権益確保、ロシアの南進阻止、大艦隊の建設に着手したドイツ海軍への牽制《けんせい》のために、それまでの「名誉ある孤立」方針を考え直すべきではないかとの機運が高まった。なお、相前後するが、我が国でも伊藤博文らが日露協商を模索する動きを始めており、イギリスから見ると、軍事力で存在感を示しつつあった日本がここでロシアと結ぶようなことは、最悪のシナリオに映った。

一八九三年六月十二日、福島は、遂に一年四ヵ月、シベリア千四百キロメートルを踏破する探偵旅程を終え、ウラジオストックから帰国の途に就いた。元山、釜山を経由し、長崎などに寄港のあと、横浜港に到着。児玉源太郎陸軍次官、家族らの出迎えを受け、同地で勲三等旭日重光章を授与された。更に、新橋駅からは四頭馬車にて皇居に案内され、擦り切れた旅装に頂いたばかりの勲章をつけて、陛下に拝謁の栄を賜っている。そのあと上野での歓迎集会に臨んでいる。

福島のシベリア横断の克明な記録は報告書に纏められ、戦争設計の重要な機密情報となった。彼は漢詩を得意とし、道中で詠んだ四百首以上の漢詩のうち二百余首を征旅詩集として別途本にしている。だが、そこに載らなかった句の方が重要。例えば、次のような句は句の趣向としてはともかく、重要な情報メモになっている。中国人以外には判読不明な文字を使っていざという場合の備えにしていたと思われる。

「拂暁一鞭露都を発す　南の方摩府《モスクワ》に向かえば馬鬣《たてがみ》を振るう　茫々たる眼界、人煙稀にして　沿道過ぐる処、皆寒邑なり（首都ペテルブルグからモスクワに至る幹線道路ですら人家の煙突から出る炊事や暖房の煙は少なく、殺風景な有様は農民たちの疲弊した様子が表れている。）」

しかし、それとは別にもう一つ重要な上申がなされている。山縣有朋枢密院議長、川上操六参謀本部次長に極秘で伝えられたとされている。その上申に曰く、「（仮想敵国の）ロシアは広大であるだけでなく、歴史的に欧州各国とは因縁が深く、どんな形の連合ができるかは予断できない。（一八九三年時点の認識で）今後十年にしてシベリア鉄道が完成し、ロシアは大軍を極東に派遣可能となる。この十年が我が国にとって極めて重要な猶予期間であるが、それを目標《めやす》にする限り、（鉄道建設遅延の策はとるにせよ）既に列強がロシア国内に長年に亘って張り巡らしているインテリジェンス網に伍して、我が国単独で情報と活動の策動を割り込ませていくには限界がある。速やかに、英、仏、独のいずれかを味方にして協同する方策を探ることが絶対の急務である。」と。

これは実に重要な示唆である。来るべき日露戦役が総力戦になるであろうことを想定したとき、その重要な一翼を担うべき我が国のインテリジェンスは残念ながら「追っつかないから、他国との連携、協同あるべし」とする献策である。

此処から直ちに「日英同盟」に至るとするのは飛躍が過ぎる。この同盟は、もっと大きな諸々の要素が加わっての外交判断であった。福島はシベリア横断の後わずか三年ののち、即ち一八九五年から五百三十八日を掛けて、改めて中央アジア、インドシナ、インドに至る次なる諜報旅行に出掛けている。この第二の亜欧偵察旅行は、上海、香港から船で中近東に入り、カイロ、ベイルート、コンスタンチノープル、コロンボ、ラングーン、カルカッタ、カラチ、ボンベイを経て、テヘラン、コーカサス、タシケント、シンガポール、バンコク、ハノイにまで至るものであった。今度は亜熱帯、熱帯、乾燥、砂漠の地を回るもので、すっかり有名になってしまった福島へのマークも心配されたが、列強各国の諜報機関がしのぎを削る地での情報員との接触、情報収集は、かけがえのない各国事情、状況判断のネタをもたらした。

我が国にとっては、この時期は、カツカツの我が国力の限界に照らし、軍事、外交での他国との共同の必要性、可能性を真剣に考慮する重要な時期であった。すなわち、この時期においてイギリスが置かれた国際的な位置、同国にとって懸念すべき国際課題を把握するとともに、各地域での列強の思惑、機微がどんどん動いていることが改めて浮き彫りになった。これらは、まさに福島らの情報活動の成果である。

一方、通商国家であるイギリスから見ると、本来極東は平和が望ましく、自分から特定国に肩入れし、この地域の力関係を動かすのは本意ではなかった。また東トルキスタン、チベットからペルシャ湾、バルカンに至るラインで鍔迫《つばぜ》り合《あ》いが続くロシアとは、事を構えることは得策ではなかったし、フランスとも対立は望むところではなかった。

しかし、英国海軍に挑まんとするドイツ・ウィルヘルム二世の大建艦政策、ロシア皇帝の飽くなき南下策動に直面し、大国であっても自力で従来どおりの秩序維持をすることは困難であると認識せざるを得なかった。対中国については、最も多く利権を有しながら、義和団事件やその後のロシア軍の北清居座りに直面し、この地域での自国の戦力展開が十分でないことが明らかになってしまった。ボーア戦争での意外な苦戦による配備余力のなさも、それに拍車をかけた。日清戦争、義和団事件で示された日本の軍事的実力や、他国とのパワーバランスを冷静に考えたとき、イギリスにとっても日本と共同することは意義のあるものではないかとする感覚は徐々に現実味を帯びていった。

即ち、日清戦争前後から一九〇〇年頃までの時期は、日英双方にとってお互いの接近の伏線を紡いでいく過程《プロセス》であったのである。

日英同盟の締結は一九〇二年一月である。そして五月には東京で日英軍事協商の秘密会議が開かれている。日本からは、山本権兵衛海相、伊東祐亨海軍軍令部長、斎藤実海軍総務局長とともに、陸軍参謀本部から田村恰与造次長、そして第二部次長に就いていた福島安正が出席して折衝に当たっている。

同盟の本質は、各国のバランスオブパワーと自国の国益である。従って、事情の変化によりそれは変質する。日英同盟も日露戦争後においては、様々な事情の変化により双方の利害に乖離が生じて、解消への経緯を辿るのであるが、ここでは日露戦争への意義という観点から、日英同盟が有益であったと評価できる面に集中して記述したい。

この日英同盟及び軍事協商によって我が国が受けた恩恵は、計り知れないものがある。「日英いずれかが他の一国と交戦したときは同盟国は中立を守り、二国以上の場合は参戦する義務を有する」とする条項は、露仏同盟を結んだフランスが日露戦争に関与するのを躊躇《ためら》わせる歯止めになった。加えて、イギリスからは、アルゼンチンが発注しイタリアで建造中の最新巡洋艦二隻を日本へ周旋するという恩恵を被り、そしてその日本までの曳航護衛などの便宜を受けたことは大きな意味を持った。またそれに留まらず、陰に陽に諸々の方途でバルチック艦隊を牽制してその東洋回航を遅らせるという大きなメリットを受けた。

しかし、この二国間同盟、協商の隠れたるハイライトは、実はインテリジェンス共闘にあった。お互いの諜報活動の成果を共有するとともに、その手段として情報通信インフラの整備を急ぎ、通信のプロトコール、暗号を共同化した。日本からの電信は、東京から九州を経て台湾、福建省に至り、イギリス支配の香港を経由してボルネオ、マラッカを過ぎインド洋から紅海、地中海を抜けロンドンに伝わった。イギリスが入手したインドからのロシア情報は、このルートでロンドンに伝えられ、在ロンドンの日本公使館駐在武官に提供された。明石工作の暗号電報もこのルートで伝達された。こうした通信網の接続は、維新からまだ三十余年の我が国において、時勢を見極め、科学の粋を集め、先見的に見事な投資をした成果である。特に、九州から台湾経由の海底ケーブル回線網は、児玉源太郎の指導の下、海底測量、敷設、通信機の国産まですべて我が国の自力技術で達成した。


日英の同盟関係樹立に向けた貢献という意味では、義和団事件における柴五郎中佐(5)の活躍にも触れておかねばならない。義和団事件というのは、義和拳という武術を修めると鉄砲にも負けないという迷信的な秘密結社「義和団」が、一九〇〇年に「扶清滅洋」を合言葉に山東省で起こした外国排斥運動である。鉄道、電線などの西洋的なものを破壊し、キリスト教徒を殺害しながら、途中から渡りに船とばかりに同調した清の正規軍と一緒になって、外国公館のある北京城を包囲した。包囲された外交団は四千名ほど。そのうち公使館付きの軍人、兵士は五百人に過ぎなかった。

各国外交団と逃げ込んだ北京市民の籠城戦は、「北京の55日」という映画にもなった。それによれば、最後は日本を含む列強救援部隊がきわどいタイミングで到来して、辛うじて籠城側が持《も》ち堪《こた》え抜いたのであるが、抗戦の中心をなした日本公使館付き武官・柴五郎中佐の活躍は傑出したものであった。限られた敷地に、外交団だけでなく逃げ込んだ中国人クリスチャンをも収容し、少ない糧秣《しょくりょう》をシェアしつつ、多国籍で寡兵な守備隊を巧みに機能させた。その卓越した指揮ぶりと、戦闘中、収束後を問わず、一切の狼藉《らんぼう》・軍令違反を許さない柴中佐の部隊の厳正な規律ぶりは、籠城した各国外交団、北京市民から絶賛の的となった。更に、その紳士的益荒男《ますらお》ぶりは、ロンドンタイムス特派員A・モリソンにより、イギリスで広く紹介され、ともすれば黄禍論で偏見のあった対日感情を劇的に好転させた。また、籠城抗戦外交団の一員であったイギリス公使マクドナルドは、柴と日本軍の規律の素晴らしさを目《ま》の当たりにし、帰国後ソールズベリー首相に日英同盟の利を献策するとともに、在イギリスの林公使とも連携し、同盟の強力なサポート論陣を張った。

なお、この時籠城軍救出のために日本から派遣された部隊は、少将に累進した福島安正が率いた。この時の日本の北京公使は西英二郎(6)であった。外務大臣(松方内閣)をも経験した外交の大ベテランであったが、元々情報畑でペテルブルク勤務が長く、ロシア諜報の先駆者であり、ベルリン勤務当時の福島とも親密な交流があった。救出に赴いた福島とは男泣きの再会であった。

最後に、福島が苦楽を共にした乗馬についても付言しておきたい。帰国凱旋の際の朝野の大歓迎については先に述べたが、福島は日を改め皇居での昼食会のお召しにも与《あずか》っている。その折、苦労を伴にした乗馬三頭を連れ帰ったことを陛下が殊更嘉《ことのほかよみ》され、宮内省からの申し渡しで、馬たちは上野公園の動物園に引き取られ、そこで静かな余生を送ることになった。ただ、日本の土を踏み、動物園に送られ大切にされたのは、凱旋号ではなかった。福島は、帰国までに十頭の馬を使役している。凱旋号は、よく難路行をこなしたが、ペテルブルグを過ぎた辺りから、跛行《はこう》するようになり、遂にモスクワの先で動けなくなった。モスクワの獣医の診断《みたて》は、蹄葉炎（蹄《ひづめ》の根に出血する病）であった。療養すれば治るかもしれないが、時間を要するとのことであった。大義の任務遂行のため、忍び難い想いを振り切ってモスクワに凱旋号を残し、新しい馬に乗り替えている。二代目はウラル号と名付けられた。以後、八頭の馬が起用されて、福島を助けた。福島と伴に日本の土を踏んだのは、うちアルタイ号、シンアン号、ウスリー号の三頭。

戦争の花形《ヒーロー》は前線で活躍する将軍・提督であり、参謀、兵站《ロジスティクス》などはなかなか評価されにくいことは前稿でも触れた。さらに表沙汰になりにくい諜報活動《インテリジェンス》となると猶更《なおさら》である。日露戦争においては、合理性の高い諜報、分析に支えられた国際政治力学を見据えた他国との連携（日英同盟）、対外広報が奏功し、その勝利の最重要な要素となった。しかし、まさにその背景がインテリジェンス活動であったがゆえに、また戦争相手への情報流出を恐れて、自国民に対してもある種の「真相カモフラージュ」がなされたことにもより、一般国民は赫々《かくかく》たる勝利は、「日本人特有の、死をも恐れぬ戦いの現場での不屈の精神」にこそ基盤《いしずえ》があると思い込んでしまった。これがのちに不条理な精神至上主義の跋扈《のさばり》を許し、それが宿痾《がん》となって国運を傾けることになるのは痛恨である。

他国への働きかけ、対外広報を含めた戦争設計については、別に稿を起こし改めて触れるつもりである。本稿では、ギリギリの国力で国を守り、世界に対して確固たる存在感を示した日露戦争勝利の背景には、合目的なインテリジェンス活動が立派に機能し、またその意義を理解しその成果を最大限受け入れて活用するという土壌が、当時の政治・軍部の上層部にはあったという事実は強調しておきたい。それがあってこそ、その任に当たる者も勇躍する。

福島は西園寺公望と強い信頼関係にあった。福島がドイツ勤務の際の公使が西園寺であり、単なる上司、部下としてではなく危機管理、情報分析などにおいて強い一体感を共感したと言われている。シベリア壮途に際して、西園寺が福島に贈った漢詩の一節と福島の覚悟の返句に曰く、

「遠く祖国を離れて思う憂国の情　独り剣を撫して虎穴に入らんと欲す。（西園寺）」

「日本男児の心中唯《ただ》忠愛の至誠あるのみ　勇往邁進、斃れてのち已《や》まん。（福島）」と。

（1）「スパイ大作戦」は、六〇年代後半に日米で放映された諜報番組。その司令の最後には、「例によって、君、もしくは君のメンバーが捕えられ、あるいは殺されても、当局は一切関知しないからそのつもりで。なお、このテープは自動的に消滅する。」とのメッセージが入り、指令を伝えるテープなどが瞬時に消滅する趣向が話題を呼んだ。また、七〇年代に日本で「大江戸捜査網」として放映された番組では、「我が命我がものと思わず　武門の儀、あくまで陰にて己の器量を伏し、ご下命いかにしても果たすべし　なお死して屍拾う者なし。」という「隠密同心　心得の条」が、番組タイトルに重ねて禍々《まがまが》しく流れ、似たような悲壮なミッションぶりを強調していたのを思い出す。

（2）大津事件とは、一八九一年シベリア鉄道のウラジオストックでの起工式のついでに、示威と偵察を兼ねて来日した露国ニコライ皇太子に、大津市で警備する津田三蔵巡査が斬り付けたという事件。傷は大事に至らず皇太子は鷹揚な態度で帰国したが、ロシアからの報復、関係悪化を恐れた政府首脳は津田を死刑に処するよう司法に圧力をかけるという事態となった。児島惟謙《こじまこれかた》大審院長が敢然とこれを拒否して、司法の独立を護ったとする有名な事件である。一方、ときの皇太子の内心は窺《うかが》う術もないが、彼は日露戦争時には皇帝であり、講和交渉に当たり「ロシアは負けていない。ロシア領土の寸土、一コペイカの賠償金といえども日本に渡すのは認めない」と強硬論を主張した。

（3）この稿で明石元二郎（当時大佐、のちに陸軍大将）をどう扱うかは随分迷った。この時期の日露のインテリジェンスと言えば、まず彼を思い浮かべる向きは多いと思う。北欧、ポーランドの活動家、レーニンを含む国内反政府勢力を裏から支援し、ロシア帝政を揺るがした文字通りの辣腕《らつわん》フィクサーぶりは、多くの著作で喧伝されている通りである。多額の工作資金の運用、武器の周旋のための大胆な策動、煽動工作など、ある意味最もインテリジェンスっぽい活躍ぶりである。のちに、内外から「明石の活躍は陸軍十個師団に相当する。」とも「明石一人で、満州の日本軍二十万人に匹敵する戦果を上げた。」との評価を受けたのも事実である。しかし、色々文献を漁った結果、ロシア革命に対してはともかく、少なくとも日露戦役については、その工作が果たして何処にどれくらい結実したかについて、個人的に十分な実感を得られなかった。勿論その貢献を否定するつもりはなく、むしろ日本人離れした彼のダイナミックな行動力に脱帽する思いである。しかし、なかなか直接的な効果を云々できないのなら、迂遠であり地道なせいであまり人口《じんこう》に膾炙《かいしゃ》されてはいないけれども、ジンワリと効いてくる諜報活動にスポットライトを当てることも面白かろうと思い、福島の稿を紡いだ。

（4）「娘子軍」というのは、わかりやすく言うと女子スパイのことである。貧しさゆえに売られて大陸に渡り、ロシア人家庭の女中や「夜の接待業」に就いていた彼女らは、シベリア鉄道の工事に係わる現場の工夫《こうふ》、ロシア軍の兵士、幹部、将軍らから、軍事、工事進捗の生の情報を聞き出すに無視できない貢献をしたとされる。その極めつけは、その美貌を武器にロシア軍満州総督のアレキセイエフ大公の妾に収まった「お浜」という女性。大公のもとから機密の地図を入手する手柄を挙げている。これらの情報の受け渡しにもネットワークが必要であり、例えば「清水松月」という名の僧侶に成りすました花田沖之助大尉（のちに中佐）などが活躍したと伝えられるが、この辺りはいかんせんその性格上傍証不足で詳細不明である。

（5）柴五郎は会津藩士の家に生まれ、幼年期の鶴ヶ城落城の当日、実家に居なかったことから、祖母、兄嫁、姉などが壮絶な自刃を遂げながら、自らは生き永らえた。斗南《となみ》の地で他の藩士たちと辛酸をなめ、上京した後も旧武士には似つかわしくないような下働きの境遇に耐え、漸くにして幼年学校合格

明石元二郎像（ウィキペディアより）

柴五郎像（ウィキペディアより）

を果たして軍人の道を歩んだ。その落涙を禁じ得ない苦難の前半生は、「ある明治人の記録―会津人柴五郎の遺書」という自伝に詳しい。彼も、情報将校であり、中国留学などを経たのち公使館付き武官となって義和団事件に遭遇することになったのだが、籠城しての攻防戦には、語学力とともにそれまでの北京市街事情調査の蓄積が大いにモノを言った。最終的には、情報将校としては珍しく、福島、明石同様に陸軍大将に補され、台湾軍司令官などを歴任している。

（6）公使西英二郎の子息がロス・アンジェルス五輪大会での馬術金メダリスト西竹一中尉（男爵）である。太平洋戦争の硫黄島にて、それと知った米軍からの「バロン西、デテキナサイ」との投降勧告を莞爾《かんじ》と受け流し、部下と共に玉砕（戦車連隊長）。

宏《こう》猷《ゆう》を翼《よく》賛《さん》するは此《この》秋《とき》に在り　―三寸の舌 三尺の腕 の威力―

太平洋戦争の只中《ただなか》の一九四二年（昭和一七年）五月、ニューヨークタイムズの死亡欄の冒頭に、一人の日本人の追悼記事が載った。曰く「セオドア・ルーズベルト大統領の親友であり、日米間の友好を説いた平和の唱導者　金子堅太郎死す」と。

本稿は、よく賞賛されるルーズベルトと金子との個人的友情を描くのが主題ではない。むしろ、金子をルーズベルトのもとに遣《つか》わした当時の我が国政府首脳が、日露戦役に臨んでいかなる戦争設計観を有していたか、とりわけ、彼らが「いかに戦争を終わらせるか」ということを念頭に置きながら戦争を始めたかという事実と、その意味するところを描きたいと思っている。

日露戦争の終結、講和に両者の友情とルーズベルトの厚誼が大きな要素となったことは事実であるが、ルーズベルトとて一国の主宰者であり、国益を第一に考えるリアリストであって、事実その後アメリカの立場を反映して対日強硬論に転じている。しかし、それは政治家として当然であり、友情を育《はぐく》んだ人の住む国への裏切りというものでもない。

前稿にも書いたが、国と国との同盟とは国益とパワーバランスに規定されるものであり、その事情が変われば当然に変質する。個人の友情とは次元が違い、また普遍的なものでもありえない。しかし、国際的なパワーバランスを巧みに読みこなし、個人でも国を跨《また》いだ友情を梃子《てこ》にして此処までできるということ、そしてそんなことができた人物がいたことを紹介できればと思う。

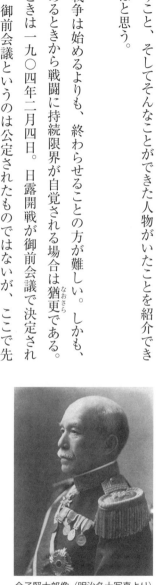

戦争は始めるよりも、終わらせることの方が難しい。しかも、始めるときから戦闘に持続限界が自覚される場合は猶更《なおさら》である。

ときは一九〇四年二月四日。日露開戦が御前会議で決定された。御前会議というのは公定されたものではないが、ここで先議された内容は閣議で追認されることが慣例であり、当時の事実上の最高決定機関であった。この時、天皇に五人の元老（伊藤、山縣、大山、松方、井上）と主要閣僚（桂首相、小村外相、寺内陸相、山本海相）が参加している。この時、所謂元老とされるうち黒田、西郷（従道）は既に亡く、大山は前後で厳密に元老と見做《みな》されない時期があったが、この時はむしろ参謀総長として参加した色彩が強い。

金子堅太郎像（明治名士写真より）

直ちに、駐露公使栗野慎一郎あてに、国交断絶の通知を指令する訓電が飛んだ。その日の夕方、金子堅太郎は、枢密院議長の伊藤博文から至急の呼び出しを受けた。急いで議長官舎に赴いた金子を待っていたのは、即刻渡米して金子の知己である米国大統領ルーズベルトに来るべき戦争収拾の調停を依頼するとともに、米国内に対日同情の機運を盛り上げるべしとの指示であった。開戦とともに収拾の図り事を進めようとするものであった。最初から「終わるを図る」という設計は、日露の国力に鑑みて軍部を含むときの政府関係者には広く共有されたものであった。軍事を預かる大山巌（満州軍総司令官）の「戦いに勝つは易く、勝ちを守るは難し。」、児玉源太郎（満州軍総参謀長）の「戦争を始めた者は適当の時期に於いて戦争を止める伎倆《ぎりょう》がなければならぬ。この上貧乏国が戦争を続けて何になるか。」という言もそれを表すものである。

手元に、金子堅太郎が昭和に入ってから行った講演をまとめた「日露戦争　日米外交秘録（長崎出版一九八六年刊）」という本がある。これに即して、此の間の切迫したやり取りを追ってみたい。当時の政府を支配していた雰囲気《ふんいき》と同時代人の覚悟のほどがよく表われていて興味深いのである。

金子は伊藤からの指示に当初難色を示した。理由は幾つかあったが、要すれば、政治・外交、経済、家族血縁の面で米国―ロシアの関係は深く、関係の浅い日本から出向いていくら説得しようとも、到底その密接な関係を打ち破れないとするものであった。金子は、自らの米国経験に照らして、米国独立後の対英戦争、南北戦争におけるロシアの米合衆国、北部への支援、旅順、ウラジオストックにおける米国産品の貿易・流通の大きさ、更には米国要路・富豪がロシア貴族に娘を嫁がせる婚姻関係の実態などを縷々《るる》述べて、自らはその任に耐えられないとしたのである。

これに対する伊藤の問いかけは、「君は、成功、不成功の懸念のために断るのか?」であった。金子の「さようであります。」の返事を聞くや、伊藤は再び続けた。

「今度の戦《いくさ》については、日本が確実に勝つという見込みを立

伊藤博文像（明治名士写真より）

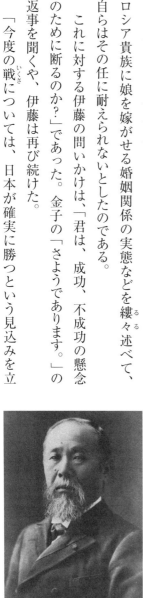

ているものは誰一人としていない。成功の見込みは薄い。しかし、だからと言ってこれを打ち捨てておけば、ロシアは満州、朝鮮を侵略し、我が国を圧迫し国の存立を脅かすであろう。事ここに到れば、国を賭しても戦うの一途《いちず》あるのみ。成功、不成功は眼中にない。かく言う伊藤は、仮に我が陸海軍が満州、日本海に敗れ、いよいよロシア軍が我が国領土に迫りくれば、身を士卒に伍して鉄砲を担ぎ、山陰道か九州海岸において、我が生命のあらん限りロシア軍を防ぎ、敵兵は一歩たりとも日本の土地を踏ませぬという覚悟をしている。妻にも、一緒に来て粥《かゆ》を炊《た》いて兵士を労《ねぎら》えと言う。君も成功、不成功をおいて問わず、君のあらん限りの力を尽くして、米国人が我が国に同情を寄せるようにやってくれ。君が行かねば、米国を取り逃す。君が行ってそれでダメなら、もとより誰が行っても出来ない。自分はさよう決心したから、君にも是非奮発して米国に行ってくれ！」

その満腔《このうえない》の熱誠《あつきおもい》に打たれ、金子は遂に任務を承諾する。「そこまで閣下の御決心を伺えば、成功、不成功は決して問うところではありません。三寸の舌のあらん限り各所で演説して廻り、三尺の腕の続く限り筆をもって書き、そして旧友と日夜会談をして及ぶだけの力を尽くしましょう！」

金子は二月二十四日、随員を二人だけ連れて慌《あわただ》しく米国に旅立つのであるが、それに先立ち、伊藤との誓いのあと要路と次のようなやり取りをしている。金子は、桂首相、小村外相、寺内陸相、山本海相、山縣元帥、児玉大将らを次々と訪れた。激励とともに、特命全権大使又は枢密院顧問官の肩書付与や新聞社対策の多額の資金の提供を打診されたが、彼は悉《ことごと》く断っている。仮に肩書きがあると、米国での言動は政府の指示、差し金と思われ、もし言いすぎたりすれば政府に累を及ぼすのを潔《いさぎよ》しとしなかったのである。また、新聞社の買収や記者の操縦は他の新聞を敵に回すから、マスコミについてはひたすら一視同仁《さべつなしのびょうどう》にて当たることを表明している。その上で「さように心得て行くので、（どうやるかは）万事自分に一任して欲しい。」とのみ念を押している。因みに、金子は渡米後に米当局から打診された身辺警護をも辞退している。ひとたび論陣を張れば、仮に凶刃・凶弾に倒れるとも、対日同情の喚起には、その方がむしろ効果ありとする覚悟であった。

児玉陸軍大将、山本海相からは、「五分五分の戦況見込みを何とか六分四分にもっていけるかどうか（陸軍）」、「日本の軍艦は半分沈める覚悟だが、残りの半分でロシアの艦隊を全滅できるかどうか（海軍）」といった本音を吐露《うちあけら》されている。金子はそれを聞き、「ということは、自分が米国で演説して回るうちに、もたらされる知らせの半分は負け戦だな。されば、勝機あらばそれを逃すことなく、すかさず調停機運につなげられるよう、好日感情を醸成しておくことが我が使命なり。」と覚悟を新たにしている。旅立ちの心情を彼は詩に託している。

宏猷《こうゆう》を翼賛《よくさん》するは此秋《このとき》に在り

金子堅太郎　葉山別邸（神奈川県葉山町　逗子葉山経済新聞社提供　金子は、関東大震災で東京の自宅が失われたあと、三ケ岡中腹にあるこの邸を本拠とした。使命を帯びて渡米する前に皇后陛下が此処に行啓され、金子を激励したとされている。この建物は、2020 年 7 月に国の文化財建築物として登録された。）

奮って遥《はる》かに向かう旧遊の洲
五千海路風雲暗し
皇国の存亡は一葉の舟

宏猷というのは「大きな謀《はかりごと》」、旧遊の洲というのは以前留学していたアメリカ、太平洋航路は五千浬《かいり》である。

十八日間の航海を経て、サンフランシスコに到着。次いでニューヨークに着いた彼は、五番街のホランド・ハウスというホテルを拠点に活動を始める。早速に取り掛かったのは、在米ロシア公使カシーニによる対日批判プロパガンダに対する反駁《はんばく》であった。社交界の花形で、言論界にも影響力のあったヒッチコック夫人が催した金子を主賓とする社交夜会の席がその「初陣」であった。主要論点は三つ。

まず、日本が宣戦布告なしに仁川でロシア軍艦を攻撃、沈没させたのは卑劣であり、国際法違反であるとの非難についてである。これについては、国交断絶すれば戦端はいつでも開いて良いというのが国際公法の定めであり、宣戦布告は後でも良い。ロシアだって先年のトルコ戦では国交断絶後直ちに攻撃したではないかと、公法解釈と実例でわかりやすく反論した。因みに、国際公法で宣戦布告が攻撃に前置すべしとなるのは、一九〇七年の万国平和会議での「開戦に関する条約」調印以降のことである。

二番目は、この戦争は宗教戦争であり、非キリスト教国の野蛮な日本に対しキリスト教国は挙《こぞ》ってキリスト教国のロシアを支援すべきとの主張に対してであった。これに対する反論も明確であった。日本は宗教の自由は憲法で保証している。しかるに、ロシアはギリシャ正教であり、カトリックもプロテスタントも許容せず、キシネフ（モルドバ）での虐殺やイベリアでの人民虐待を行い、他のキリスト教国から挙《こぞ》って非難されているではないか。ロシアのどこがキリスト教的であるのか、どちらが野蛮であるかと反駁《はんばく》。

更に、ヨーロッパでも一目置かれている強国ロシアが、ちっぽけな「黄色の猿」に負けるはずがないとのロシアの強弁には、我が国は小さな国だが、座してロシアの圧力に屈するのではなく、国の存亡を賭して戦う、これによって国が滅びることがあっても構わないと思っているとの決意を開陳している。

この内容は翌日の新聞に広く掲載され、よく知られていない東洋の日本という国を見るアメリカ人を覚醒刮目《めからうろこに》させるに十分であった。そして、金子には各地からの講演、取材の依頼がひっきりなしに寄せられた。

以後、金子はのちに述べるような大統領との公式、非公式の会合、食事会など二十五回、その他の高官、民間有力者との会談、食事会など六十回、さらに講演演説五十回、新聞への寄稿五回など、南船北馬さながらに多岐に亘る弁舌活動を精力的に展開した。

そのあまりの影響《インパクト》に驚愕したロシア側は、金子の活動開始のあと暫くして、本国からウートムスキー公爵（露清銀行総裁、東清鉄道社長）、ポトノフスキー伯爵という二人の有力者を招請して、米国朝野の有力者あてに反論を展開した。ロシアからの二人の論客は、どういう訳か金子と同じホテルの金子の真上の部屋に投宿している。流石にそれで階下の様子を窺うという訳ではなかったろうが、気持ちの上では「日本を踏んづける」つもりだったかもしれない。レストランではよく顔を合わせていたらしいが、今ならちょっと考えられない光景である。しかし、なぜか彼らは、公衆、市民を対象にするような公開講演、演説などは行わず、その影響は限定的であった。英語力の問題もあったかもしれないが、日露の立ち位置などについての世論形成では、既に金子によってなされた弁舌広報の威力が圧倒的であると見たのかもしれない。ウートムスキーらは金子パーフォーマンスにまともに対抗《チャレンジ》することができぬまま、悄々《かたをおとして》として撤収・帰国している。

以降、金子は、ハーバードの同窓クラブや各地の市民集会、商工会議所など、声がかかれば都度出かけて行き、得意の英語で日本の立場と決意を説明し、質問に答えている。そして、それが新聞の記事、社説やクラブの会報、更には感激した聴衆が私的に作成したパンフレットなどで流布するにつれ、金子の行くところ超満員の聴衆で溢れかえった。とりわけ、「我が国文明の原則は正義にある。我が国は、断然国力は異なるがロシアの圧力を跳ね返すため正義の戦争をする。その結果国が滅びようと本望なり。」とする決意表明や、旅順で水雷によって敵将マカロフ海軍大将が戦死したとの報には衷心よりの哀悼の表明をするなどした武士道精神に溢れた姿勢は、アメリカ市民の絶大な共感、好感を呼んだ。

少し先を急ぎすぎたかもしれない。

話をルーズベルト大統領との再会の場面にまで戻そう。再会はアメリカ到着の二週間後の一九〇四年三月二十七日であった。訪問のアポイントは即日受け入れられ、ホワイトハウスで訪《おとな》いを待ち構えていた大統領は、「どうしてもっと早く来なかったのか、待っていたんだぞ。」と駆け寄り、金子の肩を抱《かか》えんばかりに執務室に案内した。この接遇《むかえぶり》は、久々の面会に多少の遠慮の気持ちもあった金子や同様に面会の順を待っていた周囲の米国人を随分驚かすものであった。これには、訳があった。金子がサンフランシスコに上陸した直後、米政府は日露の紛争について「中立宣言」を発し、金子をして「米国工作の多難さ」を痛感させたのであるが、実はルーズベルトとしては外交的姿勢としてそれを為さざるを得なかったものの本意ではなく、その旨早く金子に釈明したかったのである。

セオドア・ルーズベルト像
（ウィキペディアより）

なお、金子とルーズベルト大統領はハーバード大学の同窓であるが、同級生というわけではない。金子の方が六才年上であり、卒業後に弁護士となったルーズベルトが訪日した際に出逢い、以後交友を深めたという関係である。

また、順次面会した国務長官ジョン・ヘイ、海軍大臣ビレ・ムヂィなど米国要路は金子とは、実は大学などでの旧知の仲であることが分かって、胸襟を開いた《うちとけた》対話ができた。こうした彼の知己、交友関係は大いに力となった。一人の人物のかつての交友関係が、これほどまで奏功した対外工作は稀有である。

就中《なかんずく》、ルーズベルトの日本への肩入れ、金子への諸々の助言、心遣《こころづか》いは格別であった。要所要所で金子をホワイトハウスや私邸、別荘に招いて、ロシア、第三国の機微な動静、ときに国務長官にさえ話してない事柄までを「漏らす」ように知らせた。また、賠償金請求の取り扱いなども含めた日本の取るべき方策について、きめ細かにアドバイスしている。さながら顧問弁護士の如しであった。大統領からの情報、アドバイスは、金子からワシントンの公使館経由の電報で、逐次東京に報告されている。アメリカが日本の立場に好意的であることや、その勝算についても楽観的であるとの情報は、心配で堪《たま》らない日本の首脳を元気付けるところ大であった。それだけ金子を送り出した時の首脳が悲壮であったということである。

ルーズベルトは武士道に格別の感慨を有していた。ルーズベルトはもともと好奇心旺盛で、元々関心があった武士道については、金子から紹介された新渡戸稲造の英文の本を読んで興味を深めた。同じ本を三十部追加注文して、五人の子供と上下両院の有力者、知人に配布して、これを読むよう勧めるなど、感化の度合いは相当なものであった。また、柔道にも関心を示し、畳を官邸の中に敷くほどの思い入れぶりであった。旧友であり武士道精神の体現者のような金子の立ち居振る舞いには、尋常でない協賛ぶりを示した。勿論、彼の態度が私人ルーズベルトの所以《ゆえん》から出ているだけではないことは後述するが、米

国のインテリジェンスからは第三者的な客観情報が続々と入っていた。それにより日本に対してロシアに分の悪さがあることは承知していたにせよ、日本の勝利を確信し、逐次もたらされる日本の勝利の報に欣喜《おおよろこび》するなど、その肩入れぶりは並外れたものであった。

一九〇五年一月旅順が陥落すると、これを好機と見て講和を持ちかけるも、ロシアは皇帝以下強気一辺倒であり、テーブルにつくことには極めて消極的であった。そのあと同年三月の奉天陸戦、五月の日本海海戦の日本勝利を経て、ルーズベルトは、ロシアに対し、「自分（ロシア側）から講和を持ち出さないのはともかく、第三国からの斡旋まで拒否するつもりなのか」と巧みに持ち掛けて、漸くにして自らが仲立ちする形で講和会議にロシアを引き出すのに成功する。

ただ、その開催に当たって、ルーズベルトはアメリカでの会議開催を忌避して、ハーグなど第三国の候補地を模索した。自分の名誉のために自国に会議を周旋したとの世評を嫌ったとされている。しかし、金子の思いは違っていた。「勝った日本がロシアに近いオランダに出向くのは筋が通らない、本来ロシアが日本に来るべきだが、それを嫌がってロシアが来ないのでは講和にならないので、仲介者の国での開催とするのは妥当である」とルーズベルトを説得した。ルーズベルトは、警備、気候を勘案して、軍港ポーツマスをその会場として選んだ。

さて、講和交渉の両国代表についてである。ロシアの代表が実業界出身ながら運輸通信大臣、大蔵大臣などを歴任した露政界の実力者ウィッテに決まるや、ルーズベルトは日本の代表は伊藤博文とすることを強く薦めた。ルーズベルトの目には、ウィッテに伍するには伊藤というのが、国際場裡における好バランスと映った。しかし、金子は、伊藤は天皇の信任が篤く、日露開戦にあたっても「天皇の側を離れないでお支えする」役割を果たしている事情を説明して(1)、別人の起用となることを示唆している。

講和会議は、一九〇五年八月十日から始まった。日本の全権としてポーツマスに派遣されたのは、小村寿太郎外相であった。彼は、アメリカ経験(金子と同時期のハーバード大ロースクール卒)もあり、気骨ある高潔な折衝者であった。しかし、惜しむらくは対外パーフォーマンスという点では、残念ながらウィッテに比べ遜色があったことは否めない。

ウィッテは、本国から、「ロシアはこの戦争を重く見ていない。大国代表として講和など望んでいないと大きく構えるべし。」という指令を受けていた。しかし、だからといって、彼は米国内では尊大に構えるような仕草は一切しなかった。ニューヨークに到着後は、進んで市民、新聞記者と親しく交わり、シャンパンを振る舞い、ユーモアたっぷりに気さくに会見やインタヴュー、写真撮影に応じた。加えて自分を送迎する車の運転手には度ごとに必ず握手してそのサービスを労う素振りをみせるなど、親しみやすさと鷹揚さをアピールした。

一方、小村は必ずしも彼個人のせいだけではないにしろ、その秘

小村寿太郎像
(ウィキペディアより)

ウィッテ像
(ウィキペディアより)

密主義と陰気にみえる態度が、開放的でフランクさを好むアメリカ国民、ジャーナリズムから、ウケが良くなかった。「我々は交渉に来た。ポーツマスの新聞のネタを作るために来たのではない」という態度は、勢い込んで取材にきた現地ジャーナリストの気質、期待に合わないきらいがあった(2)。

加えて決定的であったのは、「日本は金（賠償金）欲しさに戦争し、交渉でそれに拘《こだわ》っている」というウィッテのプロパガンダに、必ずしも有効といえる反論ができなかったことである。ポーツマスの講和交渉の最大のイシュウーが、樺太の領土問題と賠償金であったことは自明であったが、こうしたボディーブロー的な言いがかりに対して、懇切かつ十分な対応を充分取れなかったことは、決して軽くない。勿論、交渉とはテーブルを挟んでのやり取りやその背後での虚々実々の厳しい駆け引きこそが本旨であり、その是非は一概に言えない。しかし、本稿の主題である世論形成戦略を重視するという観点から言えば、金子が「正義の戦争」を訴えて米国民の心情を掴んだことを思うにつけ、交渉進行中における米国世論の心象悪化は惜しまれる。

ポーツマス講和会議
（日南市国際交流センター・小村記念館展示より）

小村は、非公式会談、秘密会議を含め前後二十回の折衝を経て、最終的に賠償金要求を取り下げ、南樺太の割譲という形で交渉を妥結させるに至る。その間の外交交渉の経緯、更には条約締結後の所謂「日比谷焼打ち」などを含む厳しい国内評価（3）については、本稿の主題を超えるし、他に沢山の著作があるので、ここでは深入りしない。ただ、折衝に先立つ形でなされた樺太占領についての機微については是非に付言しておきたい。

講和の段取りに入った段階で、ルーズベルトは金子に対して、樺太占領を示唆している。事実として、日本は第十三師団を派遣して一九〇五年七月三十一日には樺太を占拠しているから、時期的には近い。しかし、これをルーズベルトの助言・示唆に従ったとするのは、流石に穿《うが》ち過ぎであろう。大本営には、早くからこの作戦構想があり、かの「プロペラ髭《ひげ》」で有名な長岡外史参謀次長がこれを強く推した。この構想は、一九〇四年（明治三七年）六月十日に初めて作戦計画に出てくる。しかし、寺内陸相、山縣参謀総長の猛反対で一旦沙汰やみとなる。理由は、「満州は本《もと》なり。樺太は末なり。本幹の勝敗未だ定まらざる時に兵を分かつは得策ならず。」というものであった。その後奉天会戦が終わり、改めて一九〇五年（明治三八年）三月十一日以降の作戦計画を策定する段で樺太遠征計画は復活したが、樺太のコルサコフ、アレキサンドリアの霧を理由に今度は海軍が難色を示し、再度頓挫《とんざ》した。参謀次長の長岡はそれでも諦めず内部の説得に回ったが、山縣は依然として兵の分割を嫌い、重ねて、「ここで追加の枝葉作戦などすれば、列国から火事場泥棒的誹謗を受けて、折角の日本への同情を害する。また仮に講和が決裂した場合に満州方面への兵の増加に対応できない。」と反対を貫いた。一方、こうした状況判断は、ロシア側においても逆の立場で認識されていた。皇帝ニコライ二世は六月の段階で、「ロシアは領土には日本兵に一歩も足を踏み入れられていないが、日本がいつでも樺太を攻撃可能であることを余は承知している。だから、その前に和平会談がなされないといけない。」と述べたとされる記録があり、興味深い。このように、これが作戦として実施されるまでには随分と紆余曲折があったのだが、最後は、現場を知り、大局判断にも長けた満州軍総参謀長児玉源太郎からの具申電報がこれを実現した。

結果として、樺太占拠が講和において大きな意味を持ったのは事実であるが、大事なことは、ルーズベルトと児玉の判断が、期せずして同じ発想から、即ち、純粋軍事作戦面からではなく、講和の条件を有利にするための政略的観点からなされたということである。日露戦争の早期収束論者の児玉が、この段階で樺太出兵の推進役となったことには意外の感があるかもしれない。しかし、彼の立場は一貫している。日本軍に追撃余力のない中、講和談判をできるだけ速やかに、かつ有利に決了させるには、「ロシアが痛痒を感じるところに勇進し、彼らに談判を一日遅らせれば一日だけ要求が重大になることを分からせる必要がある。」、よって、「ロシアにそれを感じさせるために、未だ我が国が一指を染めざりし樺太を含め、ウスリー、満州の三方面同時攻勢を実施すべし。」というものであった。その旨の児玉からの電報は派兵消極の廟議《びょうぎ》を一変させた(「新史料による日露戦争陸戦史」長南政義・並木書房・二〇一五年刊より)。

さて、此処まで金子の獅子奮迅《ししふんじん》ぶりを紹介してきて、二つの感想を記しておきたい。

一つは、歴史事実の信憑性《たしからしさ》について。本稿の少なくない記述を冒頭に紹介した金子の講演録に拠っているが、本人の話は雄弁であるが故に何処まで真《ま》に受けてよいかということは常に意識した。しかし、他の資料などを併せ読んでも、本人の若干の思い違いなどはあるにせよ、事実関係は大筋やニュアンスにおいて符号するところが多く、金子が誇張したり、都合よく喋っているのではないことが納得できた。

二つ目は、アメリカの対日感情についてである。ルーズベルトはじめアメリカの有力者、市民に有効に働きかけて好ましい対日感情を醸成し、ルーズベルトをして講和の仲立ちをさせるに至る迄の金子の貢献は称賛しても称賛し切れないほどの価値がある。他方、当時のアメリカに、こうした金子の活動を受け入れる素地があったのも事実である。当時中国に出遅れ、極東への進出に後手を踏んでいたアメリカにとって、その最大の障害は南下増大するロシアの存在であった。そして、仮に日本がその勢力下に組み込まれてしまえば、いよいよこの地域での足掛かりが遠くなるから、日本には対ロシアの抑止的存在になって欲しいという思惑があった。

また、ロシアがスラブ民族以外を宗教的、民族的に迫害し、とりわけユダヤ人を虐待をしていた事実があり、その亡命者を中心に反ロシア機運が高かった。こうしたロシアの姿勢は、ヤコブ・ヘンリー・シフなどアメリカのユダヤ金融資本家の感情を刺激し、これが色々な意味で日本支持に繋がった効果は極めて大きかった。この点はまた稿を改めて紹介するつもりである。

いずれにせよ、アメリカとしても、ロシアに抗する日本を支援することは国益に適《かな》い、時宜を得たものであり、金子の言動は当時のアメリカ社会に沸々《ふつふつ》と内在するロシア懸念の機運を蒸出《あぶりだす》するように陽表化させたといえる。

先に、戦争は始めるより終わらせる方が難しいと書いた。無謀であったとされる太平洋戦争においても、当初開戦に否定的であった山本五十六が、「緒戦から一年や一年半は暴れて御覧に入れます。」

と述べたのは、「せめて、収束策をその間に頼む。」という意味合いであっただろうし、開戦前に彼我の国力の差を冷静にはじいて、戦争の行く末までを設計《シミュレート》した痕跡はあるにはある。

しかし、結果的にその「設計」は「施工」されなかった。状況が変化して施工主の意向が途中で変わったせいではなく、そもそも施工主が設計の趣旨を尊重する気がなかったからである。「総力戦研究所」という組織が一九四〇年に設立され、開戦の三ヵ月前に日米の国力比較の報告書を出した事実はあまり知られていない。この機関は、首相直属の機関であって、当時の官民の少壮知見(4)を結集して構成された公的組織であった。出した結論は、「日本必敗」であった。しかも、その理由として、我が国は、「統帥権の範囲が広すぎて、政治、軍事の調整が不備であること、日米の国力に差がありすぎて、日本は長期戦に耐えられないこと」がズバリ指摘されていた。結果内容は、総理官邸において、近衛文麿首相、東条英機陸相などに正式に報告された。しかし、東条陸相は「これはあくまで机上の演習であり、実際の戦いは計画《せっけい》通りにはいかない。日露戦争も勝てると思わなかったが、勝てた。この演習結果には、意外裡の要素が入っていない。この演習結果を軽はずみに口外してはいけない。」と固く封印した。

本稿を含め、一連の拙文は決して戦争礼賛ではない。しかし、近代において国家が干戈《かんか》を交えるのやむなきに至った場合には、それが総力戦であること、従って、軍事だけの発想で戦争を設計してはいけないことは要諦《ポイント》である。また、それを前提にして冷静かつ科学的に彼我の身の丈に即して「終わりを図る」ことが不可欠であることが、どれほど認識されていたかに注目することが肝要である。従って、歴史に学ぶとき、仮に戦いのやむなきに至った場合でも、その遂行には、外交や広報などを包摂《ふくんだ》した総合的な政治判断、戦争設計が不可欠であり、そのことをときの為政者・戦争指導者がどこまで自覚していたかが決定的に重要であるとの視点が大事である。

此の点に鑑みると、太平洋戦争は負けるべくして負けたのである。一方、日露戦争については、勝つべくして勝ったとは、敢えて言わない。「身の丈」を自覚し、負けないよう終わる周到な工夫の末に、勝ちを拾うように勝ったのである。

さて、以下は主題を綴り終えた後の追記である。

日露戦争における日本の勝利、とりわけ日本海海戦におけるバルチック艦隊殲滅の知らせは、極東におけるバランスオブパワーに変化をもたらした。

アジア各国の自立心を覚醒《めざめさせ》するとともに、ロシアとの関係ではその勢力が後退した分だけ日本の存在感が高まり、アメリカにとってはフィリピンとの関係もあり、太平洋を挟んで次なる潜在的ライバルとしての日本が意識されるようになった。同盟関係の流動性である。ルーズベルトですら、日本戦勝の後は日本に対する姿勢を大きく変えている。

前後するが、日本は樺太の半分の領有権、旅順、大連の租借のほか、南満洲鉄道（東清鉄道南満洲支線の大連―ハルピン間）の経営権を得ている。

この権益は単に鉄道だけでなく、当時の実勢として沿線の施政権にまで及ぶ含みのあるものであった。実はアメリカの鉄道王ハリマンは、講和成立後いち早くこれへの共同経営参画を提案して、ときの桂首相との間で仮協定まで結んだ事実がある。しかし、ポーツマスから帰国した小村が、「同胞の十万人を骨にして守った満州をアメリカに売るのか。」と激怒して紛糾。結局この共同案は陽《ひ》の目を見なかった。歴史に「if」はないが、この地での日米の合作《きょうりょく》が出来てアメリカがステークスを持っていたら、太平洋戦争を含むその後の歴史、地政はどうなっていただろうか。この話題は、意味するところが深く、次の稿でも再度取り上げて、もう少し掘り下げてみたい。

さて、本稿は、金子堅太郎とセオドア・ルーズベルトとの話が中心であり、ある時期の両者の絡みこそが重要である。従って、両人の経歴をベタで紹介するのがこれほど似つかわしくない物語も珍しい。しかし、人物中心の本エッセイシリーズの慣例で、二人について以下簡単に点描しておきたい。

満州・樺太周辺図

金子は、一八五三年（嘉永六年）福岡藩士の家に生まれ、藩校修猷館に学んだのち東京に遊学。岩倉使節団に同行した藩主の随行員として渡米。ボストンの小学校、中学校で英語を初歩から学んだあと飛び級でハーバード大学に進学した。卒業、帰国後、法制度研究、自由民権運動に関わるうちに元老院に出仕。太政官、枢密院書記官などを経て、伊藤博文の下で井上薫、伊東巳代治らと共に大日本帝国憲法、皇室典範などの起草にあたり、制度取調局長として、選挙法、貴族院令などの起草も手掛けた。それらの功により男爵となる。その後本稿で紹介した渡米までに、農商務次官、農商務大臣、司法大臣を歴任。日露戦争後は日本大博覧会会長、日米協会会長などとして活躍した。一九四二年、交戦状態に至った日米関係を深く憂慮しつつ九十歳にて死去。従一位大勲位菊花大綬章伯爵。

ルーズベルトは、アメリカの第二十六代大統領。一八五八年ニューヨークに生まれる。下院議員、海軍次官、ニューヨーク州知事などを経て、第二十五代マッキンリー大統領の副大統領となる。その大統領が暗殺されたため、四十二才の若さで大統領に就任。日露の講和を仲介したことにより、一九〇六年のノーベル平和賞を受賞している。未開地探検、猛獣狩りなどの趣味人でもあり、自ら仕留めた熊（ロシアの象徴は熊！）の毛皮の敷物を明治天皇に贈呈したこともある。その男性的行動とリーダーシップから、歴代大統領の中でも依然人気の高い一人。なお、フランクリン・ルーズベルト大統領（第三十二代）は彼の五従弟（セオドアの姪に当たるエレノアをフランクリンは妻にしており、二人は大変近い血縁である）。一九一九年六十歳にて死去。

（1）伊藤博文というと、長州出身ながら藩閥政府の大立者であった大久保利通の下で経験を積んで、それを引き継いだとの印象があるが、長期的ヴィジョンを持ちつつ行政的な処理能力にも長けた人物として、また薩摩閥にもその他にも顔が利く存在として政府の中で重きをなしていた。彼は、恩師ともいうべき木戸孝允がどちらかと言うと慎重居士で理想主義に走りがちであったのと比べると、飾らない性格の現実主義者であり、帝国主義時代の列強の国際規範や形成途上の近代国際法条理にも通じていた。

伊藤と明治天皇との関係については、少し説明が要る。憲法制定に際し、若き天皇は自らの位置付けに疑心暗鬼であられたと言われている。しかし、伊藤から「主権は天皇にあるが、平時はその行使を内閣に委任し、その輔弼《ほひつ》を受ける、それにより責任が直接天皇に向かわないようにする。いざという時はその限りにあらず。」という君主機関説に近い調整型の立憲君主制の趣旨の説明を受け、これを了知されたといわれている。自らの立ち位置を確認され、伊藤への信頼を篤くし、以後表裏の相談相手として重用されたと言われている。尤《もっと》も、その憲法観がその後の憲政において貫徹されたかどうかについては別論である。

（2）本稿では、講和会議当時の対外広報・世論形成の面に着目して論じているが、小村寿太郎が我が国の国際的地位を高めるため、列強と精力的な外交交渉を多岐に展開し、我が国の発展に大いに寄与した事蹟は忘れてはいけない。彼は、日向の国飫肥《おび》藩の出身。司法省、大審院判事などを経て外務省に移り、駐韓、駐米、中露、駐清公使、政務局長、次官を歴任。桂内閣では二度の外務大臣を務めた。最初の折には、ポーツマス条約交渉に全権として活躍する前に、義和団事件講和会議に全権として出席したほか、日英同盟締結（一九〇二年）に携わり、二度目の折には関税自主権の回復により所謂不平等条約の撤廃を成し遂げている。一九一一年のことである。偉業を成し遂げ、同年十一月、五十六歳で葉山にて死去。

（3）講和条約の最終の結果が国内に知らされるや、彼我の戦力の実情を知らされず、戦勝の見返りに期待が大きかった国民の間に失望感が広がり、日比谷での焼き打ち事件（一九〇五年九月五日）など騒然とした世情となった。しかし、その交渉妥結が国益に叶うものであり、折衝の労苦を知る政府首脳は、帰国する小村を、抱擁《だきかかえ》るように出迎えた。桂首相、山本海相は、万一爆弾でも投げられたら共に倒れんとする覚悟で、怒号の中を新橋駅に降り立った小村を、その脇を両方から挟むように総理官邸までエスコートしている。

（4）参加者には、玉置敬三（のちの通産次官）、佐々木直（のちの日銀総裁）などの名前がみえる。総力戦研究所のほか、宮崎機関、秋丸機関などのグループも国力比較検討をしている。

渡りて聞かむ雁金《かりがね》の声　——高橋是清の奮闘——

日露戦役についてのシリーズの掉尾《さいご》は、愈々《いよいよ》われらが達磨さんこと、高橋是清の登場である。尤《もっと》も、知財関係者（初代特許局長・現特許庁長官（1））としてではなく、財政金融家としてである。ここまで、乏しい国力を身の丈で認識し、叡智と周到な戦略で国難に臨んだ幾人かの先人の奮闘ぶりを描いてきた。その「乏しい国力」の最たるものに、戦時の国家財政を賄《まかな》うための国際金融の面での桎梏《げんかい》、分かりやすく言えば「海外での戦費調達の困難」という問題があった。この戦争の成否はこれを抜きにして語ることは許されないであろう。

順次これより記していくが、日露が戦端を開いた時、我が国には戦費を賄《まかな》う算段はまるでついていなかった。俗に何か必要な対応に迫られても、それに先立つ資金がない時に「ない袖《そで》は振れない」と言うが、この時我が国は、先に「ない袖を振ってしまった」のである。そして、「押っ取り刀で《とるものもとりあえず》」その袖を作るべく奮闘したのが、ときの日銀副総裁の高橋是清である。その活躍により、前後六回の海外における日本公債発行を果たし、戦費を賄《まかな》うことができたのである。それには彼の金融財政家としての知識と豊かな海外経験に裏打ちされた英語力と胆力だけでなく、ユダヤ系米財界人ジェイコブ・H・シフとの「天佑とも言える偶然の出会い」が、大きく寄与したとされている。それは事実として決して誤りではないが、胆力はともかく偶然で以って国運が切り開かれたというほどには、当時の時代背景は単純《ナイーブ》ではなかった。

本稿では、彼の貢献を正しく評価するとともに、その資金調達とその成果が爾後の我が国にどのような余波を及ぼしたのかを綴ってみたい。それがこの戦役の歴史的評価にも叶うと考えるからである。

日本は、一九〇四年（明治三七年）二月、ついに対露宣戦布告し交戦状態に入った。御前会議で開戦を決したその夜のうちに、金子堅太郎が伊藤博文から対米工作のために渡米を指示されたことは前稿で触れた。その数日後、築地の料亭では、元老の井上馨、桂総理、曽根大蔵大臣、松尾日銀総裁らが日銀副総裁の高橋是清を上座に誘《いざな》い、欧米での資金調達の任に当たるよう拝み倒さんばかりに懇請した。高橋は「百方辞退」したと伝えられるが、余人に適任が居ないことも自明であった。遂に苦難の任務を受諾し、高橋は感極まった重臣たちと抱き合って泣いたという。その後、渡航前の日銀での壮行会でも、乾杯挨拶に立った井上は涙を流し、列席の者も暗涙に暮れたとされる。任務の重さを鑑みてのことであるが、明治の男子は純粋に感激性でよく泣いた。

二月二十五日、高橋は秘書役の深井英五ひとりを伴って渡米の途についた。高橋らが乗った船は米国太平洋郵船のシベリア号であるが、実は前稿でご紹介した別命を帯びた金子堅太郎と同じ便である。この二人が決して短くない航海の間に随分と意見を交わしたであろうことは想像に難くないが、それぞれの記録である「高橋是清自伝」にも「回想講演録」にも殆ど言及がない。不思議ではあるが、彼らの置かれた立場からすると、おいそれと記述できないお互いの事情があったのであろう。この二人は重大任務を受けるに当たって期せずして同じ条件を重臣に念押ししている。即ち、「任せる以上、自分のやり方に任せてほしい」と言うことであった。とりわけ、金融はどの系列、ブローカーを使うかなどを巡り自薦他薦がひきもきらない領域であり、折衝チャネルの一本化、責任所在の明確化の念押しは、混乱を避け新興国の信用を担保するという意味では格別に重要であった。

当時高橋が背負った任務は重大であったが、出発に際して是非にと政府から切望された点が二つあった。ひとつはスピード、もう一つが確保すべき金額が一億円であるということであった。

金策の前提として、開戦時には戦費の総額は四億五千万円と見積もられていた。但し、一年くらいかけて朝鮮からロシア軍を一掃するまでという前提での費用積算であった。因みに、当時の国家予算（一般会計）規模は二億五千万円ほどであった。日清戦争において、戦費の三分の一が海外に流失したという経験則に立つと、一億五千万円の正貨が失われる見込みとなる。「正貨」というのは金《ゴールド》のことで、当時我が国は金本位制を採用しており、全ての内外の経済活動の根幹

高橋是清像と高橋是清邸（東京赤坂　高橋は赤坂に自宅があり、二・二六事件はこの地で起きた。のちに母屋は移築され、庭などの佇まいを残し今は高橋是清記念公園となっている。彼の像は公園の正面入口から見て左奥にある。敷地隣は在日カナダ大使館である。赤坂から移築され、戦時の空襲を免れた自宅母屋は、小金井市の「江戸東京たてもの園」にそっくり残っている。）

は金の保有高にリンクされていた。ところが、開戦時の日銀保有正貨は一億千七百万円しかなく、仮に開戦となれば、日清戦争時の経験に鑑みると、外国銀行による持ち出しが三千五百万円、輸入品の通常支払いが三千万円と見込まれ、これらを勘案すると五千二百万円の正貨しか残らないと試算された。従って、その後の戦費海外流出を考えると、なお一億円の不足が生じるので、これを正貨が枯渇する前に外貨で調達せよというのが高橋に課せられた任務であった。

勿論、戦時には金との兌換を取りやめるという選択肢もあり、第一次大戦のときには列強も一斉に金本位制から離脱（金輸出停止）した。しかし、この時の日本は増税と国内起債（内国債）だけで戦費を賄うだけの余裕がなく、海外からの資金確保が不可欠であった。そうであれば尚更《なおさら》のこと、国としての「国際信用」の証《あかし》でもある金本位制の維持は必須であった。いわば、戦費の海外調達をするには、「金本位制の足枷をクリアするために金本位制にスキームに固執する」という苦しくも皮肉な対応を強いられたのである。

尤《もっと》も、一億円という金額については、国内には紙幣が流通しておりその兌換《だかん》用にも金準備が要るから、本当はもっと多額の外貨が必要であった筈であるが、海外での資金調達の困難性を予見しての故なのか、高橋が命じられたのは一億円の調達であった。

しかし、そんな意味もあって元々の額が過少にすぎ、しかも結果的に戦争は一年で終わることなく戦線が拡大したこともあって、以後の高橋への任務《ミッション》は追加の連続となる。戦費の見積もりは当事者によって、また試算時期によっても幅があった。参謀本部の中でも当初の段階でも部門により五〜八億円の幅があり、日銀では開戦四ヵ月経過後には十億円という新しい試算をしている。しかし、それらは一九〇四年内の休戦・講和を前提にしており、結果的には十億円ですら甘い見積もりであった。このあと順次述べていくが、実際には最終の軍事費は二十億円弱（各省の臨時事件費を含む。現在価値への換算は難しいが、四十兆円相当という計算もある。）にまで膨らむこととなる。

少し先を急ぎすぎたが、高橋に課せられた公債発行は、最初の一億円だけでも苦難の連続であった。高橋と深井はホノルル、サンフランシスコ経由で三月十七日にニューヨークに到着した。二人を待っていたのは、横浜正金銀行ロンドン支店長山川からの「ロンドンでの外債募集の見込みなし。正金銀行に鐚《びた》一文の信用なし。」との電報であった。正金銀行というのは日本と置き換えてもよく、ロンドンでは、日本政府の国際的信用がなく返済能力がないと看做《みな》されているから、相手にされないという意味であった。米国に着いたばかりの高橋一行にこんな電報をよこしたのは、「ロンドンは無理だから、こちらに来ないで米国で資金調達してはどうか」との趣旨であった。これも無体《ひどい》な話で、国際金融市場の王者ロンドンでダメなものを、外国公債に慣れない新生のニューヨーク市場でできるはずもないのである。今をときめくウォール街を擁するニューヨーク市場も、当時は外債といっても、フランクフルト債と米国・メキシコ金債の二つしか取り扱いのない小さなものであった。先に高橋へのタスクセッティングで「海外での資金調達の困難性を予見しての故なのか……」と書いた。我が国はこれ迄に海外での起債の実績がなくはなかったが、その数少ない既発債の価格は開戦後ロンドンで下落を続けていた。とても纏《まとま》った額の起債ができる環境ではなかったのである。

しかし、どんなに厳しくても、調達できないという結果は許されなかった。ダメと言われても、ロンドンに行かない選択肢はなかった。ロンドンでは、早速に、林董《はやしただす》駐英公使（2）、山川横浜正金支店長、更に先に欧州入りしていた末松謙澄などと状況分析を行った。末松謙澄は豊前国出身の政治家で、高橋とは、若き日の高橋がグイド・フルベッキ（キリスト教オランダ改革派の宣教師）の家に居候した頃からの知り合いで、お互いに漢学と英語を教えあった仲である。英国オックスフォード留学の経験もあり、日露開戦に当たっては、欧米での好日世論形成のための広報活動の重要性をいち早く見抜いて献策し、それが自らの欧州派遣、金子の米国派遣に結びついた。

　しかし、日本公債の下落は止まらず、ロンドンでの金融関係者との話し合いは、捗々《はかばか》しい進展を見なかった。ロシアに立ち向かう日本の壮挙にシンパシーは覚えるが、「ポケットは別」というのが金融関係者の正直な感触であった。彼らの多くは日本が戦時において金本位制の維持ができなくなるのではないかと懸念しており、また戦争は結局ロシアに分《ぶ》があると見ていたのである。しかも一億円というオーダーは決して小さくなかった。当時の為替レートでは、一億円は一千万ポンド（＝五千万ドル＝一億ルーブル）に相当した。日英同盟と言っても、英国政府が日本の公債を保証するなどということはあり得ず、ロンドンの民間銀行としては短期の少額融資を担保付きで提供するというアイディアくらいしか提案できなかったのである。

　そうした絶望的な状況に痺《しび》れをきたしたのか、四月に入ると「少額の私募債でもいいから、とにかく至急に資金を集めよ」との訓令が届く。本国の正貨事情が切羽詰まってきたのである。公債《ボンド》ではなく大蔵省証券《ビル》の発行が動き始めた。これには、パーズ銀行、横浜正金銀行、そして香港上海銀行が銀行団（3）を構成して当たった。ここに至る過程で少額融資などを提案していたベアリング商会、チャータード銀行は参加を見送った。ようやく出てきた四月二十一日における銀行団の提案は、「期間三年、四％クーポン、二百万ポンド（但し、百万ポンドまでは正味手取り九十三ポンド／百ポンド、二百万ポンドまでは正味九十ポンド／百ポンド）」でしかなかった。大蔵省証券は原則一年であり、この期間を三年としたとはいえ短期に違いなく、ビルは所詮ビルであったし、一千万ポンドのノルマには程遠かった。

ところが、このあとドラマチックに思える展開が待っていた。

四月二十一日、大蔵省証券の発行の外《ほか》には手がないと観念し始めていた高橋は、個人金融人カッセル卿からの使いだとするヘンリー・R・ビートンなる株式仲買人の訪問を受けた。ビートン曰く「日本の公債発行には是非とも一流の金融アドバイザーが必要である。アーネスト・カッセル卿は、英国王エドワード七世とも近く、ロンドンではロスチャイルド、ベアリング商会と並ぶ実力者である。アメリカのＪＰモルガンにも話をできる人物であり、日本のアドバイザーに相応しい。（彼を通じて）英米を巻き込んだ巨額の借款を持ちかけるべきである。」、「もしも日本が海戦同様に陸戦でもロシアを打ち負かす決心なら、借款は時期を待った方が良い。但し、待っている間にも準備はしておいた方が良い。」なんとも意味深《おもわせぶり》な物言いである。もとより戦費調達には額のまとまる借款（公債）に若《し》くはないのであり、大蔵省証券に食い足りなさを感じる高橋は、この口上に新たな可能性の閃《ひらめ》きを感じ取り、一挙に公債発行に舵を切った。ビートンの言う「ロシアを打ち負かした海戦」というのは、戦いというには小規模であったが、旅順口外での日露の小競《こぜ》り合《あ》いの最中、ロシア太平洋艦隊長官で世界的に有名な提督マカロフの座乗するロシア戦艦ペトロパブロフスクが、日本海軍の敷設した機雷に接触し、マカロフもろとも轟沈《ごうちん》したことを指していた。また、準備というのは投資家宛の目論見書など公募のためのドキュメンテーションを示唆していた。流石《さすが》に、公債規模は一千万ポンド（＝一億円）を一度には無理と見て、最初は五百万ポンドの部分発行とした。しかも担保に関税収入を当てざるを得なかった。

同行の深井らが日に夜を継いで日本への連絡、ドキュメンテーションの確認などに勤《いそ》しみ、一千万ポンドの半分ではあったが、遂に公債《ボンド》による資金確保第一弾の目途をつけたのである。

その成功を祝って、五月三日に高橋の旧友であるユダヤ系金融商社であるスパイヤー商会ロンドン支店長ヒルの家で、夕食会が開催された。そして、その席で高橋はたまたまシフという名前の米財界人と隣に座りあわせた。彼とは、日本の事情などを話して別れたのであるが、翌日そのシフから、残り五百万ポンドをシフの主宰するクーン・ローブ商会が引き受けるとの驚愕《びっくり》するような申し出を受けたのである。

シフなる人物とは、前日の夕食会では高橋はもちろん初対面であり、実は名前を聞き損なってシッフという別の英財界人と混同するくらいであったし、話といえば金策の話というより、日本人の国民性や戦争への取り組みなどの話題が中心であった。よって、一夜明けての残余債受託の申し出に、高橋が「天佑なり」とするのも無理からぬところであった。事後的に、シフが米国におけるユダヤ金融界の大立者《かおやく》であり、かねてロシアのユダヤ人迫害に深刻な危惧を覚え、その政治的、民族的な彼の対露嫌悪が日本への支援の背景になったという解説がなされ、この「偶然の邂逅《であい》の美談」が流布するに至っている。

確かにシフは、彼からの提案が一九〇四年四月頃の窮地に陥った我が国正貨事情に一息入れさせ、またのちに述べるようにこれに続く起債へも多大の協力関係が繋がり、我が国の戦争遂行・勝利に貢献したという意味で、一大功労者には違いない。しかし、高橋らが幸運と感じた偶然の出会いは、果たしてシフにおいてもそうであったのであろうか。また、その後の高橋の胸中はどうであったのか。

ジェイコブ・H・シフ像
（ウィキペディアより）

その話題に入る前に、ここで少し欧米における金融界の構造と意向を概観しておこう。当時ロンドンの有力金融機関といえば、ロスチャイルド、ベアリング商会が二大勢力であり、いずれもユダヤ系である。また、アメリカにおいてはＪＰモルガンが勢力を伸ばしていたが、これはユダヤ資本ではなく、むしろ典型的なＷＡＳＰ資本である。いずれもマーチャントバンクからインベストバンクへの機能を強化しつつあった。これら銀行と並んで、所謂《いわゆる》個人金融人という形の資産家も活躍しており、先ほど登場したカッセル卿、シフなどがそれに該当する。彼らはお互いに提携、離脱を繰り返しながら、有力な投資先を巡って熾烈な競争に明け暮れていた。当時、先進国向け投資の期待収益率が伸び悩みをみせ、新しい投資先として新興国が注目され始めていた。その新興国の中にあって、日本はある種の理想的な条件を備えた国であると映った。勤勉な国民を擁する立憲君主国であり、金本位制を整備し、鉄道などインフラ整備の需要に富んでいた。また、当時日本は国内の外国資本投下による不動産取得などに制約があったものの、その制度改正にも聴く耳を持つという国柄は、彼らに魅力的に映っていた。実際において、我が国はベアリング商会からの鉄道抵当法案のドラフトを受け取ったりしている。この件には、このあと別の展開を見せる話題の中で再度触れたい。

金融人同士の連携という意味では、カッセル卿とシフは特に親密で、日頃からお互いに行き来をし、夥《おびただ》しい数の通信を交わしあっていた。その中には、日本の起債の話題も当然にあったであろう。そこで、思い出して欲しいのが、カッセル卿の意を受けたビートンの高橋訪問とその二週間後の夕食会でのシフとの邂逅《であい》の情景である。

確かに、新規投資先として魅力的であっても、大国ロシアに挑む新興国日本の行く末に懸念は払拭されず、「女王陛下の銀行」とまでいわれたベアリング商会ですら、日本への投資には二の足を踏む状況であった。しかし、独特の情勢判断から、シフは早い段階から日本への金融支援を構想していた気配がある。先に彼が米国におけるユダヤ人社会のリーダーであったと述べた。彼は日露開戦前の時期のニューヨークのユダヤ商人会の席上で「七十二時間以内に日本はロシアと戦争を始めるだろう。日本はファイナンスが必要であり、私はこれに応じようと思う。」と明言している。ユダヤ社会からの日本への支援はニコライ皇帝の気分を逆撫《さかな》でして彼を一層のユダヤ迫害に追いやる危険性もあったが、それを恐れるより、少しでもロシアを弱体化させる方が得策だろうとの判断であった。

しかし、金融人としては日本が負けてしまっては困るのである。そこでカッセルを通じビートンをして、「借款の時期を待て」と言わしめたのであろう。更に、夕食会の席でシフが高橋と会った五月三日は、鴨緑江の戦いで黒木為楨大将率いる日本軍がロシア軍を破った四月三十日の直後である。これは欧州でも大きく確報として報道された。この時点でシフは「条件揃えり」として決断を実行に移し、高橋に近づき、翌日の五百万ポンド引き受けの伝達に及んだのである。夕食パーティで「たまたま」隣に座り合わせたなんてあるはずはないのである。シフは高橋の隣席目掛けて真っ直ぐに歩み寄ったはずである。

このあと、一千万ポンドの公債発行の条件は、香港上海銀行のキャメロン卿、クーン・ローブ商会のシフ、それにちゃっかりと最後に首を突っ込んできたベアリング商会のレベルストーク卿が三者で協議して切り回した。この間、文字通りディールメーカーたちの跳梁《わがものがお》をよそに、主幹事であったはずのパーズ銀行やら横浜正金銀行などは、全くの蚊帳《かや》の外であった。クーン・ローブ商会の参入が伝えられると、あれほど冷淡であったロンドン市場は掌《てのひら》を返したように沸騰した。「あの抜け目のないクーン・ローブが、目をつけたのなら儲かるに違いない。」と。言わば、シフの参入によりディールに「箔《はく》がついた」格好となった。ディールメーカーにしてみれば、目論見通り《してやったり》である。

一方、高橋の感慨はどうであったか。ともかくも課せられた一億円の調達は果たし、しかも米国とも渡《わたり》がついたということの意義は大きかった。しかし、率直に言ってかなり厳しい条件での発行であった。前後するが、高橋は日本を出る前に内々に起債条件を示されているのだが、それと比べても日本に不利な点が多い。それでも、背に腹は替えられないのである。一刻も早く資金を確保しないと、必要物資の輸入に支障が出て戦争遂行ができなくなるのである。前後して入った電報によれば、準備正貨はついに八千万円程度になり、準備率は二十二％にまで落ち込んでいた。一般に目安とされていたボトム準備率は三十％程度であり、これは既に明らかに危険水域であった。

一方、公債の発行条件は決して有利ではなかったが、高橋が得たものも小さくなかった。彼は、ゼロの状態から挑んだ世界の金融マーケットというものが、どのように動くのかを肌身で感じ取った。短期証券《ビル》から本格ボンドへの切り替えの意味、市場への仕掛けのタイミングの重要さ、そして新興勢力として投資家に何を提示しないといけないかを学習したのではなかろうか。条件面だけでなく、初めての起債において、高橋らは主導権を発揮したとは到底言えない。むしろ翻弄《ふりまわ》されたという方が適切な有様であった。天佑だと喜んでいる陰で、彼らの知らないところでことは進み、それはパーズ銀行などにとっても同じであった。本当に市場を切り回すディールメーカーの凄《すさ》まじさを目の当たりにしたのである。しかし、発行条件の悪さは、裏返せば投資家の利益であり、「初お目見え《ポッとで》」の起債者としては、最初はその悪い条件に甘んじることが必要であったし、結果的に、それは投資家への次に繋がる「名刺代わり」であった。この「名刺代わり」とは言いじょう、その解釈にもよるが、その条件は投資家にかなり甘かった。そのことは、売り出し初日からプレミアムが付き、店頭に債券を求める異例の長蛇の列ができたことでもわかる。この時の日本起債が人気を呼んだのには、幾つか要因がある。徐々に伝わる日本の会戦勝利

第一回の起債にみる彼我の思惑

	日本政府よりの希望条件	起債内容
クーポン（利率）	5%以下	6%
金額（ポンド）	1000万（分割可）	1000万
期限（年）	55年	7年
政府手取（%）	96%	90%

の情報や本文に述べたクーン・ローブ参入のインパクトもさることながら、担保として関税収入が明記され、それが支払い利息の三倍もあることから安心感があった。更に、最初からプレミアムを生むほどの価格の安さが好感された。とりわけ、当時のロンドンでは、購入金額が分割払いであったので、最初の少額振り込みで債券を入手でき、早くからプレミアムを活用して売買利益を上げることができたのである。言わば、レバリッジの効いた優良案件であったのである(4)。

最終の起債の詳細は、後掲の表の通りである。半分をロンドンで、残りはニューヨークでの発行である。ロンドンでは、パーズ銀行、香港上海銀行、横浜正金銀行が、ニューヨークではクーン・ローブ商会金融グループ(クーン・ローブ商会、ナショナル・シティ・バンク、ナショナルバンク・オブ・コマース)が引き受けた。

ただ、ドキュメンテーションの最終段階はちょうど鴨緑江会戦の直後であり、国内は沸き返り、事実それを梃子《ざいりょう》に発行条件の改善を交渉せよという訓令が届いて、高橋たちを悩ませた。事情を知る林公使が「交渉の前面に立った高橋を信頼せよ」と敢然と弁護に回ってくれたが、既に成就《ダン》した条件を蒸し返すわけにいかず、国内対策上、発行条件の事実上の折衝は鴨緑江海戦の前に既に決まっていたとするニュアンスを、国内対策上出

高橋是清と深井英五
(ロンドン滞在中の写真「高橋是清自伝」より)

す必要に迫られた。是清の自伝や深井の手記などを仔細に読むと、これほどのエポックメーキングな経緯なのに、この間のクロノロジーに曖昧さを残す記述になっており、苦肉の前後調整の形跡を窺うことができる。

こうして、兎にも角にも任務は立派に達成されたのであるが、発行条件などが国内で報道され始めると、危うい正貨事情などつゆほども知らされず戦勝の知らせに湧く国民・マスコミからは、公債発行交渉ぶりを問題視する声が上がってきた。高橋は一旦帰国しての国内向けの釈明・説明を希望したが受け入れられず、代わりに、「残留の上、更に二億円ほどの資金調達をせよ」との指令が届いた。しかも、第一回の起債からまだ一ヵ月余しか経っていない六月の中旬のことであった。当然最初の起債の分割払い込みも完了しておらず（最終は八月下旬）、「もう発行はない」と現地新聞記者に啖呵《たんか》を切った手前、高橋は「どの面さげて」と頭を抱えざるを得なかった。

戦況は悪くはなかった。旅順沖の黄海海戦でロシア太平洋艦隊に大打撃を与え、遼陽の陸戦でもクロポトキンを背走させた。しかし、戦線はすでに朝鮮国境を超えて満州に広がって戦争は長引き、補給線の延長とともに費用も嵩《かさ》んできた。またもや、国庫の資金が底をつき始めていたのである。しかも、日本公債はその価格が意外なほどに戦況の良さに反応せず、むしろ日本の戦争継続を危ぶむ気配に押され、大きく売られる展開となっていた。

このような状況下、流石に前回より有利な条件での起債を臨むのは困難であった。本国とのやりとりで、市場との関係で少し間《ま》を測るべきとの高橋の意見が受け入れられ、また軍事行動との連携で第二回の旅順総攻撃（の成功）を待って起債するべしとなった。しかし、十一月に入ると旅順攻撃の失敗の報が伝えられ、もう待つべき材料のない高橋としては致し方なく債券募集に入ることとしたのだが、幸運の神はまだいたのである。それと前後して「ハル事件」と呼ばれるバルチック艦隊によるハプニングが生じた。バルチック艦隊はこの時日本海までの回航途上にあったのだが、北海上で英国の漁船を日本の水雷艇と見間違えて誤射し、そのまま逃げ去るという失態を起こしたのである。これが英国の世論を沸騰させ、日本支援の機運とともに日本公債の価格が少しずつ持ち直す展開となった。第二回の起債は第一回と同様のメンバーによる引受で、ロンドン、ニューヨークで六百万ポンドずつ、総額千二百万ポンドの規模でなされた（十一月二十四日）。その入金直前の正貨準備率は二十一・一％であり、綱渡りの事情は全く変わりがなかった。

高橋らは十二月八日、漸くに認められた帰国の途につき、翌一九〇五年一月十日に横浜に到着した。十一ヵ月ぶりの祖国であった。その間、旅順要塞の陥落があり、国内は歓喜に満ちていた。当然のことのように、新聞論調は高橋に対して辛辣《ようしゃなかっ》であった。「軍が破竹の戦勝を遂げているのに、発行に手間取った挙句、同じような業者ばかりを使って安い価格での発行に甘んじた」云々といった調子であった。東京に戻った高橋は、元老の井上、松方、首相の桂、日銀総裁の松尾などに帰朝報告し、参内《さんだい》もしている。彼らに多言は無用であった。高橋の苦労はよくわかっており、その業績を嘉《よみ》して彼を従四位に叙し貴族院議員に勅選している。高橋の叙位とともに、彼が起債で世話になった欧米金融人にも叙勲の沙汰がされている。ベアリング商会のレベルストーク卿に勲一等瑞宝章、ジェイコブ・H・シフに勲二等瑞宝章、香港上海銀行のジャクソン卿に勲三等瑞宝章など数名が対象になっている。シフよりもレベルストークの方の扱いが高いのは、シフのクーン・ローブ商会のアメリカでの引き受けが形式上ロンドンからの下請け的な位置付けになっているからだと思われる。専門用語で言うと、ロンドンがプライマリーでニューヨークがセカンダリーという整理であろう。実態から言うとこのシフの評価には違和感があるが、のちに触れるように彼は再度の叙勲の栄に浴することになる。

高橋は、正式に「帝国日本政府特派財務委員」に発令されている。名誉なことではあったが、その肩書きが与えられたのは、高橋の任務がまだ終わっていないことの証左であった。早速一月下旬には首相官邸に呼ばれ、伊藤、山縣、松方、井上の元老を前にして、桂首相から「もうあと二億円ないし二億五千万円の追加公債募集」を要請されている。高橋の苦労を知る彼らにしては「これを最後の外貨募集にする」覚悟であった。逆に言えば、今回の募集でもって戦争を終わらせないと、勝っても負けても財政はもたないという緊迫した認識であった。

新しい任務を帯び、高橋は深井に新たに書記を一人加えて、二月十七日に再び旅立った。三月の六日にはバンクーバー経由でニューヨークに入っている。そして、早速にシフと起債の算段に取り掛かっている。先に最初の起債のあとの高橋の心境に触れた。カッセルやシフといったディールメーカーの遣り口に翻弄され、忸怩《じくじ》たる思いをした彼には、今回は期するところがあった。言わば、最初の二回のプロセスは、彼にとって「修業と経験」の機会であったのであり、その教訓を生かすべく、彼は投資家との「間合い取り」を変えた。すなわち、「発注者、顧客は此方《こっち》だ」という距離を置いて相手の出方を待つような、ある意味「お高くとまる」対応を改めたのである。この辺の対応の変化を具体的に記すことは難しいが、象徴的な比較事案を一つ挙げるとすれば、最初に五百万ポンドの引き受けの提案をもたらしたシフから会いたいと言われた際の高橋の対応を思い起こすのがいいかもしれない。未だシフをシフとして認識していないこともあってか、「会いたければ会いたい方が来れば良い」と言い放ったことが分かり易いだろう。ヒヤヒヤする使いの者や深井をよそに、結局大富豪のシフを自らの安ホテルまで来訪させている。それに対して、今回は、投資家、特に有力金融人の懐に飛び込み、積極的に対話《コミュニケート》する大切さを実践に移し、その中で得た感触、肌触りをもとに、時局をより注視しながら交渉の内容とタイミングを計ることに注力するようになったのである。

やや前後するが、一九〇四年十二月の待望のロンドンからの帰国に際し、途中わざわざニューヨークに立ち寄り、シフの一家と親しく交歓し、シフの娘婿の兄であるドイツの有力マーチャントバンクのマックス・ウォーバーグ、JPモルガンのパートナーであるコナントとも面会している。ここまで書いてきて意外であるが、カッセル卿とはその際のシフの晩餐会で初めて会っている。短い滞在であったが、シフとはまさに「ウマが合い」、昵懇《じっこん》の間柄になっている。ここでできたドイツのウォーバーグとの関係は、第三回の起債においては独英間の微妙な思惑の差により実を結ばなかったものの、更にのちのドイツの参画の伏線になっていく。

また、短い期間での小刻みの少額起債を繰り返す印象を避けるため、本国からの要請の枠を越えて一挙に三億円の纏《まと》まった規模にまで起債額を膨らませることとした。更に、タイミングという意味では、一月二十二日に所謂「血の日曜日事件」が起きてロシア国内の混迷が増し、三月十日には奉天への日本軍入城が報道され、ジリジリと起債の環境が整うのを見逃さなかった。ロシアはその大国性のゆえに、ずっとその公債の価格は下がらず、この間利回りも低いままであった。ロシア債と日本の公債とのスプレッドの差は、一時二％以上もあったのだが、それが遂にゼロになったのもこの頃である。

　今回は、ニューヨークでシフと大枠の起債条件を詰めて彼と先に「握り」、その後にロンドンに渡ると、いつもの銀行団だけでなく、ベアリング商会のカッセル卿をも招集した上で、完全に高橋がイニシアティブを握っての折衝を行った。起債は三月二十九日。条件は後掲の表の通りであり、クーポンといい、償還期限の長さといい、規模といい、内容は断然改善されている。

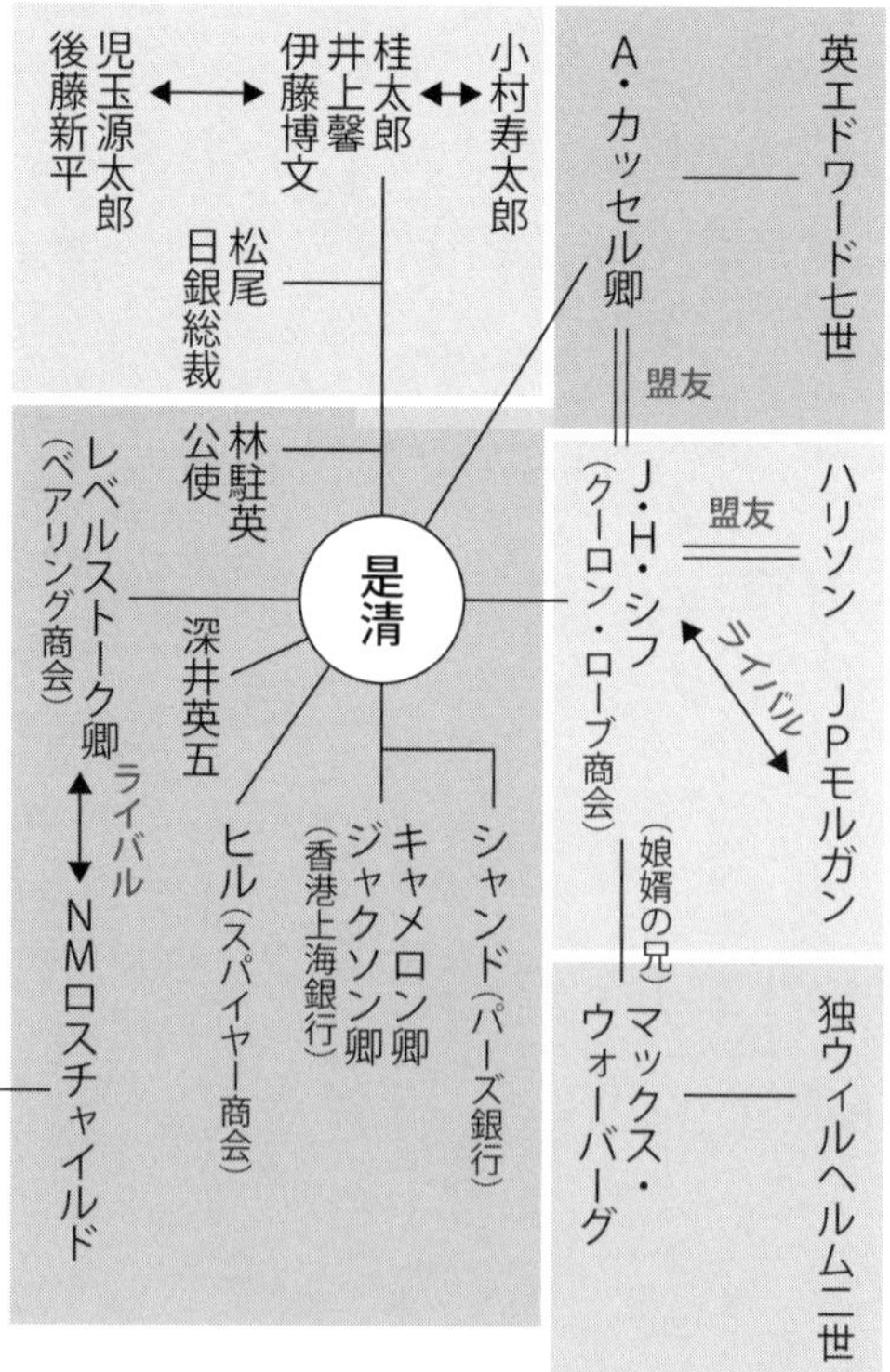

是清をめぐる相関図

　こうして満足のいく起債を成し遂げたし、五月末には日本海海戦での大勝の知らせも届いた。高橋は今度こそ帰国し、お役御免になることを期待した。しかし、またしても好事魔多しである。三億円

（三千万ポンド）の公債発行の後、日本国債の価格は再び下落に転じた。奉天の会戦は日本の勝利ではあったが、ロシア軍は余力をもって退却し、本格決戦の構えを見せていたし、何よりニコライ皇帝に「自国が負けている」という感覚がなく、講和の糸口が全く見えていなかった。最前線は、児玉源太郎が「これ以上戦争は無理だ」と上申するような状況であって、現地に兵を貼り付けておくだけでも膨大な費用を要した。日本国内では国民に戦況の実情は知らされていない。だが、日本よりむしろ欧州の方が、こうした機微には敏感であった。更にイタリアで建造中のアルゼンチン向けの二隻の最新装甲巡洋艦を急遽購入する手筈となり、これは日本海海戦を控える海軍艦隊にとって重要な補強・体制強化策となり、国内では大いに持て囃《はや》されたのだが、その出費は正貨管理の観点からは馬鹿にならなかった。また、国内債(5)も多くを望めなくなりつつあり、いずれにせよ、改めて海外資金調達の上積みが必要となっていたのである。

松尾日銀総裁からは、更に三億円を調達すべしとの訓令が届く。先の訓令指示の金額を超えての大成功の三回目起債からまだ二ヵ月半の時である。訓令では、戦後の整理国債との名目になっているが、講和も出来ていないのに整理国債であるはずはなかった。この頃は、アメリカではまだ金子がルーズベルトに講和会議主宰を画策している最中であった。この指令を受けた高橋の胸中や如何であったろう。意を決して、シフに追加の資金調達の相談を持ちかけるしかなかった。「舌の根も乾かぬうち」というのはこのことである。是清自伝では、快く相談に応じてくれたとあるが、そんなはずはなく、深井の手記には困惑したシフとのやりとりを伺わせる記述がある。

それでも最後は、シフは協力を約束する。「講和はまだだが、講和協議中も二十万人の兵力維持は必要だし、日本の資金不足を見透かしてロシアが強気に出ないようにするためにも見せ金《チョーク》が要る」との苦しい高橋の説明に、シフはついに首を縦に振った。そこまで濃厚な個人的関係ができていたとも言えるが、シフにはドイツを巻き込むことでリスクを分散しつつビジネスを広げるという目論見《もくろみ》があった。高橋とシフはシフの娘婿の兄であるドイツのウォーバーグに電報を発し、三億円のうち一億円をドイツで引き受けられないかと恐る恐る打診をした。ところが、ＯＫの回答は瞬《またた》く間に届いた。まるで映画でも観る気分であるが、電報はハンブルクでヨットレース観戦中のウィルヘルム二世皇帝のお召艦に財界人たちと一緒に同乗中のウォーバーグの元に届いたのである。艦内で彼は電報を皇帝に見せ、皇帝から「やってやれ」の言葉を得るや、同乗中の中央銀行総裁以下金融の要人に話を回し、あっという間にドイツ銀行、ドレスナー銀行など十三行からなる引受団をアレンジしてしまった。英国はドイツの参加に難色を示したが、ダメなら米独だけでもやると強気で交渉し、最終的に米英独の布陣によって三千万ポンドの起債を実現さたのである。かねてロシアを支援してきたドイツの日本陣営への参加は象徴的であった。四回目の募集開始は七月十一日のことである。その頃小村寿太郎外相はポーツマスに向けて航海中であった。起債成就の報は、まさに交渉者への力強い側面援護となった。

ここで少し時間を進めて、この後に続く本当の意味での整理国債の発行についての高橋の活躍を追って行きたい。ポーツマス条約が締結されて日露戦役は終了するのであるが、賠償金の獲得がならなかったのは周知の通りである。条約の結果を不満とする日比谷の焼き討ち騒乱などにより既発債価格の下落を心配させる場面もあったし、正貨管理の観点からは、賠償金がない以上、膨れ上がった外債の負担軽減は急務であった。戦前における国債費（内国債分を含む）の予算に占める割合は十二％程度であったが、戦後は三十％程度にまで膨らんでいる。また、早い時期に発行した海外債券の利率は高く、これを低利のものに借り換えようとすることは当然の対応であった。しかし、短期間に相当量の起債をしたためロンドンの市場には飽和感があり、いつものロンドンの銀行団は乗り気でなかった。

そこで、高橋は新たにパリの市場に着目する。フランスはロシアとの関係が深く、長年その起債を手助けしていたが、ロシア国内の混乱以降はこれを手控えるようになっていた時期であった。であるが、むしろその故に尚更《なおさら》、ロシアを刺激しないよう外交的な配慮を重視し、掌《たなごころ》を返したようなパリでの日本公債の引き受けには慎重であった。しかし、高橋はロンドンのN・M・ロスチャイルドが動くなら、パリのロスチャイルドも協力に吝《やぶさ》かでないとの感触を掴《つか》んでいた。パリのロスチャイルドは、公式には交戦中の国家に対しては発行銀行にはならないとの立場であったが、シンジケートには参加しており、急速に存在感を増した日本債券に関心がないわけではなかった。これまでの経緯《いきさつ》から、自己を排除して進む起債のフォーメーションに自尊心を陰らせていただけであった。この辺の呼吸は高橋が欧州の金融人との交流を通じ会得《まなんだ》したものであり、「ここまでベアリング商会やカッセルとは経緯があって世話になってきたが、ロンドンではやはり取引先としてロスチャイルドの名前が欲しい」とかき口説き、まずロンドンのN・M・ロスチャイルドを、そしてパリのロスチャイルドを動かすことに成功する。こうして整理国債は大型の五千万ポンドとする仕切りが成立し、まずその半分の二千五百万ポンドを国内債の借り換え相当として発行することがまとまった。そして残りを六％クーポン外債の借り換えとして保留することとし、前者が五回目の募集、後者が六回目の募集となった。五回目の募集は、一九〇五年十一月二十八日付とし、千二百万ポンドをパリで、千三百万ポンドを米英独で按分引受とした。利率は四％、期限は二十五年である。

そして最後の残り二千五百万ポンドの処理のため、高橋らが欧米に渡ったのは、一九〇六年の九月のことであった。しかし、アメリカの所謂一九〇七年恐慌の兆しを感じ取ったシフが今度ばかりは乗り気でなく、従ってドイツ勢も動かなかった。若干の紆余曲折はあったものの、利率を一％上げることを条件に、前回のツテを活用してロスチャイルドを中心に英仏で引き受ける形で処理を完了した。一九〇七年三月のことであった。同年五月十日、高橋、深井は本当に今度こそ、全ての任務を完了して帰国した。

高橋是清の手掛けた公債発行一覧

回	時期	発行額（ポンド）	年利（%）	担保	期限（年）	発行銀行（国）
第1回	1904年5月	1000万	6.0	関税	7	英、米
第2回	11月	1200万	6.0	関税	7	英、米
第3回	1905年3月	3000万	4.5	煙草専売金	20	英、米
第4回	7月	3000万	4.5	煙草専売金	20	英、米、独
第5回	11月	2500万	4.0	無担保	25	英、米、独、仏
第6回	1907年3月	2300万	5.0	無担保	40	英、仏

「昭和財政金融史」より作成

ここまで長々と戦費調達のための高橋の奮闘ぶりを書いてきた。勃興期のインベストメント金融の真髄に接し、当初の苦戦を糧《かて》にして、数々の交友・人脈を生かしながら、矢継ぎ早の資金調達課題に果敢に立ち向かった使命感とバイタリティには、頭が下がる思いがする。

任務を帯びてから三年三ヵ月の間、都合太平洋を六回、大西洋を八回横断し、一億三千万ポンドの資金を調達したのである。内訳は、戦時中八千二百万ポンド、戦後借換え四千八百万ポンド、日本円にして総額十二億七千億円相当であった。なお、六回目の借り換えにおいては、発行価格が高かったため、正味の手取りが増え、発行枠を二百万ポンド節約できたため、借換え総額は四千八百万ポンドとなった。日露戦争の戦費支出は十八億七千万円と言われているから、借り換え分の計算評価が難しいものの、戦費の約半分相当の額が高橋による調達で賄われたと言えるのではなかろうか。

前稿では、異郷での「パブリックリレーション」を通じて国運を開いた金子堅太郎を取り上げたが、高橋是清は、生馬《いきうま》の目を抜くような国際金融場裡で、「インベスターリレーション」に活路を見出して必要資金の確保に奔走し、国運をかけた戦略遂行を支えたと言える。

よしあしの中に掛かりし高橋を
渡りて聞かむ雁金《かりがね》の声

苦労して金策を果たしたのに無責任な批判に晒《さら》される高橋に対し、元老の井上薫が激励に送った句である。庭園の情景に寄せて「よしあし（簀、葦）」は、評判の「善し悪し」にかけ、「雁金」は「借り金」にかけて、日本の財政を支える欧米との「高い架け橋」になれとの意味を込めている。表題はここから取った。

高橋はその後一九一一年には日銀総裁に就任し、一九二一年に首相にもなり、その前後で農商務大臣や幾度にも亘り大蔵大臣の重責を担い、昭和の金融恐慌、金輸出再禁止はじめ多くの政策に治績を残した。とりわけ自らの外債発行に関連するものも含め、日露戦争によって膨らんだ歳出の縮減、殖産興業拡大への資金の優先振り分けとそれ以外の支出の抑制、繰延《くりのべ》に尽力した。その姿勢は、一貫して経済における実践・実装を旨とし、「国力以上の施設を為さないようにする」というものであった。軍備についても、戦後の身の丈に合うよう抑制しようとした。

しかしながら、それを不満とする若く血気にはやる陸軍将校らに咎《とが》められ、彼の妻をして「無残というより、卑怯《ひきょう》でございます」と嘆じさせるような二・二六事件の悲運に見舞われた（一九三六年、享年八十三歳）。

さて、先に、外債発行のクロノロジーをつなぐために、一部時計を早回しして飛ばした時期がある。第四回の起債より以降の部分である。実は、この時期にポーツマス条約締結後の日米間で重大な事案が持ち上がっていた。アメリカの鉄道王ハリマンが、日本が日露戦争によって獲得した南満州鉄道への経営参画を意図して、桂首相との間に「桂・ハリマン協定」を結んだのである。この構想は、前稿の最後にも触れたように、条約交渉から帰国した小村寿太郎の大反対で陽《ひ》の目を見ないで終わったのだが、ここには満洲経営にかかわる政府内部の深刻な方針の対立があり、実は高橋は借り換えの周旋に勤しむ傍《かたわ》ら、本件にも深く関わりを持っていたという事実がある。

この間の経緯を時系列で追うと分かりづらいので、やや乱暴であるが、大体の構図を示すと次のようになる。

まず大事な伏線は、ハリマンとシフの関係である。ハリマンは、南満州鉄道に関心を持つもっと前の段階での米大陸における鉄道へゲモニー競争に際して、シフからのファイナンス支援を何度も得て伸《の》してきており、当時の有力なインベスト案件である鉄道事業を通じ、両者は親しい関係にあった。そんなこともあり、高橋はシフと昵懇になる過程で彼からハリマンを紹介されている。また南満州鉄道への具体の経営参画の構想に接した際も、戦後経営における満州での日米共同は、実態的にもファイナンス的にも自然な発想と得心していた。従って、ハリマンが一九〇五年八月に訪日するに際しては、事前に政府関係者や渋沢栄一、岩崎小弥太といった財界人との会合のために事前の口添えを行なっている。また、こうした認識は井上、伊藤といった元老においても同様に共有されており、桂首相による協定も自然の流れであった。彼らが、この構想に賛同したのは、講和におけるルーズベルトへの恩義やアメリカでの資金調達の前提で「満洲の門戸開放」を唱《うた》った経緯もあったが、何より再び南下を企てるであろうロシアへの牽制には、米国資本を介在させることが大きな効果を発揮すると認識していたことにある。

一方、これは少し後になって顕在化するのであるが、満洲経営には異なる方針を持つ勢力があった。この日露戦役シリーズの前の方の稿で褒め上げた児玉源太郎の人物イメージを崩しかねないので記述を慎重にしないといけないのだが、彼とその腹心である後藤新平は、全く異なる満州経営像を描いていた。後藤の筆による「満洲経営策梗概」という企画書によれば、「鉄道経営という体裁で地域全般の施設設計を行うとともに、鉄道経営機関とは別に租借地の統治機関を整備する」として「鉄道経営の主体として満洲鉄道庁を、統治機関として遼東総督府を以ってする」としている。この満洲鉄道庁がのちに南満州鉄道株式会社（満鉄）になるのだが、簡単に言えば、満洲版の東インド会社のような形態で、満洲の「植民地経営」を構想していたのである。

前の稿でも述べたが、児玉はバランスに富んだ人格者で、国力に見合った軍隊に留めるとの考えから日露戦争後の陸軍拡張案にも断固反対するような人物であった。しかし、彼は、同時に、台湾の植民地経営を実地で成功させた人でもあり、何より参謀総長として戦争を切り盛りし、多くの犠牲を出しつつもギリギリのところでロシアを食い止めた軍人としては、南満州鉄道とはまさに日本人の血涙の賜物であった。これに米国の鉄道王が半分も出資をして経営に口出しするというような案は到底許容し難いものであった。こうした感覚と「門戸解放」とは相入れないのである。先にベアリング商会が鉄道抵当法案のドラフトを持ち込んだという件に触れた。その法案は手直しをされ「担保付き社債信託法」という形で帝国議会を通過していた。しかし、これによって外国資本が鉄道債券のみならず一般株式をも購入するにつれ、軍の輸送機密が漏れるのではないか、産業基盤が外国人に買収されるのではないかとの危惧が高まった。そんな機運を背景に、バラバラな私鉄をまとめて国有化するという鉄道国有化法案が立法され、最大のインフラ案件である鉄道を含め外資の導入は大幅に限定されることとなってしまった。この鉄道国有化法案については、井上薫、高橋是清、加藤高明をはじめ渋沢栄一など財界人からも過剰な私的財産権の侵害として反対の声が上がった。しかし、政友会などは、国有化されれば、政治主導の鉄道誘致で地元への利益誘導ができるとの思惑から賛同する立場であった。外資の産業基盤買収への危惧といい、鉄道敷設の政治利用といい、昔からやっていることは変わらないなあと苦笑する次第。

こうした根本的な方針の対立を底流にして、事案は小村全権代表の帰国によって新局面を迎える。日比谷の焼き討ちに代表される如く彼をスケープゴート化する傾向は甚《はなは》だしく、騒然とした雰囲気の中で戻った彼には、幾つかの懸念材料があった。

まず第一は、国内民衆の凄まじい怒り、批判への対応であった。もとより国士であり我が身については覚悟があったであろうが、帰国するまで国内に残した家族の安否すら定かでないという状況は彼をひどく消耗させた。そして何より、交渉責任者として交渉で勝ち得た遼東半島や鉄道の価値を減ずるような措置は自らの成果を貶《おとし》めるに等しく映った。さらに事態を混乱させるように、シフのライバルでもあるJPモルガンからは鉄道への参画に融資を以ってするという対案がもたらされた。出資と融資とでは経営上の影響力、そして政治的意味合いの差異は歴然としており、出資を前提とする協定の政治的インパクトは危険なものに映った。

彼にとっては、「桂・ハリマン協定」の内容は肯首《オーケイ》する訳にはいかないものであった。彼にとっても、児玉にとっても「満洲の利権は十万人を骨にして贖《あがな》ったもの」であった。されど一国の首相の関与した協定である。無闇に否定することは外交官の沽券《こけん》に関わることであった。しかし、幸か不幸か協定書へのサインが保留されていた上、ロシアとの条約書には日本が管理する鉄道への第三者の参画には清国の了解が必要との条項があったため、それを盾にとって、日米だけでは決められないという断り口上を編み出した。確かに、日露で勝手に清の領土に関わる取り決めを行なったのであるから、条項自体は尤《もっと》もなものであったが、恰《あたか》も清国から了解がとれないから「御趣旨に添いがたい」とするような立論は、政治力学上は詭弁以外の何物でもなかった。

しかしながら、元老においても小村に対する負い目があり、ついに米国、ハリマンには言を左右にしながら、なし崩し的に構想を葬るしかなかった。高橋は、ハリマンの不満を受けたシフとの関係がギクシャクし、苦しい弁明を強いられることとなった。六回目の借り換えに際して、市況への不安からシフが受け入れ銀行団から外れたのは先に述べたとおりであるが、盟友ハリマンとの協定実行の不調への不満が一因であったかもしれない。

結果、この協定は正式に破棄され、満州における地政はアメリカから見ると、ロシアが日本に入れ変わっただけであった。中国への利権の足掛かりは果たされず、ルーズベルトをも対日強硬路線に追いやることとなり、太平洋戦争に繋がる緊張を生む原因の一つとなった。

「……長蛇を逸したか……？」

日露戦役に係わる国際重要事項と高橋の動き（時系列表）

明治	西暦	月日	国際重要事項	高橋是清の動向
22	1889		明治憲法発布	
25	1892			高橋是清　日本銀行入行
27	1894		日清戦争（～1895）	
30	1897		日本、金本位制導入	
31	1898		露、遼東半島租借、 満洲支線敷設権獲得	
33	1900		義和団事件	
35	1902		日英同盟	
37	1904	2.1	対露宣戦布告	
		2.25		高橋、深井　出発
		4.13	旅順口外、マカロフ露提督戦死	
		4.30	鴨緑江の会戦	
		5.3		高橋、シフと会交
		5.11		第1回日本公債発行
		8.10	黄海海戦	
		9.4	日本軍遼陽入城	
		10.22	北海にて「ハル事件」	
		11.14		第2回日本公債発行
38	1905	1.1	旅順陥落	
		1.22	露「血の日曜日事件」	
		3.10	日本軍奉天占領	
		3.29		第3回日本公債発行
		5.27	日本海海戦（～5/28）	
		7.11		第4回日本公債発行
		9.5	ポーツマス条約締結、日比谷事件	
		10.12	桂・ハリソン協定	
		11.28		第5回日本公債発行
39	1906	1.15	桂・ハリソン協定破棄	
		3.31	鉄道国有法公布	
		9.10	南満州鉄道、第1回株式公募	
40	1907	3.22		第6回日本公債発行
		5.10		高橋、深井　帰国

以上が高橋是清にとっての日露戦役である。主題を綴り終えるに当たり、主題に係った人々の幾人かのその後にも簡単に触れておきたい。

まず、シフである。彼のクーン・ローブ商会は個人色の強い国際金融プレーヤーであったが、ドイツからの資金源の比率が高かったこともあり、第二次大戦後は勢いを失い、一九七七年にリーマン・ブラザーズに買収された。そのリーマンもその後姿を消し、クーン・ローブを窺わせるモノは今や全くない。シフ自身はビジネスと共に一貫してロシアのポグロム（ユダヤ人の大量虐待）に反対し、帝政ロシアへの資金提供を市場において徹底的に妨害した。帝政打倒の為に資金援助したうちに、ユダヤ人のトロッキーなどがいたため、「ユダヤ人＝ボルシェビキ」との連想が生まれ、「ユダヤ人は資本主義、基督教国《キリスト》を転覆する意図がある」という陰謀説すら囁《ささや》かれたが、怯《ひる》まなかった。ロシアに挑む日本を「神の杖」として支援した。戦後の一九〇六年三月日本に招かれ、改めて勲一等旭日大綬章を授与された。一九二〇年、ニューヨークにおいて七十三歳にて死去。

ロンドンの金融の雄ベアリング商会は、「女王の銀行」であるとともに、アメリカのロンドンにおける代理人としてルイジアアナ、テキサスの米国買収などのファイナンスに活躍したが、時代が下って一九九五年シンガポールでのデリバティブ取引の失敗で倒産。

続いてハリマンであるが、彼に国策や政治的意図は希薄で、純粋に鉄道が好きで、事業をそれだけの思惑で構想した事業家である。その後も世界一周の鉄道網を敷設する夢を追い続け、一九〇九年に死去している。

そして、最後に是清の名脇役の深井英五である。高崎藩の名家の出であるが、生家は没落。のちに近傍の上州安中藩出身の新島襄との関係で同志社に進み英語力の研鑽を積む。その同志社の同窓である徳富蘇峰と知り合い、彼の國民新聞社に入社したが、蘇峰の紹介で松方正義大蔵大臣の秘書官になり、そのあと松方から更に紹介されて日銀に入っている。高橋の補佐役として海外渡航を共にしており、彼が記した「高橋是清の外債募集事蹟」は「回顧七十年」とともに貴重な資料となっている。のちに我が国で最も経済理論、貨幣論に精通した国際金融人として活躍し、日銀総裁としても重きをなした。

ここまで書き進むと、高橋の前半生の紹介はどうなっているんだと言われそうであるが、出生から横浜正金銀行までの軌跡を追うだけでも一冊の本ができてしまうほど、ドラマチックで波瀾万丈である。奴隷に売られた話、ペルーでの鉱山開発の失敗など有名な話も多いが、時系列で追いたいという向きには、自身も編纂に関与した「高橋是清自伝」か、家族との話題が多くてやや小説性が高いが、幸田真音の「天佑なり」を読まれることをお勧めする。

なお、この間の我が国、世界の金融動向については、坂谷敏彦「日露戦争、資金調達の戦い」がお勧めである。高橋はもとより政府首脳の動静に加え、米欧の金融資本の盛衰や日露戦争の局面解説なども立体的に盛り込まれていて、大層興味深い。本稿でも随所で参考にさせていただいた。

なお、余話とするのは適当でないかもしれないが、国際的な金融において胆《きも》となる国の信用について付言しておきたい。高橋是清が借換債も含めて戦費の為の外債発行で奮闘したのは上述の通りであるが、これらの借款は実に九十年かかって完済されている。第二次大戦をはさんで一時期返済が止まった時期があるが、満期を迎えたものは満期日の延期、その後の改めての借換債の発行などをすることにより国として債務を認識し続け、最後の元利返済は一九八八年六月のことである。まったく「つい最近まで」返済が続いていたのである。まさに、国の信用を毀損しないよう、政府により手続きを踏みつつ「借りたものは必ず返す」姿勢が貫かれたのである。

（1）特許庁の沿革は、一八八四年の商標条例により農商務省の工務局に設置された商標登記所が最初である。一八八五年の専売特許条例により専売特許所が並置され、一八八六年にそれらが統合されて専売特許局となった。高橋是清はここまでの所長、局長をいずれも初代として勤めている。外庁として特許庁になるのは一八八七年である。因みに、著者は七十八代目を担った。

（2）林董駐英公使は、高橋より四歳上の下総佐倉藩士で、実兄は司馬遼太郎「胡蝶の夢」の主人公として描かれた陸軍軍医総監松本良順である。幕府から英国に留学派遣される前に横浜のヘボン塾（のちの明治学院）に通い、そこで高橋と机を並べた仲である。函館五稜郭で捕虜となったが、語学力を買われて岩倉使節団に加わり、内務省を経て外務省に奉職し、日英同盟の締結にも功績があった。以後、ロンドンでの高橋工作の心強い支援者となった。日露戦争の後、小村と入れ違いに外相に就任した。

（3）この時銀行団を構成したパーズ銀行のロンドン支配人シャンド氏、香港上海銀行のロンドン支配人キャメロン卿について付記しておきたい。シャンド氏は若き日の高橋が語学研修のためにボーイとして横浜の銀行（チャータード・マーカンタイル銀行）に出入りした折に、そこで身の回りの世話をした上司に当たる人物であり、双方にとってロンドンでの再会は格別であった。また、キャメロン卿とは先の英国首相の曾祖父にあたる。

（4）同じ時期のロンドンにおける他国の起債の内容と比較すると、表の通りであり、この時期の我が国の世界での国家評価の有り様が伺われて興味深い。今の感覚で見ると、こんな国よりも不確実性が高いと思われていたのかと意外な気持ちになるが、当時の新興のアジアの小国への認識は、よくも悪しくもこの程度であったのであろう。高橋の苦労の程が偲ばれる。

（5）我が国の国内債は決して不調だったわけではない。国運を左右する大決戦に協力するという国民の意識は高く、しかも国内での物価コントロールと不急支出の抑制を通じて余剰資金の拠出環境の維持は巧みにマネージされていた。しかし、日露戦争以前には未償還の公債は六億円を超えていなかったが、開戦とともに募集を開始された戦争用の国内債の募集は、一年余りの間に五回に及び、累計は四億八千万円に及ぶ追加額に達していた。

1904年ロンドン起債の外国政府債の評価

発行政府	発行時利回り（%）	発行価格※（%）
エクアドル	5.88	68
キューバ	5.15	97
ギリシャ	4.76	84
中国	5.13	97.5
メキシコ	4.26	94
日本（5月）	6.42	93.5
（11月）	6.63	90.5

（※発行価格とは、発行時における額面に対する取り分
鈴木俊夫「日露戦争研究の新視点」より作成）

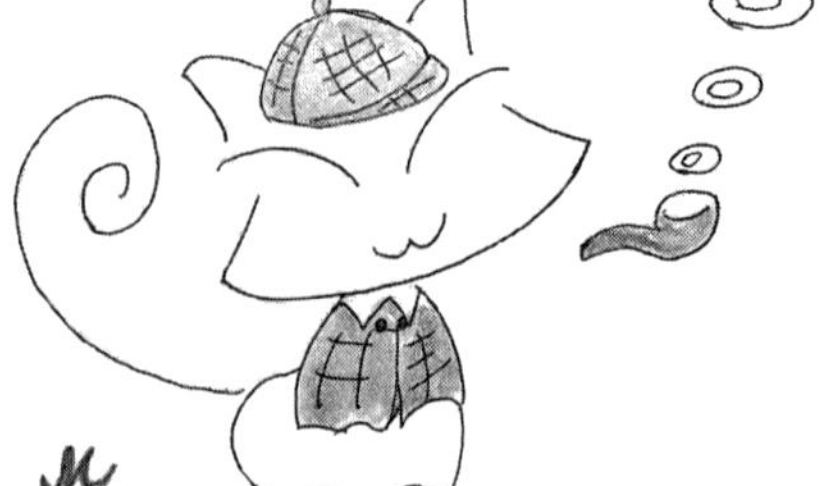

小評論

鎌倉草創期の「真実」

前著に、北条政子と彼女の孫である源鞠子との絡みを綴った稿（「尼御台《あまみだい》と竹御所《たけのごしょ》」）を収録した。その中で、実朝暗殺により源氏の男子嫡流が途絶え、さらにそのあとの摂家将軍に嫁した竹御所（鞠子）の死亡により頼朝の血筋が絶えたとの報に接した京の藤原定家が、日誌「明月記」に「平家の遺児を悉《ことごと》く葬った報い」と記した旨を紹介した。書いた当時は、東国に出来た初めての武家政権を冷ややかに見ていたであろう京の公卿の「冷笑的呟《つぶや》き」というくらいに思っていた。

しかし、その後のＮＨＫ大河ドラマ（令和四年）に触発された訳ではないが、承久の変に至る鎌倉幕府草創期の権力闘争を改めて見直してみて、源氏将軍三代の実像や朝廷との関わりにつき意外な実態があったのではないかとの思いを抱くようになった。その解釈、評価にはアカデミアにおいてちゃんとした議論がなされているので、こちらは、いつもの無手勝《むてかつ》流で、心に浮かんだ思いを巡らせてみたい。歴史の新解釈などという仰々しいものではなく、無論のこと大河ドラマの脚色とも関係なく、単にこれまで勝手に思い込んでいたかもしれない素人歴史理解の幅を広げるくらいのつもりでやってみたい。

ついては、このあとの展開の便宜のために、当時の情勢についての「勝手に思い込んでいたかもしれない歴史理解」なるものを、素人的に整理して並べてみたい。「それはお前だけの浅はかな理解に過ぎない」とのお叱りを覚悟で書き連ねると、大凡《おおよそ》次のようなものかと思う。

○頼朝は東国の鎌倉に武家政権を設立し、朝廷からの独立性に拘《こだわ》って、京とは徹底して距離を置く政治姿勢を貫いた。その象徴として「征夷大将軍」の肩書を強く望んだ。
○頼朝は、先に京より西に覇を確立した平家に対抗して頑張った源氏の総帥・源義朝の嫡男として、一貫して源氏の主流として東国を束ねた。
○頼朝の跡を継いだ頼家、実朝は「棟梁としての力量」に不足があり、政権の維持、運営に耐えられなかった。致し方なく北条による執権政治に移行した。
○北条は、頼朝旗揚げ以来最右翼の御家人として貢献し、その位置取りを利用して着々と他の御家人との権力闘争を制していった。
○尼将軍政子は、我が子の頼家、実朝を守りたかったのだが、実家である北条家での家内力学に抗しきれず、ついに果たせなかった。
○実朝暗殺により源氏男子嫡流の血が途絶えたため、政子は京から将軍後継を貰い受けるため慌てて工作に走った。
○朝廷は発足した武家政権を徹底して警戒し、実朝を「官打ち」など公家らしい隠微な方法で呪《のろ》った。「官打ち」というのは、不相応の高位の官位を意図的に与え、密かに本人がその重責に圧迫されて自滅するのを狙うことをいう。実朝の権大納言から左近衛大将、内大臣を経て右大臣に至るまでわずか十一ヵ月である。のちの「承久の変」とは、武家の圧迫を恐れた朝廷が、源氏断絶という間隙を突いて、武家との形勢逆転を狙った一大反撃であった。……などなどこれらには重なり合って因果関係をなす部分がある。よって、以下のストーリー展開の全体で、上述の「先入観《おもいこみ》」に違う角度の光を当てていくこととし、逐一項目ごとに順序だてて各々に「解釈の綾《はば》」を示していく手法は取らないこととしたい。

……そう断わりさえすれば何でもありとばかりに、横着にもたった今書いたばかりの順をいきなり違《たが》えるようで恐縮であるが、「承久の変」から始めたい。

我々の世代はこの事件をその名前で習ったから、のちに、この事変を「承久の乱」と称する説があると知って、少なくとも著者は随分と驚いたものである。元々、政治的な争乱には「～の乱」、「～の変」、「～の戦い」、「～の役」、「～の陣」などと色々な呼称が使われている。後者の三つは中立的、客観的な表現であり、あえて言えば、そのうち「～の役」が対外的に構えた争乱（文禄、慶長の役など）、「～の陣」が比較的局所的な争乱（大坂冬の陣、夏の陣など）に使われている印象がある。その意味では、前二者の「乱」と「変」には中立的ではないある種の使い分けがあるように思える。一般的に言われている区別によると、「～の乱」は、国を二分するような争乱、或いは権力にある者に対する非権力者の反抗、弑逆を指し、大概は権力側に平定される場合が多いものの、それが成功していれば権力の性格や構造が根本的に変化するような争乱のことをいうとされる。一方の「～の変」は、権力にある者に非権力者が反抗するのは同じであるが、それが成功しても権力移行は起きるけれども、同じようなスキームの中で同種の第三者がとって替わるだけの争乱（ある種の権力闘争）をいうとされている。「乱」の代表としての壬申の乱、島原の乱、大塩平八郎の乱などの例や、「変」の代表としての本能寺の変、桜田門外の変などを想起すると、一定の説得性がある。

そこで「承久の変」である。改めて言うまでもなく、承久三年（一二二一年）五月に起きた後鳥羽上皇率いる朝廷と北条義時率いる鎌倉武士団との大争乱である。結果は鎌倉側の勝利に終わり、後鳥羽上皇はじめ三人の上皇が流配されるという結末に至ったのはご承知の通りである。しかし、それを「乱」と称するか「変」と称するかは、両者の権力関係を抑々《そもそも》どう見るか、争乱の結果何が変わったのかの認識にかかっている。言葉を換えて言うと、戦いのあった当時の日本の「権力者」は誰であったのか、また戦いのあとにその権力のスキームは構造的に変わったのか否かという問題である。

「日本には朝廷、皇室を絶対的権威とする観念があり、その結果生じた流配などの凶変には須《すべか》らく「変」を用いることになった」との説があるが、その説の適否はおくとしても、上記の区分に照らすとこの事変はどのように解するべきであろうか。

その問い掛けに対する答えを探るべく、他の「思い込み」の切り口からも検討《アプローチ》をしてみたい。

伊豆国は、五畿七道のうちのひとつ、東海道の一部である。交通路としての東海「道」は京と板東をつなぐ重要街道であったが、伊豆国の大部分は街道から外れた太平洋に張り出す半島である。天城山系の山が海岸に迫る地形もあって、中央政治からは隔絶していたため、所謂「政治犯」を流罪にするには恰好《もってこい》の場所であった。この地に平治の乱で敗れた源義朝の嫡男頼朝が流されたのは、永暦元年（一一六〇年）三月のことであった。本来は敗将の男の子は真っ先に殺される運命にあったのだが、勝利した平清盛の継母池禅尼がこれを憐み助命嘆願したため、辛うじて生き永らえ流罪となったのである。当時の武家における後家の地位は現代人には想像できないくらいに高く、その嘆願は清盛といえども無視できないモノであった。加えて、元々義朝の母の実家は熱田大宮司家で、鳥羽上皇の后である待賢門院璋子と関係があり、待賢門院の娘である上西門院《じょうさいもんいん》統子《とうし》やその弟の後白河上皇を通じて、池禅尼に働きかけたとされている。清盛にしてみれば、継母に義理立てしたものの、伊豆への流罪は殺したも同然の処置と思えるほどの「隔絶した鄙《いなか》」への処置であった。

鄙の地である蛭《ひる》ヶ《が》小島《こじま》で暮らす頼朝が北条政子と知り合って……云々は有名だが、当初彼が流されたのは半島の東海岸にある伊東であったとされる。平家の家人である伊東祐継がこの地にあり、頼朝の監視役を命じられたと考えられる。ところが、祐継のあと家督を継いだ祐親の代に、その娘との間に頼朝が子をなした。それが父親の祐親の逆鱗に触れ、「夜討ち」さえ掛けられる危機が迫ったため、北条氏の拠点に近い蛭ヶ小島に逃げ移ったと言う経緯がある（1）。そこから頼朝と政子の出会いを経て、北条氏の源氏との関係が始まるのである。さりとて、伊豆はもとより、東国にはより有力な豪族が少なからずあって、北条時政は娘婿の頼朝の旗揚げに真っ先に参陣したとはいえ、それ以後の頼朝麾下《きか》で存在感を維持するのは容易ではなかった。かの「石橋山の戦い（治承四年・一一八〇年）」に時政が動員できたのは五十騎程度とされる。平家の家人大庭景親の大軍と追撃してきた伊東祐親の軍とに挟撃《はさみうち》され、頼朝軍はあっという間に蹴散らされた。土肥実平の手引きによりやっとのことで真鶴岬から小舟で房総半島に逃れた頼朝であったが、その後短期間で再起を果たせたのは千葉常胤、上総広常、さらには三浦義澄らの合力に依るところが大である。いずれも上総、下総から武蔵、相模にかけての古豪であり、それぞれ千単位の軍勢を率いての参陣であった。彼らは、周りの東国諸氏に対する影響力も大きかった。周辺の勢力を糾合し、有名な富士川の合戦で平維盛《たいらのこれもり》率いる平家軍を潰走させたのは、石橋山の敗戦からわずか一ヵ月半ののちのことであった。そこまでの戦闘で北条の影は薄い。当然ながら、鎌倉に凱旋する晴れの軍列でも北条氏一行は目立たぬ後段である。鎌倉への晴れの凱旋軍列の先駆けは畠山重忠、頼朝に供奉する右翼は千葉常胤であった。その時点では、頼朝の御家人衆の中で北条はまさに「馬群に沈んで」いる状態であった。後世の印象からすると意外であるが、そうした御家人の間における北条氏の位置は、頼朝の妻の実家という以上には格別の事はなく、頼朝存命中はそれほど変わりがない。

さても、富士川合戦により頼朝は鎌倉で初めての武家政権の基盤を確立するのであるが、注目すべきことが三つある。

ひとつは富士川の合戦のあと潰走する平氏を追撃せず、兵をまとめて鎌倉に戻ったことである。富士川での戦いというのは「合戦」とは言うものの、元々追討に派遣された平家軍の士気は低く、頼朝軍の意外に大きな動員数を目の当《ま》たりにして早い段階から離脱が多かった。周到に川の上流に迂回するつもりの頼朝先鋒軍がたまたま水鳥を刺激して「驚いた水鳥の羽音」により平氏軍が浮き足立って勝手に退却を始め、戦闘らしい戦闘はないままに終わってしまった。満を侍していた頼朝軍は「暖簾に腕押し、肩透かし」状態となり、頼朝も勢いに乗じて追撃を命じたほどであった。しかし、これを押し留めたのが、千葉、上総、三浦の地元一族の面々であった。彼らにしてみれば、幸運な戦勝の図に乗って西に進軍してみても得るものはない、むしろ常陸の佐竹氏などに背後を突かれては元も子もないとの思いが強かったのである。その心情を瞬時に理解し、追撃を思いとどまった頼朝の見識も優れていた。

そこで二つ目の注目点につながるのであるが、頼朝は鎌倉に腰を落ち着けるや、彼らの本領を安堵し、討ち果たした平氏の所領を分け与え、土地を媒介にした主従関係を確立したのである。「御恩を貰い、奉公すべき対象が鎌倉におられる」ということで、頼朝は「鎌倉殿」になったのである。鎌倉の地は、相模湾に南を接し、他の三方を丘で囲まれた防御に適した地勢で、新興勢力が拠るには適したところであった。一一世紀前半に源頼義が居を構えて以来、義家、義朝（頼朝の父）、義平（頼朝の兄）などが住んで、源氏にとっては所縁《ゆかり》の地でもあった。

そして、三番目の点であるが、早速に朝廷工作をしたということである。頼朝は鎌倉に割

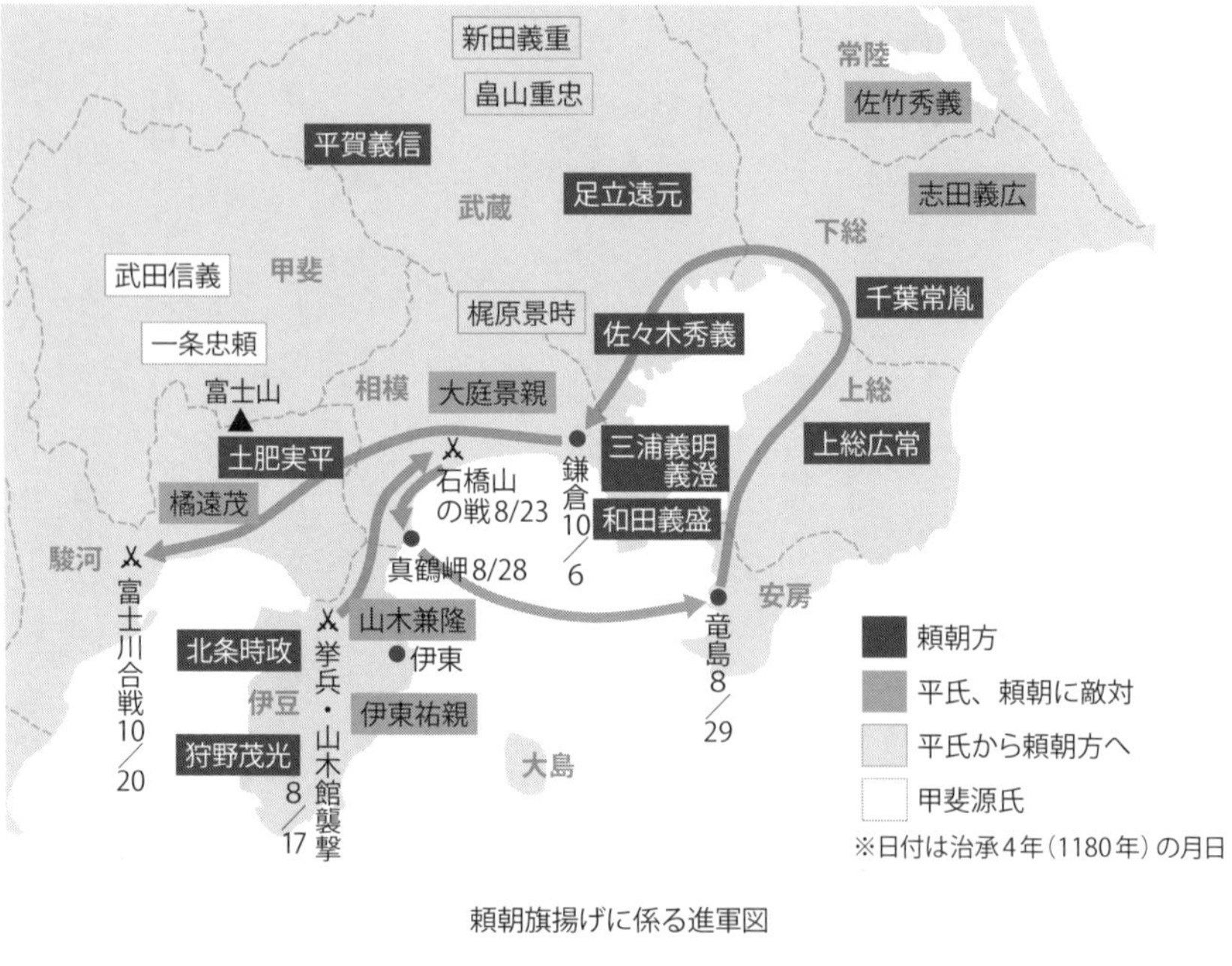

頼朝旗揚げに係る進軍図

拠し独立独居の勢力を作り、そのまま維持可能であるとは最初《はな》から思っていなかった。やや議論が飛躍するが、ここでは所謂《いわゆる》「権門国家論」と「東国国家論」における認識の差を問題にしている。大雑把に分かり易く言うと、新興勢力の武士団が、既存の世界の一部として全体に組み込まれているのか、そうではなく独立の存在なのかという議論である。武家社会の端緒を開いた彼らについては、特別な歴史的意義をまとったオーラを認めたくはなるが、「承久の変」以降はともかく、曲りなりにも律令政治の下の摂関政治の色が残る世界にあって、新興勢力の武士たちがその当初において、天皇又は上皇を頂点とする秩序を前提にしない発想をしたとは考えにくい。

頼朝は流人の身で官位官職は剥奪の身であったが、富士川の合戦以後の東国での実効支配の事実を後白河法皇に訴えて、元の官位の「従五位下」に復帰している（寿永二年）。このあとにもたびたび触れるが、頼朝は官位官職には格別の執着を示している。この政治感覚は、彼が元々京に起源を持つ武士公卿たる所以である。因みに、父源義朝も同時代の平清盛も朝廷を警護する「北面の武士」出身である。

先に、房総に逃れた頼朝の短期間での反攻について触れた。流人の身で旗揚げしたものの鎧袖一触《いっぱつではねかえ》され這々《ほうほう》の体《てい》で落ち延びてきた頼朝なのに、何故に房総の地の有力者に受け入れられたのかの秘密の一端もここにある。後世の史家は武家政権の独立性を強調するあまり、武士の官位官職への憧憬を無視しがちである。しかし、「実力」でもって支配の実効性を確立した武士は、実力が腕力にものを言わせたものであればあるほど、そのことが従来の秩序における正統性《レジティマシィ》認定にないものであったがゆえに、その支配力の公定性を求めて律令制度の中での名目・名分を欲しがった（2）。そこに、当時は剥奪されていたとはいえ「従五位下」という「公卿」の資格を有する頼朝が現れたのである。東国の荒くれ者にとってはとてつもない高位の者に見えたのである。若くしてその地位にあった者は紛れもない「貴種」であった。鄙《いなか》にあって「朝廷の何たるかも分からない武士」というのは後世の偏見。勃興する武士団を朝廷の対極にあるものと考えがちだが、綻《ほころ》びが目立つとは言っても歴《れっき》とした律令制度の下にある平安末期の権力の認識構造とは、図のようなモノではなかっただろうか。朝廷とは世を司る中心であり、上皇、天皇はその最上位に位置する畏《おそ》れ、崇拝《あがめる》の対象であった。こうした秩序の中にある貴種に沿うことは、自らの存在意義を高め、他の同輩への優位性の発露《しるし》の意味でも価値があった。

頼朝もそのような世界観、秩序認識のもとで、武士集団の位置取りを構想し、朝廷との関係維持に腐心した。加えて、長女の大姫の入内《じゅだい》を画策し、大姫の死によってその目論見が潰《つい》えた後も、次女の三幡にその思いを託す行動をとっている。結局その目論見はいずれも成就《うまくいか》しなかったのであるが[3]、摂関政治の残影が依然色濃く残る世界で、あわよくば自身が朝廷の外戚となって中央政界に地歩を得るという発想がなかったとは言えないし、そこまでは考えなかったとしても、少なくとも朝廷の権威を使って新興勢力としての武士団の地位の確定、安定化を目指すという意向があったのは間違いなかろう。後世の「武家の棟梁・武家政権」のイメージに似《そぐ》わない面があ

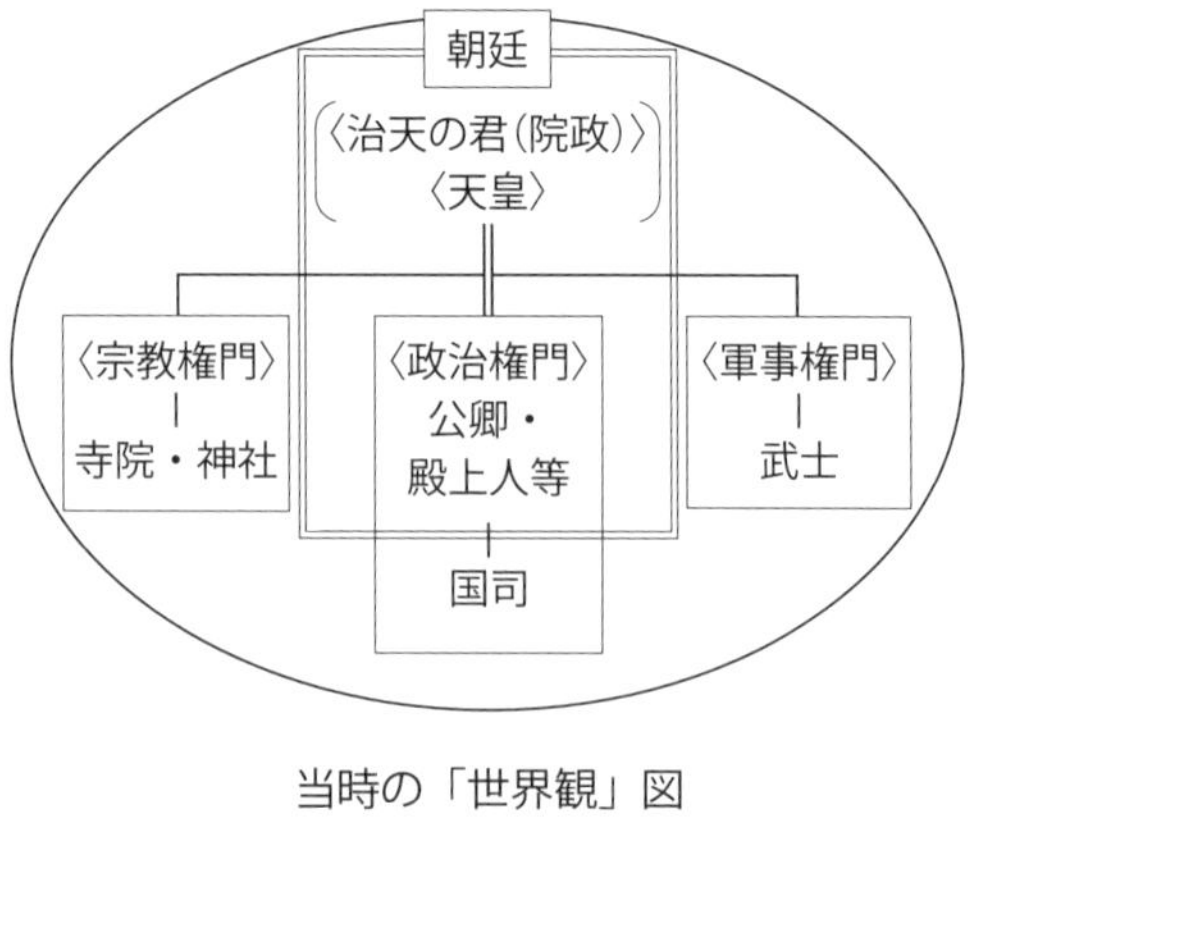

当時の「世界観」図

るが、頼朝にあっては、朝廷とはそのような存在、対象と映っていたのではないだろうか。

官位官職に話が及んだので、頼朝の「征夷大将軍」任官にも触れておきたい。この役職は令外官《りょうげのかん》で、奥州の平定のため必要に応じて臨時に置かれたものである。時間を早送りするが、奥州の藤原氏を滅ぼし文字通り東国を平定して上洛した頼朝は、権大納言、右近衛大将に任じられた。しかし、任官間もない時期にこれらを辞したため、そのような中央の普通の官職ではなく、東国での覇権を象徴し、その地において権力を行使できる「征夷大将軍」の地位を熱望していたとの説がある。京との距離を置き独立権力行使の志向を強調する「東国国家論」の趣旨にも沿った説である。

他方、彼が望んだのは、自らの家系の先祖である源頼義や義家が任官し、平泉で栄華を誇った藤原秀衡もその地位にあった「鎮守府将軍」を念頭に、更にこれを超える地位《タイトル》であったとする説がある。つまり「将軍ではなく『大』将軍」が欲しかったというわけである。当時の内大臣中山忠親の日誌「山槐記」、藤原資季の日記「荒涼記」など公卿の日誌などにその旨の記述があり（桜井陽子「三槐荒涼抜書要《さんかいこうりょうぬきがきのかなめ》」による）、朝廷において「大将軍」を授けるとすれば、その頭に冠する称号として「征東」、「征夷」、「惣官」、「上」の四つのいずれが適当かを検討したとある。結局、「上将軍」は例がなく、「征東」は木曾義仲、「惣官」は平宗盛という滅んだ武将の不吉な例があるということで、結局消去法で「征夷」が選ばれたとしている。坂上田村麻呂（4）の吉例の顰《ひそみ》にも叶うものでもあった。勿論、その選定過程に拘わらず、その称号に頼朝に異存があろうはずはなく、武家政権の長として、以来その名称が定着していく。併せてかなりの人数の御家人が官職に任官し、この後も御家人への朝廷からの除目《じもく》は続くのであるが、頼朝は任官に際しては自らの推挙を義務とすることを定めた(5)。
なお、上記の権大納言、右近衛大将に除目された折、頼朝は後白河法皇により大功田として百町を与える旨の宣旨《せんじ》を受けている。その政治的な意味には注目していい。因みに、幕府の正式記録である「吾妻鏡」には寸毫《これっぽっち》も記述がない。吾妻鏡の記述の偏向についてはこの後にも触れるが、頼朝が朝廷から土地を付与され、賜るような存在だったとは書き残したくない編纂意図があったように思える。

さて、源氏三代の将軍のうち頼朝と頼家の最期にまつわる経緯《いきさつ》には不可思議な要素が多い。建久一〇年(一一九九年)、まだ五十一才の頼朝が落馬が原因で急死し、嫡男頼家が後を継いだのであるが、その頼家も建仁三年(一二〇三年)突然病に倒れ、危篤に陥るという事態が生じる。

頼朝の最期については、「御家人稲毛重成が亡妻(時政の娘で義時、政子の妹)の供養に建立した橋の落成供養に参列した帰途、「落馬」し、それが原因で病を発し行程《いくほど》も経ずに薨じた。」と「尊卑分脈」に記録がある。吾妻鏡にも同様な記述があるにはあるが、何故か随分と年月の経った爾後の記載である。創設者《ファウンダー》であり一大権力者の突然の死が鎌倉にパニックを起こしたであろうことは想像に難《かた》くない。実は吾妻鏡には頼朝の死の前三年ほどの公式記録が抜け落ちている。或いは消されたかも知れないのだが、混乱の証左である。頼朝の死については、源義経、源行家、さては安徳天皇の亡霊に祟られて正気を失ったというような説もある一方、京の公卿の日誌の中に「飲水の病」によるという記述もある。死因は依然として不明であるが、落馬のことも含め、英雄の死因としては見栄えが良くない《かっこよくない》ため、吾妻鏡なども記録が遅れたり、詳細を残さなかったのであろう。

一方、頼家の危篤については病名も症状も吾妻鏡は何も記していない。重要なことは、危篤になるや、「将軍はもはや快復しない」という前提《きめうち》で政局が急展開したことである。頼家の嫡男一幡と弟の実朝とに領国を二分して分け与えるという裁定が瞬《また》く間になされた。そして、それを巡って「比企の乱」という頼家の妻の一族を滅ぼす一大事件が勃発《まきおこ》するのである。頼家人事不詳の間に急遽裁断された領国の分割案とは、「関東三十八ヵ国を一幡に、関西二十八ヵ国を実朝に与える」というものであった。吾妻鏡は、分割案を不満とする比企能員が病床の頼家に北条討伐を呟《つぶや》いたのを政子が立ち聞きし、政子から急報された時政が直ちに兵を起こし先制的に比企氏を討ったとしている。一方、愚管抄（慈円著）は、分割案に不満のない能員が、社交を装った時政の誘いに乗って時政屋敷を訪ねてしまい騙し討ちにあったとしている。能員を自邸に誘き寄せて討った時政は、すぐさま比企の谷の館を襲い、頼家の室である若狭局をはじめ一族を滅ぼした。幼い息子一幡も一旦は館から逃れたはしたものの、探し出されて義時の命で殺害されてしまった。

その後、奇跡的に快復し、事件の真相を知った頼家が激怒したのだが、これを「粗暴・専横を極めた」と咎《とが》め立てて、一挙に伊豆修善寺に追放してしまうのである。病が篤くなったとはいえ将軍存命のうちに「次の治世構造を決めてしまう」ことの異常さは否めず、しかもその領国分配に絡めて詐術的な策動を弄し一挙に比企一族を謀殺するということには、北条一族の謀略があったことを推察せざるを得ない。「比企の乱」というより「北条の乱（変？）」であった。修善寺に追放された頼家も、最終的に密かに刺客を差し向けられ、格闘の末に無残な形で惨殺された。

この策謀には、二つの疑問がある。ひとつは北条時政はなぜ頼家直系の公暁ではなく、頼家の弟実朝を担《かつ》いだかということ。もう一つは一連の判断において政子はどういう立場にあったのかということ。

ちょっと迂遠かも知れないが、頼朝の源氏における立ち位置から整理したい。石橋山の旗揚げから富士川の合戦あたりの治承・寿永年間の時期には、源氏といっても「有力筋が沢山《ゴマンと》あった」。清和天皇の孫の経基が源氏姓を賜り清和源氏が始まるが、頼朝に繋がる河内源氏の他に摂津源氏、尾張源氏があり、河内源氏の流れにも頼義、義家の系列に新田義重、足利義康もあり、甲斐源氏の武田信義、安田義定や信濃源氏などもあった。そして、河内源氏には真っ先に「京で名を上げた」木曾義仲もいた。こうした「潜在的同族ライバル」の中で頼朝が注力したのは、武力制覇実績の積み上げと「鎌倉殿」の権威高揚であった。頼朝は弟の範頼、義経を京、西国に派遣し、義仲を近江粟津に破り、続いて一の谷、屋島、壇ノ浦と転戦させて平家を滅亡に至らしめた。前後して、平家討伐では歩調を合わせたものの、朝廷側からの懐柔策に靡《なび》いて頼朝への対抗勢力に擬された甲斐源氏の一条忠頼も討ち果たしている。更に奥州にも兵を及ぼし藤原氏を滅ぼして、陸奥から出羽をも平定したのち京に凱旋した。その凱旋の折、前九年の役において源頼義がなした「大路渡《おおじわたし》」という敵将梟首《きゅうしゅ》の前例に倣って藤原泰衡《やすひら》の首を晒《さら》し、自らこそが鎮守府将軍頼義の正当な後継者であることを演出している。徐々に源氏の正統であり、唯一の武家の棟梁としての「鎌倉殿」の浸透が図られた。更に、「頼朝の嫡流」こそが鎌倉殿たるに相応《ふさわ》しいことを周囲に示して定着させていった。範頼、義経は弟であっても、同族というより頼朝の配下として扱われた上、平家討伐が終わるとあっさり排除されている。二人の悲劇的最期(6)はそうした本家嫡流戦略と無縁ではなかろう。

その意味で、頼朝が嫡男頼家を後継に思うのは当然であり、そのまた嫡流の一幡に後継が繋がるのは自然に想定していたであろう。だが、頼朝の死が早すぎ、突然すぎた。権力の空白が生まれ、吾妻鏡の記述が遡って空白になるような混乱があったとしてもおかしくはない。ここからは想像の域を出ないが、頼朝が直系孫の一幡を祝福するような公式の慶事やそれを公にする沙汰なども、この空白の期間に行われたと想像するのは自然である。直系でない実朝を担《かつ》いでのちに権力を確立した北条家にすれば、そのようなことがあったと記録に残すようなことは、是が非でも避けたかったのではなかろうか。

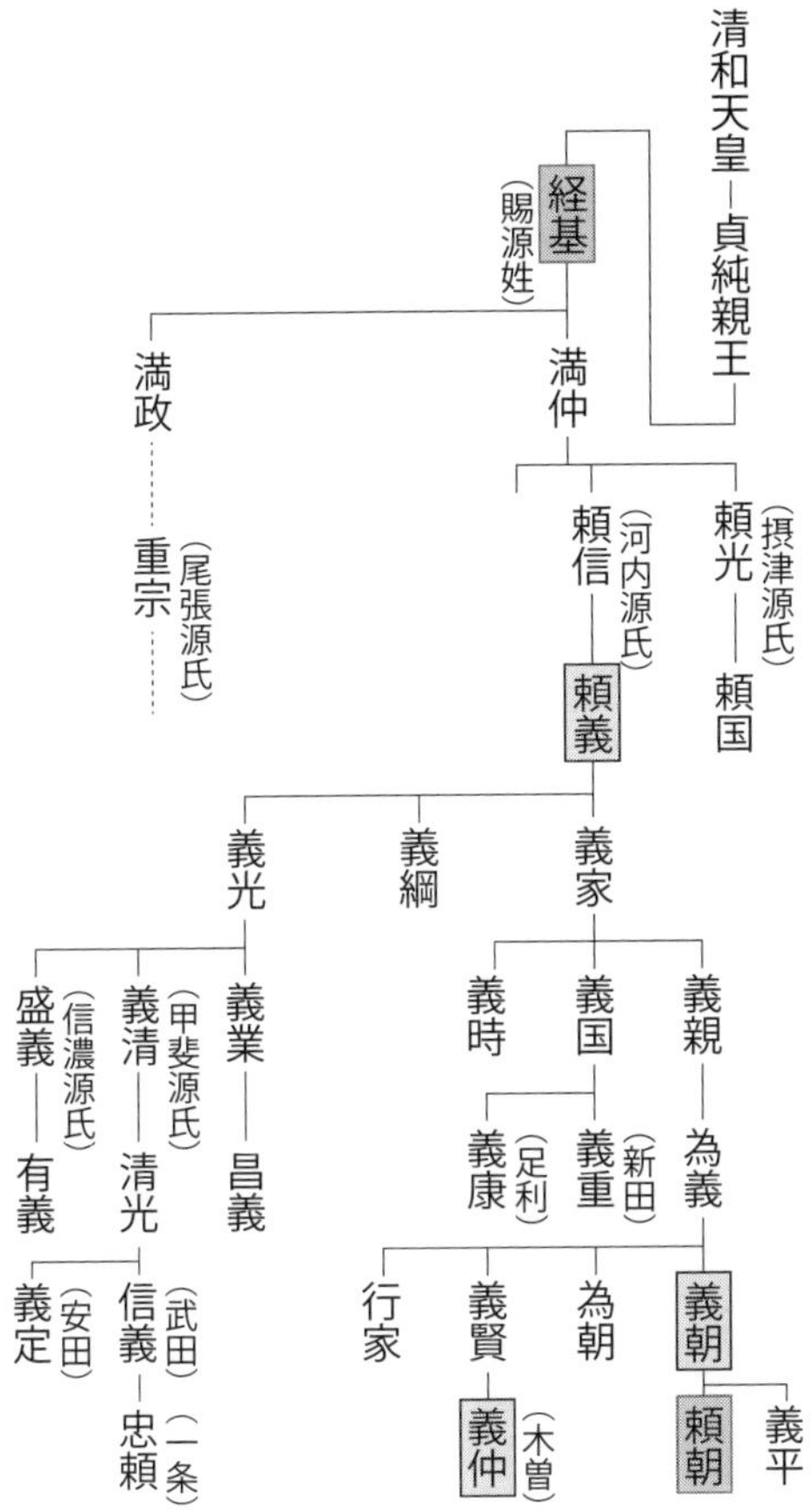

清和源氏系図

先の疑問に戻ろう。前にも記したが、頼朝存命中に北条氏が御家人の中で格別に重きをなしたとの様子はない。しかし、頼朝の突然の死は権力の空白を生み、御家人間の力関係の軋《きし》みに拍車がかかった。北条氏は「ベタの御家人」の存在から徐々に存在感を増しつつあった。比企の乱の事件のころには既に畠山重忠が討たれ、このあと和田一族の滅亡（和田合戦[7]）に至るまでなお紆余曲折を残してはいたが、北条氏にとって、この時点での比企一族の排除は、一連の御家人間勢力争いの中で重要なステップであった。比企氏を排除する以上、一幡は当然の殲滅対象であり、嫡系相続を志向する頼朝の意向がどうであれ、その嫡系ではなく政子の妹（阿波局）が乳母を務めた実朝を擁立することが北条氏にとっての最良な方策として選ばれたのである。一幡の弟公暁は、北条から見ると自らとの結びつきの薄さ、頼家との関係の濃さの二重の意味で「選択肢外」だったのである。

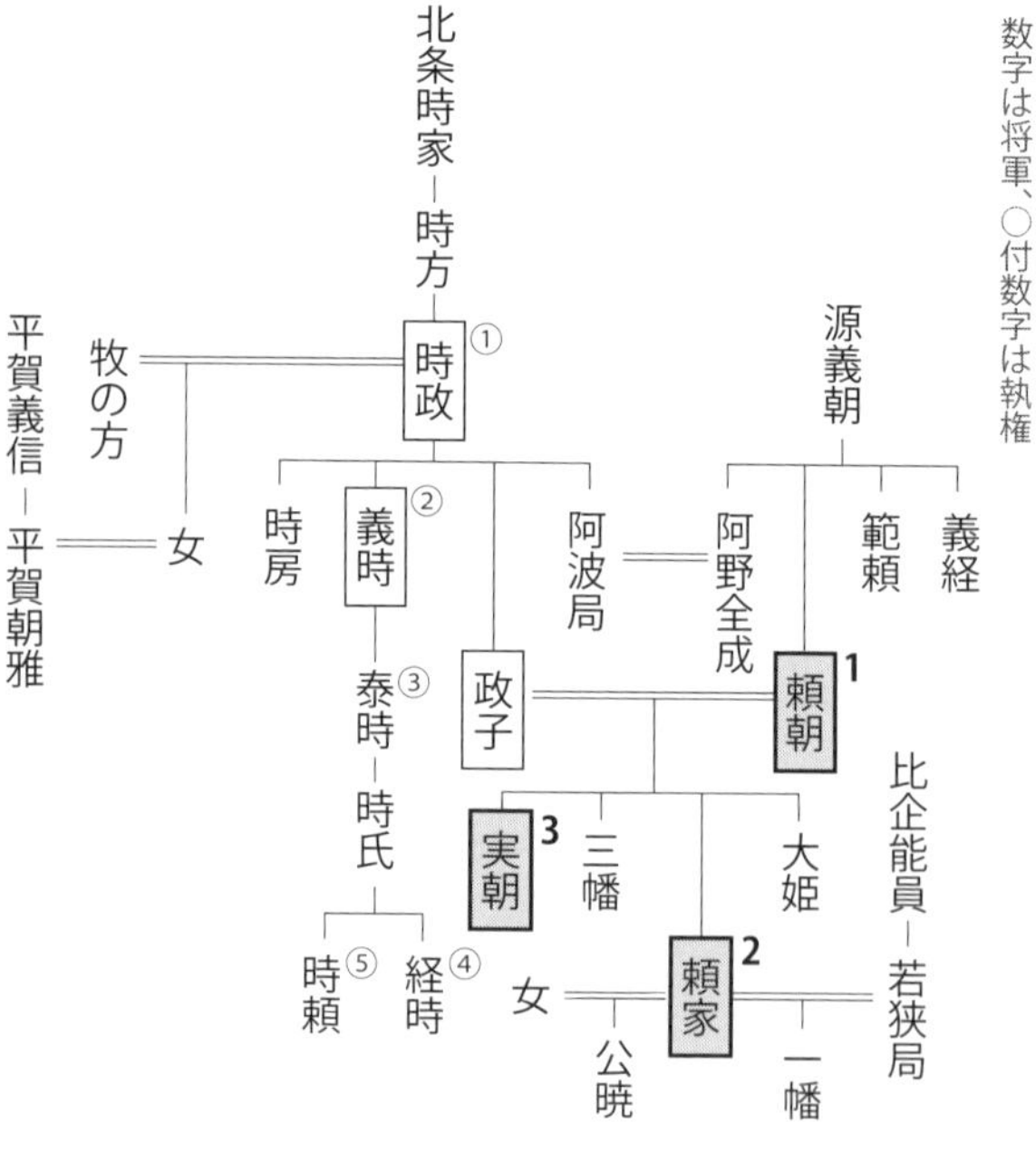

源氏と北条氏関係系図

一方、政子にとっては、頼朝の妻、頼家、実朝の母、一幡の祖母という立場と、北条一族の時政の娘、義時の姉としての立場とが、この間ずっと相剋していたであろう。しかし、あえて結論的に言えば、頼家病臥に際し後者の立場を意図的に優先したように映る。最大の大立者の急死で混乱した政権内では色々な策動があっておかしくない。頼家将軍のもとで後述のように「十三人の合議制」が導入されるのであるが、そこに北条氏は時政と義時が加わる。想像の域を出ないが、頼朝の死を機会にその後の政局で北条側が「馬群」から抜け出て御家人の中で主導権を握るために、時機を見て直系に連なる比企氏を追い落とし、傍系の実朝を擁立するというシナリオが用意された可能性が高いのではなかろうか。

政子にすれば、頼家の病状が悲観的であるならば、頼朝の目指した嫡系継承志向には一部違背するが、残る我が子の実朝と幼い孫一幡とに実権が繋がるなら許容範囲であり、実家の隆盛に役立つ戦略には協力しうると考えたのではなかろうか。そうとでも考えないと、まだ病臥しただけの頼家の後継問題の急展開に異論を唱えなかった理由が思い付かない。頼家や一幡が結果的にあれほどの悲劇的な末路を辿るとは想定していなかったであろうが、しかし、頼家の失脚までは割り切り済みだったのではなかろうか。

しかし、彼女にとって実朝の暗殺や公暁の誅殺は到底受け止められるものではなかった。元々公暁を早々と出家させたのは頼朝の嫡系継承方針に即したものであったが、政子はそれなりに孫の公暁には心遣いをし、仏門修行に当たり鶴岡八幡宮の別当定暁の下で得度させたり、園城寺に口を利いたりしている。ところが、たまたま園城寺で世話を頼んだ明王院僧正公胤《こういん》が亡くなり、また期を同じくして鶴岡八幡宮の別当定暁が死去してその席が空いたため、政子の差配で公暁を招致することとなった。

仮にそのような高僧の相次ぐ死の巡り会わせがなく、公暁がもう少し園城寺での修行を続けていれば、あの暗殺劇はなかった。政子の胸の内はどうであったか。黄泉《よみ》の国で頼朝にどう説明したのだろうか。

そうでなくとも、北条氏の謀略は別の形で源氏に取って代わるべく動いたかも知れない。しかし、改めて一連の過程を辿ると、公暁のこの場での登場はいかにもイレギュラーである。繰り返しになるが、仮にあの時点で公暁が鎌倉に居なければ……と思わざるをえない。雪の八幡宮での暗殺については、前後の義時の振る舞いなど色々興味の尽きない仮説があり、結局において北条氏に利する結果となったため北条黒幕説が有力のようだが、筆者の個人的印象としては、犯行は公暁私怨単独犯に近い感じがする。公暁は、元々の自らの境遇に恨《うら》みを覚えていたと考えられる。鎌倉に呼び戻されたものの、別当としての職務もなおざりに千日参りの祈祷に入っていた。頼家を呪い殺すことを念願していたとされているが、そのさなかに、のちの述べるような京からの親王将軍招請の計画話を耳にして、「祈祷などやっている場合でない」と焦り、凶行に及んだとされる。将軍家氏神の別当が、自らの境内での右大臣就任奉奏という将軍慶事に際し、階段下の大銀杏の陰から俄《にわ》かに躍り出て、列に居並ぶ要人の前で公然と蛮行を完遂したというのは驚きである。また、「親の仇はこのように討つぞ」と大音声《だいおんじょう》を上げるという設定も如何にも時代掛かっているが、「親の仇討ち」は権力者の暗殺をも正当化すると考えるメンタリティは興味深い。曾我兄弟の敵討《かたきう》ちの風土が重なる。

頼家の息子は、一幡を嫡子、公暁を次男としている。生母について若干の異説があるものの、少なくとも豪傑源為朝の孫娘である賀茂重長の娘を正妻生母とする公暁の方が、比企氏能員の娘を妾生母とする一幡より嫡出息として格が上であるとされている。頼家が比企氏を乳母とし比企屋敷で育ち、そこから妻（若狭局）をも迎えて比企氏を後ろ盾としたため、自然に一幡が嫡子扱いとなったのだが、微妙なところである。

話を急ぎ過ぎた。改めて、頼朝を継いだ頼家と実朝は、将軍として実際にはどのような存在であったのかを確認しておきたい。

これまでたびたび引用してきた「吾妻鏡」というのは、治承四年（一一八〇年）から文永三年（一二六六年）に亘る六代の将軍の期間をカバーする鎌倉幕府の公式記録であり、一三世紀の終盤、恐らく八代執権時宗、九代執権時貞のころに編纂されたものである。編纂の時期といい、得宗家として権力が確立した宗家北条氏の下で作成されたことといい、かねて「北条氏に都合のよい隠蔽、歪曲」が噂されるものである。

よって、頼家、実朝の二人に対しても、奉《たてまつ》るべき将軍であるにもかかわらず、甚だ芳しからざる記述が目立つ。頼家については、若気の至りで専横の癖があり、蹴鞠《けまり》などに打ち興じて政務を怠ったため、遂に親政を止められ、「宿老十三人の御家人による合議制」が導入されたとしている。しかし、「十三人の合議制」といっても、将軍から裁可権能を取り上げて、代わりに十三人が専議決定するというのでは決してなく、将軍に上申する案件は十三人以外からは上げないようにするというくらいの仕組みである。「合議にあたる十三人」とは、次の者を指す。「大江広元、中原親能（広元の兄）、二階堂行政、三善康信、梶原景時、三浦義澄、八田知家、安達盛長、和田義盛、比企能員、足立遠元、北条時政、北条義時」。このうち最初の四人が京から連れてきた所謂文官、それ以外が御家人である。但し、梶原景時が早々に謀反の疑いで失脚して誅殺され（正治二年・一二〇〇年）、安達盛長と三浦義澄が病死して、「十三人の実態」は早い段階で崩れた。また、最初から全員が一堂に会して協議した形跡は皆無である。

将軍頼家は十三人からの上申を聴聞し、粛々と関東下し文（決定通知書）を発給している。また、蹴鞠というのは単なる遊戯ではなく、当時の為政者にとって文化的に不可欠な素養の一つであり、殊更《ことさら》に糾弾すべきものではなかった。

実朝に至っては、和歌に耽溺《たんでき》したことを殊更《ことさら》に槍玉に挙げられているが、畢生《ひっせい》の歌人でもあり権力者であった後鳥羽上皇や朝廷とのやり取りをするためにも、必須の素養であった。加えて、何故か忘れられがちであるが、創設将軍《ファウンダー》頼朝が和歌に通じ、新古今和歌集にも句が載るほどであり（8）、実朝の和歌への関心が頼朝の句によって触発されたという説すらあるのに、頼朝に対しては崇《あが》めたてる傾向のある吾妻鏡が、そうした経緯を無視して実朝を糾弾《こきおろ》すが如きの記載をするのは矛盾である。

頼家の治世は短かったが、実朝の治世は十五年以上に亘っており、これはそれなりの期間《ながさ》である。吾妻鏡のねっとりした記述に拘《かか》わらず、安定した政権運営であった。敢えて失政というならば、その代表のように言われるものに「謎の渡宋計画」がある。これは、東大寺大仏再建の技術者で来ていた陳和卿《ちんなけい》という宋人が、自分の「夢」に出たという前世における和卿と実朝の縁起《えにしばなし》に端を発して、由比ガ浜で宋に渡航する大船を建造させたという事案である。陸で出来上がった船は結局進水に失敗し、浜で無残な残骸を晒す結果となった。吾妻鏡はこれを実朝評価に水を差すべく冷ややかに記述している。確かに、技術的に遠浅の地形も考慮に入れないで船だけ造った事情はお粗末だし、費用の無駄にもなったのは事実だが、この事業の奉行は義時が務めており、これを失政だというなら北条氏も連座である。

　実朝は従三位に昇任し政所《まんどころ》で親政を行った。それを、北条氏の正統を継いだ義時らの武人、大江広元、三善康信らの事務方がしっかりと支えての治世であった。北条氏が「比企の乱」を画策し擁立した実朝政権は、将軍を中心に一定の安定した推移を辿ったように見える。のちに彼が暗殺された折、衝撃のあまり出家した御家人は七〜八十人に及んだと言われ、将軍実朝が尊ばれ親しまれていた様子が窺《うかが》い知れる。

　ここに至る間に北条内部には事件があった。義時は父時政を「失脚」させているのである。詳細経緯を省略するが、功臣畠山重忠排除に絡んで、彼と

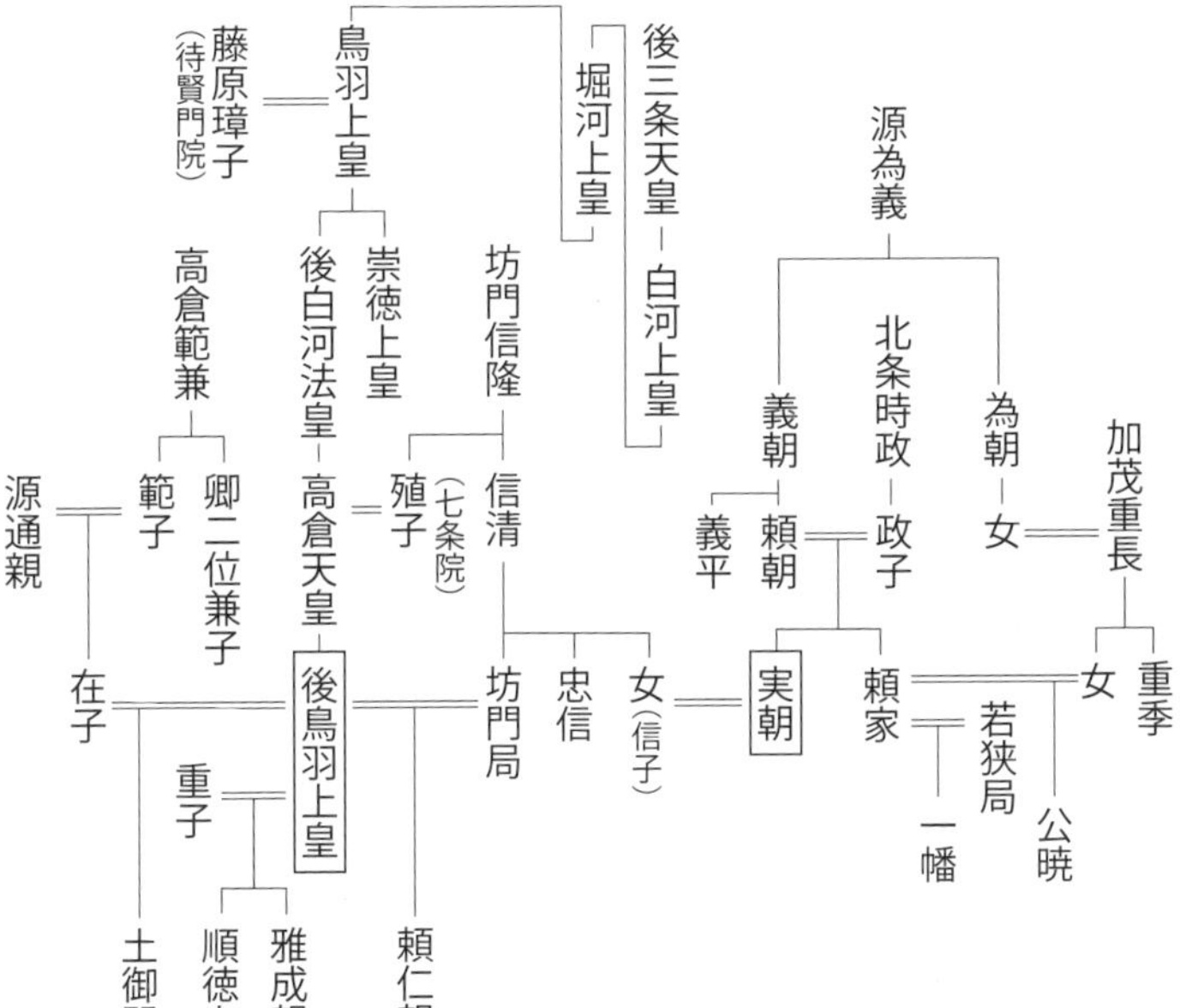

後鳥羽上皇と源実朝関係系図

親交のあった義時らと自らとの間に隙間風《すきまかぜ》を感知した北条時政は、実朝を廃して後妻の「牧の方」の連れ子である娘の婿である平賀朝雅を将軍にし、自らはその後見として権力維持を図るという策謀に走った。時政は、和田一族を討って政所と侍所の別当を兼ねて北条氏の執権政治を確立した功労者であったが、さすがに驕《おご》りにすぎて血迷ったか。平賀朝雅は源氏の血を引いており、頼朝嫡系でない実朝を担いだ時政にしてみれば、大した違いはないと思ったのかもしれない。しかし、頼朝の後家の政子とその弟義時の「北条本流」にしてみれば、到底受け入れられるものではなかった。元久二年（一二〇五年）、時政、牧の方は鎌倉を追放され、京にあった平賀朝雅も誅殺されている。「牧氏事件」と言われるが、むしろ「北条時政事件」であった。

実朝在任中、朝廷との関係も平穏であった。当時の後鳥羽上皇を治天の君とする朝廷と「鎌倉殿」との間合いをみるに象徴的なことがあった。実朝は後鳥羽上皇の近臣坊門信清の娘を娶《めと》り、二人の仲は大層良かったとされている。坊門の娘は名前を信子とする史料もあるが、実は定かではない。父坊門信清は後鳥羽上皇の生母七条院殖子《しょくし》の弟であり、信子は後鳥羽上皇の従兄妹《いとこ》にあたる。よって、後鳥羽上皇と実朝も「義理の従兄弟」同志である。しかし、二人の間に子がなく、実朝は側室を置かなかった。武家の棟梁に後継猶子がないというのは由々しきことである。巷間《いっぱんに》、のちの実朝の死に直面しそれに慌てた政子が事件後に初めて朝廷に工作して摂関家から猶子を貰い受けることに奔走したとのイメージがあるが、それは誤りである。既に実朝存命中の建保六年（一二一八年）には後鳥羽上皇に親王を将軍に推戴する希望を鎌倉側から伝え、熊野詣を口実に上洛した政子と後鳥羽上皇の乳母卿二位藤原兼子《けんし》との間で折衝が行われている。結果、坊門局が生み卿二位が養育する頼仁親王と、修明門院重子が産み順徳天皇の弟に当たる雅成親王のいずれかを鎌倉に下らせるというところまで話が煮詰まっていたという事実がある。実朝自身や鎌倉首脳の中でも、親王を戴いて然るべき女性を娶《めあ》わせて将軍とし、実朝がそれを後見するという体制が現実に構想されていたのである。実朝は上皇に連なる公家の娘を妻とし、自らは既に頼朝を凌駕する内大臣、右大臣の沙汰を受けて身分は最高位公卿に並んでいた。新将軍を庇護し後援するには不足はなく、逆に親王くらいの人でないと将軍に相応しくないという相場感であったのかもしれない。

もっとも、そのような発想が鎌倉の御家人たちの心情にどう映ったかという点は微妙である。「武家の棟梁」に馴染《ふさわしく》まない、公家風習に拠り過ぎであるというセンチメントがなかったとは言えない。それが廻りまわって公暁の犯行を後押ししたとする説もある。

一方、朝廷側でも、そうした鎌倉からの申し出は「武士勢力」との折り合い確保、牽制の意味からも歓迎すべきものであったであろう。治天の君である後鳥羽上皇にすれば、自ら武力勢力の政治的意義に目醒《めざ》め、のちに述べるように、京に在勤する御家人を懐柔したり、「西面の武士」を編成したりもしていたのであるが、政治縁組により労せずして「治天」の一翼に武士勢力を率いる将軍を組み込めるという申し出は優れて望ましく映ったであろう。その意味で、この構想はｗｉｎ—ｗｉｎの提案であった。実朝の官位が急速に高まったのも、親王の後ろ盾として相応《ふさわ》しい身分に押し上げるための朝廷側の好意的な配慮であったとみるべきである。

しかし、実朝暗殺はすべての思惑を粉砕《ぶちこわ》してしまった。後鳥羽上皇にしても、「そんな危ない境遇」

の将軍の座に皇族を出すわけにはいかないし、そもそもこの構想は格別のシンパシーの共有があり朝廷を崇拝する実朝が将軍後見をすることに格別の意味があった。肝心の彼なくしては成り立たないのであり、親王将軍は沙汰止みとなってしまう。実朝の悲劇の後、政子は御家人の連署した懇請状を添えるなどして改めて京からの後継獲得に手を尽くしたが、親王の東下は叶わず、実現したのは「摂家将軍」であった。この時鎌倉に送られたのは、左大臣九条道家の三男の三寅。道家は頼朝の妹の孫にあたり、源氏との所縁《ゆかり》のある人物である。三寅が元服して第四代将軍頼経となり、頼家の娘「竹の御所」と結婚するのだが、その顛末《てんまつ》は冒頭引用の旧稿に譲る。摂家将軍から親王将軍となるのは、第六代将軍からである。

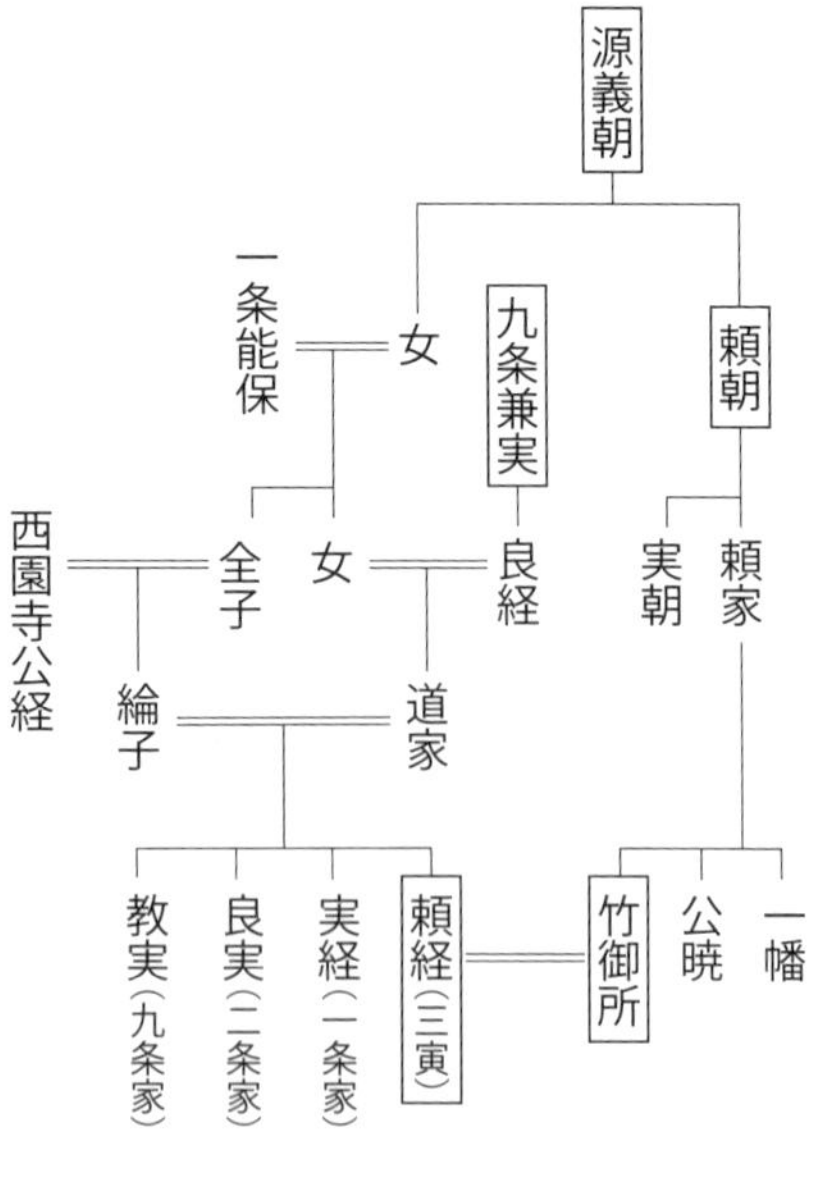

九条家と源氏関係系図

それにしても、ここで登場する後鳥羽上皇とはどんな人物であったのか。彼が稀に見る実力者とされたのは、その胆力や新古今和歌集をほとんど一人で編纂するほどの和歌の教養もさることながら、究極的には経済力に力の源泉があった。荘園支配で摂関政治の頂点を極めたのは藤原道長、頼通の時代であるが、彼らが栄華を謳歌できたのは、支配する荘園の多さと天皇の外戚であるという事実であった。ただ、それは事実上のもので制度上の根拠は何もなかった。頼通時代の後半に久方ぶりに藤原氏出身でない娘を母にする後三条天皇が即位するや、事態は一変した。後三条天皇はある種の親政を行い、特に未整理の荘園の整理を行ったことで知られる。この未整理の荘園というのは、正式に寄進などの手続きをしないで事実上律令スキームから逃れていた幽霊荘園のことで、それを後三条天皇は悉《ことごと》く取り上げてしまったのである。そうした荘園が藤原氏に多かったことは、この整理令により藤原氏の荘園が三分の一にまで減ってしまったことでもわかる。元々システムとしての根拠のない摂関政治は、後三条天皇が息子の白河天皇に譲位して院政を開始すると、一挙に衰退した。白河上皇、そして後白河上皇（法皇）がその時期に成したことは、こうして宙に浮いた荘園を自らの縁《ゆかり》の寺に寄進させたり、相続拡散の心配のない自らの内親王（未婚の娘）の管理の下に置いて事実上自らの荘園としてしまったことであった。いわば、律令制度の守り神が律令破りに手を染めたようなものである。

後鳥羽上皇が治天の君として異例であったのは、このような数代で蓄積した経済力を背景に、自ら武力勢力を組成したことである。朝廷には古くには少人数の「滝口の武士」が、白河上皇の頃には「北面の武士」が置かれたが、後鳥羽上皇は加えて「西面の武士」を組織した。更に、在京御家人を懐柔して「私兵的な武人団」の厚みを増すことに注力した。世の流れを見て、朝廷も一定の自前の軍事力を充実すべきとの認識を高めたことは注目されてよい。

今、在京御家人の懐柔と書いたが、西国の守護の中には朝廷から官位を貰い、朝廷の意向を重く見るようになる者もあり、また一方では、最初は身辺警備の士ほどの存在であったものが、徐々に存在感のある勢力に膨れていき、朝廷から国司に任ぜられるような者も出始めていた。鎌倉から見ても政治的に微妙な存在であり、朝廷側はそこに付け入った。

治天の君たる後鳥羽上皇から見た権門構造では、鎌倉勢力は東国の軍事部門にすぎず、自らに対抗する主体とは認識されていなかった筈である。治天の君にとっては、寺社であろうが、公卿であろうが、武士であろうが、全て差配の対象である。鎌倉の新勢力はそれまでのところ自分から誼《よしみ》を通じて来ていて害意はなさそうではあるものの、軍事力の価値にも目醒めた上皇にしてみれば、この際自ら養ってきた周辺の武士団を頼みに、早めに鎌倉を牽制しておく気になったとしても無理はなかった。清和天皇の末裔《しそん》の源氏ならともかく、実朝暗殺により出自のはっきりしない北条の軍団になった鎌倉が相手なら、猶更《なおさら》であった。

何と言っても治天の君として自信満々の上皇である。制裁・牽制を加えるべき対象があれば、鎌倉の息がかかっていようがいまいが、各地の武士団に直接号令を発し、「官軍」として立ち向かわせれば良いだけである。実際に鎌倉討伐の院宣を発した際、少なくない西国の御家人がこれに同調・参陣している。近江、長門などの守護佐々木広綱、阿波、淡路の守護佐々木経高、播磨の守護後藤基清などのほか、三浦義村の弟で検非違使であった三浦胤義なども加わった。

ここで重要なのは、朝廷でのかかる動きを鎌倉側が事前に全く想定していなかったことと、追討の対象になったのは飽くまで義時個人であり、鎌倉の権力体制全体ではなかったということである。よく「幕府追討の院宣」などと言い慣らわされるが、そもそも「幕府」というのは後世の呼称で、そのような文言はあり得ず、討伐の対象は大将の義時個人である。朝廷側としては弾劾して意向に沿うような人物を武門のトップに差し換えさえすればよく、鎌倉の武装勢力を一掃するまでの意図がある筈もなかった。しかし、ここに綾が生まれた。

そもそも鎌倉側では武士の中に院宣を読める者が少なく、そうと知ってかしらずしてか、御家人たちは有名な政子の大演説に感動し、院宣なるものは自分達の拠り所である鎌倉体制全体を否定する挑

主要事項歴史年表

保元元年（1156年）	保元の乱
平治元年（1159年）	平治の乱
平治二年（1160年）	頼朝 伊豆に流配
治承四年（1180年）	頼朝 挙兵
元暦二年（1185年）	平家滅亡
建久三年（1192年）	頼朝 征夷大将軍任官　後白河院死去
建久八年（1197年）	後鳥羽上皇 院政開始
建久十年（1199年）	頼朝死去　頼家二代「鎌倉殿」に
建仁三年（1203年）	阿野全成の乱　比企の乱 実朝三代「鎌倉殿」に
建仁三年（1204年）	頼家 修善寺にて惨殺 坊門信子 実朝御台所として東下
元久二年（1205年）	畠山重忠一族滅亡　牧氏事件
建暦三年（1213年）	和田合戦
建保五年（1217年）	公暁 鶴岡八幡宮別当就任
建保五年（1218年）	実朝 右大臣に任官
建保五年（1219年）	実朝暗殺 九条三寅 次期将軍予定者として東下
承久三年（1221年）	承久の変
元仁元年（1224年）	義時死去
元仁二年（1225年）	政子死去
天福二年（1234年）	竹御所死去

戦と受け止めて、これに反発・発奮し、「一致団結」して討伐軍に立ち向かったとされている。「頼朝公の恩は山よりも高く、海よりも深い」という政子の督励演説はつとに有名であるが、突然の院宣であり、これに接した御家人の周章狼狽、動揺は激しく、その場で「エイエイ、オー」になったわけではない。むしろ恐怖心に駆られ、守りを固め討伐軍を鎌倉で迎え撃つ策さえ考慮された。しかし、京出身で公卿のメンタリティに通じた文官の大江広元などが、「討伐軍は、こちらは畏れ入ってまさか打って出てくるとは想定していないはず。防禦では御家人たちの士気も上がらない。機先を制して攻勢に出るべし。例え少数でも毅然と出陣する方が勝機がある。」と説き、泰時、朝時兄弟、時房が総師義時から託されて出陣したというのが実態である。漸々《ようよう》の出陣となったが、その時の鎌倉側の気分を表すものとして、「増鏡」に泰時が義時に朝廷との間合いを訪ねるくだりがある。義時が答えて曰く、「君（後鳥羽上皇）が自ら兵を率いて現れたら、その御輿に弓は引けぬ。その時は兜を脱ぎ、弓の弦を切って降伏せよ。しかし、自らは都においでになり、軍兵だけ差し遣わされるなら、命を賭して千人が一人になるまで戦うべし」と。

しかし、上皇が錦の御旗を靡《なび》かせて出馬することはなかった。そして、鎌倉から進軍しながら道々の武士たちに「鎌倉が勝てば、味方した者に恩賞をどこそこに出すぞ」と説得して回った泰時らの戦略的判断は正しかった。逆にいうと、そうした具体の論功行賞《あめ》の提示を怠り、宣旨だけで事足れりとしたのは、朝廷側の過信であり、広報宣伝ミスでもあった。鎌倉軍は、それぞれ東海道、北陸道、東山道の三手に分かれて進軍した。その積極策と恩賞明示の作戦が功を奏し、道々の勢力を糾合し、大挙して京に攻め上った。木曽川、宇治川の朝廷側防御線を突破して、鎌倉を出て一ヵ月足らずで京を制圧してしまった。

而して朝廷軍を蹴散《けっかとして》らして京の都に雪崩《なだれ》込み、容赦のない責任糾弾を貫いた。「近臣が勝手に進めた」との朝廷側の弁明は聞き入れられず、後鳥羽上皇は隠岐島へ、順徳上皇は佐渡島に、そして内部で計画に反対した土御門上皇も自ら望んで土佐国にそれぞれ流された。先に紹介した将軍候補にもなった雅成親王、頼仁親王も但馬国、備前国に流された。在位七十日余りの仲恭天皇(9)は廃され、新たに後鳥羽上皇の兄の守貞親王の皇子が後堀川天皇として即位した。計画に加担した公卿、武士も容赦なく処刑、流罪、解官に処せられた。武士の側からすると、三人の上皇を流刑に処すというのも破天荒な仕業であるが、天皇を退位させその後継天皇を「指名」するという差配までやってのけ、鎌倉勢は、気がつけば「歴史的ゲームチェンジャー」に成りおおせていた。以後、計画に連座した皇族、公卿、武士を処断しその所領を没収するとともに、西国にも守護地頭を配備して、文字通り武家の社会を確立したのはご承知の通りである。

但し、やや余談めくが、承久の変全体を仕切った義時は自らのなしたあまりの壮挙(暴挙?)に惧《おそ》れ慄《おのの》き、その後屋敷への落雷を朝廷の祟りと恐れるなど心穏やかでない日々を送ったとされる。後世に残る得宗執権北条氏の地位確立の大功労者であるが、元仁元年(一二二四年)に急死。死因については衝心脚気と伝えられるが、六十二歳での急な死去であり憶測を呼んだ。

承久の争乱が「乱」なのか、「変」なのかの話題に戻りたい。以上の諸々の要素を総合的に見ると、冒頭の区分については、その「どちらでもない」と言わざるを得ないのではないかと思う。少なくとも、単なる権力闘争というレベルのものではなく、決して「変」ではなかろう。この争乱の前後の政治的構造の変化は紛れもなく「乱」に値するが、一方、争乱を惹起《しかけ》したのは権力者の筈の朝廷の方であり、また鎌倉側の方も最初から全国区の権力を奪取する気構えがあったのかどうかは甚《はなは》だ疑問である。朝廷側では、放置しておくとそのうち自らを脅かす存在になりかねないとの見通しのもとに、権力者として予防的に制裁を仕掛けたのだが、その判断が凶と出て、足元を掬《すく》われるように権力崩壊した感がある。鎌倉側も、仕掛けられて受動的に対応しているうちに、権力簒奪、政治構造の大転換をなしてしまい、戦勝とともに主体的に新秩序に君臨したという印象がある。

さて、以上のような論述には、例えば冒頭に引用した旧稿の趣や解釈とは違う印象があるかもしれない。しかし、頼家の遺児で政子の孫である竹御所《たけのごしょ》と政子との掛け合いのプロットはそれなりの趣向であると思っている。歴史を紐解くと言うことは、今に生きる者が当時のどの人の視点でモノを眺めるかによって決まる。また、眺める縁《よすが》とする資料の性格、背景をどのように参酌するかにも大きく左右される。公式文書が全て権力者の都合の良いように書かれて信用できないとまでいうつもりはないが、記録のないところに思いを巡らす一方、書かれた記録の隙間や行間を読むことも歴史を楽しむ大事な術《すべ》である。歴史とは、過去にあるものではなく、今を生きる我々の中にあるものであるからである。

（1）頼朝に伊藤祐親による夜討ちの危機を知らせたのは、祐親の次男で頼朝の身の上に同情した祐清と言われているが、史料により異説がある。頼朝の最初の妻はこの祐清の妹で「三の妃」と記録される娘であった。「八重姫」という名であったという説もあるが不明である。大層な美女であったと言われ、父祐親がことのほか溺愛していたことから、親として、また平重盛の家人という立場からして、祐親は二人の関係を許せなかった。二人の仲を引き裂いて娘は他家に再嫁させ、産まれた千鶴という男子は即刻葬り去った。この辺りの事情は色々込み入っており、祐親は同族の工藤祐経と領地をめぐり争い、嫡子祐泰が祐経の家人により命を落としたことから所謂「曽我兄弟の敵討ち」にも関係してくるのであるが、キリがないのでこれ以上踏み込まない。

（2）官位官職への憧憬は、例えば和田義盛のような武骨一辺倒な古老にあっても、大層特別のモノであった。和田義盛といえば、侍所の別当として重きをなした武人であり、御家人中の御家人である。少し時代が下るが、その彼が将軍実朝に懇願を繰り返したのが上総国司（又は介）の地位であった。しかし、国司は朝廷権威を直接代理するものであり、朝廷そのものであるともいえる地位である。しかもランクこそ違うが朝廷から任ぜられるという意味で征夷大将

軍の実朝とは天皇の下で同輩であるということの政治的意味は悩ましいものであった。実朝は悩みながらも朝廷と折衝し、最終的に和田の遠縁にあたる藤原秀康を上総介に任じるよう差配してこの件を収めている。義盛としては「一生の余執」が果たせず無念であったが、当時の御家人心情を如実に表す事案である。もっとも、もう少し時代が下ると、のちの本文でも紹介したように、御家人ではあるが朝廷に近づき勝手に国司になる武士も散見されるようになる。

（3）大姫と三幡の参内の工作は、結果的に二人の病死により成就しなかったのだが、京の政治力学に翻弄された面もあった。頼朝が頼ったのは関白九条兼実との政争に勝った村上源氏の源通親である。ところが、通親が後鳥羽帝の内裏に入れていた娘在子が皇子（のちの土御門天皇）を得たため、これと競合する大姫の参内を喜ばず、三幡についても後鳥羽帝の譲位を急がせた通親の思惑でやはり成就しなかった。なお、権力闘争に敗れた九条兼実には「玉葉」という優れた日誌があり、本稿でもいくつか参考にさせてもらった。

（4）征夷大将軍としては、坂上田村麻呂が有名であるが、その前任の大伴弟麻呂がその最初である。征東将軍、持節征東将軍などの名称が使われたこともあるようである。

ところで、筆者は最近少しずつ古代史の文献を勉強し始めたのであるが、五世紀の日本が劉宋に朝貢しているのは何のためだったのかを考えている。古来我が国が中国支配下にあった事実はなく、古代中国王朝もそうした意図はなかったのであるが、「倭の国」が一時期中国から「冊封」されていたし、またその形を取ることが我が国国内政治的に意味のあった時期があったことは事実である　しかし、五世紀というと、既に国内のヘゲモニーは九州にまで及び、国内対策上中国との関係を自らの正統性主張に使う必要はもはやなかった時期である。自身の独立性を認識しつつも、当時北魏が高句麗と同盟したことへの対抗の意味から、外交的措置としてなしたと考えられる。本稿では、この時期の鎌倉政権が朝廷との関係について自らの権威と独立性をどう自覚していたかについて論考している。この話題を出したのは、五世紀の日本が「安東大将軍」の官位を魏宋から得ているからであり、連想でつい付記したくなったまでである。

（5）御家人の任官の例としては、左衛門尉《さえもんのじょう》に和田義盛、三浦義連、足立遠元が、右衛門尉《うえもんのじょう》に比企能員、小山《おやま》朝政《ともまさ》が、左兵衛尉《さひょうえのじょう》に千葉常秀、梶原景茂、八田知重が、そして右兵衛尉に三浦義村がそれぞれ任じられている。これらは、京における武人職で従六位下くらいの官職である。因みに、頼朝の権大納言は正三位である。

一方、任官には頼朝の推挙を前提とするとのルールに反して頼朝から問題にされたのが、頼朝に無断で京で検非違使に任ぜられた義経である。史説では鎌倉の京権力からの独立性維持に腐心する頼朝の神経を逆撫でしたとするものが多いが、ただそれだけなら「説諭」すれば済む話である。富士川の合戦後、感激の対面を果たした実の弟であり、平家討伐の最大の功労者である彼をいきなりそれだけで誅伐するというのは、それ以上に背景があると思うべきである。

（6）源平合戦の最大のヒーロー義経が、頼朝に追われ平泉衣川で最期を遂げた話は有名であるが、範頼について附言しておきたい。範頼は専横、横着の嫌いのあった義経に比べても、頼朝への伺い、連絡を怠らない「優等生」であった。しかし、曽我兄弟の事件に際し頼朝死亡という誤報が伝わった折り、「（兄に万一があるとも、）まだ範頼が控えております」と兄嫁の政子に伝えたことで謀反の疑いをかけられ、修善寺に追放となってしまった。その後の正式な記録がないが、誅殺されたとされている。なお、「頼朝の嫡流確立」という観点からは、阿野全成の乱もその一環であろう。全成も頼朝の実弟であり、政子の妹（阿波局）を娶っている。身内の筈であるが、謀反の疑いをかけられ討伐されている。

（7）和田合戦（建暦三年・一二一三年）とは、鎌倉の御家人同士の勢力争いの最大のものである。北条が徐々に存在感を増す中にあっても、和田義盛は侍所の別当を務め、また三浦一門の総師として武人の第一人者の地位を維持していた。しかし、信濃国の泉親平という御家人が北条義時打倒の兵をあげ、それ自体は未然に防がれたのだが、泉の計画に和田の関係者が少なからず加担していたことから、その処断を巡り北条、和田の全面衝突に発展した。際どい攻防であったが結局将軍御所にあった実朝の身柄を確保した北条側の勝利となり、北条氏のヘゲモニーが確立した。本件はあくまでも御家人同士の確執であり、和田一族は将軍実朝に異心はなく、義盛の息子朝盛などは実朝側近として長く仕えて共に和歌に親しみ、最後まで実朝との関係に未練を残した。なお、三浦義村は早くから北条に内通したとされ、「三浦犬は友をも喰らうわ（千葉胤綱）」と揶揄されるような処世術を弄し、のちの実朝暗殺の折にも頼って逃げ込んできた公暁を北条の指示で殺害している。

（8）実朝の和歌は有名だが、頼朝も当時の京出身の政治家として当然のように和歌に親しんでいる。新古今和歌集には、次の二首が収められている。「道すがら富士の煙もわかざりき晴るるまもなき空のけしきに」、「陸奥のいはでしのぶはえぞしらぬふみつくしてよ壺の石ぶみ」。前者は比較的ストレートな抒情句であるが、後者は掛詞が多用された巧句で、「いわではしのぶ」には陸奥にある「岩手」と「信夫」の地名が読み込まれ、「えぞしらぬ」には「蝦夷」が、「壺のいしぶみ」には「碑《いしぶみ》」、「文」と「踏み」が掛けられている。

（9）この時、仲恭天皇はわずか二歳であった。践祚《せんそ》から間もなく、即位礼も大嘗祭も行われないままに退位となった。ゆえに永らく歴代天皇にも数えられてこなかった。仲恭という諡号《おくりな》が贈られたのは明治三年（一八七〇年）になってからである。なお、替わって即位した後堀川天皇の父の守貞親王は、息子の即位とともに後高倉院と称された。

なすことも なき身の夢の さむるあけぼの
――テクノクラート小堀遠州にみる近世行政官の矜持――

この御仁《おひと》、藤堂高虎の娘を娶《めと》り、蒲生氏郷らと並んで「利休七哲」の一人とされる古田織部の愛弟子であり、故に細川忠興とも因縁が深い。当然に陶芸、茶の湯に通じ、それらに留まらず、建築、作庭でも今に残る数々の足跡を残した文人行政官僚でもある。また、浅井家重臣から転じ姉川の合戦以降に織田信長に仕えた磯野員昌の孫にあたり、羽柴（豊臣）秀長に仕え、徳川家光の茶道指南でもあった。

時代性といい、関係する者のラインナップからしても、これまでの拙稿のどこかで触れていてもおかしくないのだが、不思議に初登場である。

筆者が「小堀遠州」という名に接したのはそれほど以前のことではない。最初は、実務官僚《テクノクラート》としての切り口であった。しかし、その存在の面白みを立体的に認識して関心を高めたのは、以前別稿取材でお世話になった静嘉堂文庫の所蔵品目録に彼ゆかりの茶道具の陶芸作品が含まれているのを知ったのが契機《きっかけ》であった。

残念ながら、筆者にその方面の素養はないので、本稿では、茶入れ、茶碗とか名物裂《めいぶつぎれ》などについての蘊蓄《うんちく》は微塵《これっぽっち》も出てこない。

小堀遠州像（長浜市「五先賢の館」展示物より）

ここでは小堀遠州という人物が、安土桃山と称される時期の時代性と、近江や大和の土地柄・風土の中でどのように育《はぐく》まれたのかを描いてみたい。

遠州は本名を政一《まさかず》と言い、遠州というのは慶長一三年（一六〇八年）に駿府城作事の功により従五位下遠江守に任じられた故の呼称であるが、便宜のため本稿ではこの名前で統一する。

小堀遠州政一は歴《れっき》とした大名である。父小堀正次は、戦国の世の先行きをよく見通して生き抜き、徳川時代初期にあって備中国奉行を務めた。遠州は、正次の急死によりその家督を継いで備中の国奉行の任をも引き継いだが、元和五年（一六一九年）近江国浅井郡に任地替えとなり、浅井郡小室村に政庁を置いた。遠州は小室藩初代藩主と言われる。

その後近江全体の国奉行を命じられ、さらに伏見奉行にも任じられて、正保四年（一六四七年）二月、六十九歳を一期にこの世を去るまで三十年近くの長きに亘って伏見奉行の任にあった。この国奉行というのは、国持大名とは趣を異にして、幕府から派遣されてその施策を執行する行政官僚的なものであったが、各地の所領を合わせて一万二千四百六十石という石高は堂々たる大名である（父の所領一万四千四百六十石を引き継いだ折、遠州は弟の正行に二千石を譲っている）。また、伏見奉行というのは幾つかある遠国奉行《おんごくぶぎょう》の一つではあるが、司る伏見という地は何といっても秀吉時代の政治の中心であり、京の南口にあたり北国街道、伏見街道という重要街道に繋がる要衝地であり、伏見城が廃城となったあとも物資、往来の行き交う宿場町として栄えた。奉行はこれらに係る行政、準司法を掌握し、のちに宇治、木津、伏見の川筋の船舶をも管轄した。

先に、父を相続して……云々と述べたが、遠州の父正次は元々浅井家の有能で多才な事務官僚であった。小谷城落城、浅井氏滅亡の折、羽柴秀吉の陣に降《くだ》り、以後秀吉の弟である大和大納言こと羽柴秀長の家老格となり、三千石を領した。秀吉の命で国許を離れることの多かった秀長に替わり、大和、紀州の治行に立派な業績を残した。大和郡山城にあって、奈良の寺社勢力の武装解除を促し、所領の検地を進め、領内の興産、新しい街づくりのために税の優遇措置などを施した。大和郡山では「箱本制度」という商工業の朱印状による自治制度が導入され、今に伝わる朱印状には正次の署名になるものが少なからず認められる。関ヶ原の戦いでは徳川の旗下で参陣し、戦後備中で一万石を加増されている。

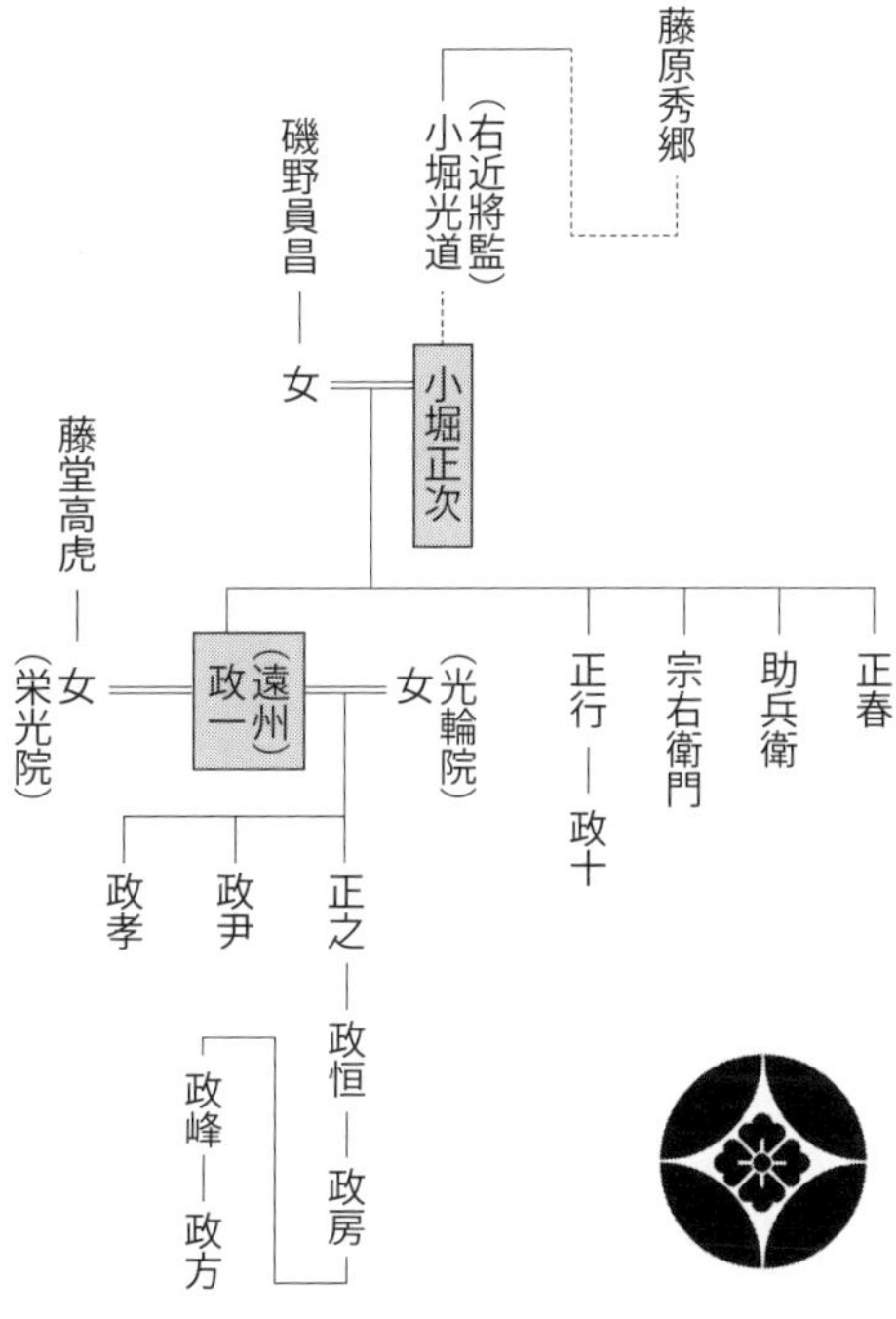

小堀家系図と家紋

遠州は七歳から父に従って大和郡山に移り住み、以後備中まで父の下で薫陶を受け、その行政手腕を具《つぶさ》に見て生育した。

その時代は家康の天下といってもまだキナ臭さが色濃く残っていた。遠州がまず取り掛かったのは隣国の監視であった。備中の隣国の備前、美作は関ヶ原の合戦以後小早川秀秋の所領とされたが、寝返りの前歴を持つ秀秋への牽制として、その動静に目を光らせることが大事な役割であった。ただ、備中を国奉行による幕府直轄領としたのは、領内で産出する良質な銑鉄と檀紙と呼ばれる良質の紙を幕府の管轄に置くという狙いもあった。興産に実績を挙げた父の業績を買われてのことであった。なお、先に述べたように、遠州はその後伏見での重要行政の比重が増し、備中領国へはいわゆる遠距離指図経営《リモートマネージメント》を強いられたが、それも難なくこなしている。

行政官僚としての堅実な仕事ぶりもさることながら、本稿の重要な脚色テーマである遠州の芸術性、美術感覚に筆を進める前に、それに影響を及ぼしたであろう幼い頃のエピソードを記しておきたい。羽柴秀長に仕え大和郡山に赴いた父正次に付いて秀長の屋敷に出入りしていた遠州は、偶然千利休のお点前《てまえ》を垣間見る幸運に恵まれる。天正一六年（一五八八年）、兄秀吉を自分の屋敷に招き茶の接待をすることになった秀長は、当日の作法の確認のため、秀吉の茶頭を務めた利休に依頼してその指導を受けたのである。邸で奉公中だった遠州は、開け放たれた座敷の障子の外から、利休の見事な点前を目《ま》の当たりにすることができたのである。遠州十歳の時の出来事である。そして、それは生涯唯一の利休との遭遇《であい》であった。天才にしかわからない鋭敏にして繊細な感覚を、彼は衝撃的に受け止めたのであろう。永く遠州はその時の思い出を語っている(1)。

ただ、そのことは遠州の茶湯の流儀が利休のそれに影響されたということでは必ずしもない。冒頭お断りしたように、筆者の乏しい茶湯の素養で論じるのは覚束ない限りであるが、侘《わ》び寂《さ》びを追求し「どんどん暗く窮屈になっていった利休の茶道」に対し、「綺麗《きれい》さび」と言われる如く明るくのびやかに創意工夫を走らせるのが「遠州の茶」の真髄と言われている。

伏見奉行を長く務めた遠州は、要衝の地での奉公ゆえに領国になかなか戻る暇がなかったと書いたが、実は伏見にもずっと居たわけではない。一体何をしていたのか？ここからが本稿の主題である。精神性の高い茶の湯には深入りできない筆者ではあるが、「この目で見て、足で稼ぐ」ことで少しは感じを伝えられる作庭、建築作事の分野での業績を追うことで、遠州像を探っていきたい。以下は、漸くにしてコロナ禍の行動制限が緩んだ令和四年春の取材行脚のレポートである。

これより順を追って彼の差配した庭や建物を紹介していくが、多くは「公事《くじ》」つまり公の目的での建築などに伴う仕事である。作事奉行、惣奉行といった立場で携わっている。

遠州が手がけた作事は多繁に亘る。先に駿府城作事に携わったことを記したが、その二年前の慶長一一年（一六〇六年）には二十八歳で後陽成院の御所建築にも携わり、それ以後も後水尾院・東福門院御所、明正院御所、内裏の惣奉行を務めるなど朝廷関係の作事に多々関わった。そして当然のことながら、幕府枢要建築にも多く関与した。名古屋城、大坂城、伏見城、二条城、水口城（近江国甲賀郡）などの作事がそれである。

二条城は京都にあって幕末の大舞台(2)の一つとして格別に「有名な史跡」であり、内外の多くの観光客が訪れる場所《スポット》である。筆者も小学校の修学旅行で訪れて以来幾度となく足を運んだ馴染みの場所である。しかし、その庭園を小堀遠州の縁《ゆかり》のものとしてじっくり眺めたことはなかった。改めて訪れた春の二条城は、外国人観光客の少ない落ち着いた風情の中で穏やかに佇《たたず》んでいた。筆者が特許庁にお世話になっていた時期に「三極特許長官会合」という催しを京都で主催し、門川市長のご厚意で、二条城の敷地の北側にある清流園の香雲亭で米国、欧州の長官に着物を着てもらい、庭を愛でながらお茶を振る舞うというアトラクションイベントをした記憶がある。長官会合でお世話になった当時は全く意識になかったが、清流園の庭を設計した中根金作氏は「昭和の小堀遠州」と言われた人であることを今回初めて知った。

遠州が二の丸御殿の庭園造作を仕切ったのは寛永年間（一六二九年）である。御殿の庭そのものは家康が二条城を築いた当初（一六〇三年）からあったようだが、後水尾天皇と中宮和子《まさこ》をお迎えするために大改修することとなり、その造作の指揮を遠州が執《と》った。和子中宮は二代将軍徳川秀忠とお江の方の間に生まれ、三代将軍家光の妹に当たる。朝廷との融和の象徴として入内し、のちの明正天皇を産んでおられる。

庭園は時代が下って度々改修の手が入ったので、当時の意匠は現在のそれとは異なっているようだが、池の真ん中に小高く

京都二条城二の丸御殿庭園（大広間方面からの眺め）

蓬莱山を擬した島を、そしてその左右に前後して鶴島、亀島を配する趣向は、いわゆる「神仙蓬莱思想」の典型である。蓬莱山は手前に比較的低い松を、後ろには背の高い木を配して奥行きを感じさせる幽谷の雰囲気を出している。蓬莱島を囲む八つの大きな護岸石組は八角形を成しているので、この庭を「八陣の庭」とも称する。主に二の丸御殿の大広間、黒書院側から眺めることを想定し、水と岩の呼吸をはかり、植栽の塩梅《あんばい》を緻密に計算して工夫されている。右奥の滝は、遠州はもう少し南の岩の上の部分から段を経て落としていたとされている。

武家の庭は禅宗の影響を受けて剛直を旨とし、花や紅葉ではなく移り変わることのない岩や常緑樹を以って構成する。

さらに、池の南側には後水尾天皇と和子女御のために、行幸御殿、中宮御殿、長局《ながつぼね》などの建物が追加で作られたため、南側からの眺めにも応えられるようにする必要が生じた。石の配置をそのままにしつつ南縁に近い主な石組の向きを置き換えることにより、南正面性も確保されているとのこと。「……とのこと」と言うのは、南側のこれらの建物は後水尾天皇の譲位とともに仙洞御所に移築され、また南の区域は現在周遊のコースから外れているため、実際にはその角度からの庭の眺めを得ることが叶わないからである。が、しかし、当時は舟入まで建物の階が伸びていたとされ、趣向を凝らして三方向いずれもが正面という立体的な造作を目指した遠州の意欲は思いやることはできる。

鶴と亀の島はそれだけをぼんやり見ていると具象的には決してそのようには見えないのだが、角度を変えて蓬莱山の立ち岩や石の配置との間合いを、矯《た》めつ眇《すが》めつ時間をかけて繰り返して眺めていると、「なんとなくそうかなと思えてくる」から不思議である。理想郷を模した庭は見る人の空想力によって姿を変える。

なお、二条城からの建物移築先の仙洞御所（京都御苑内）は、上皇の住まいとして造られたが、何度も火災の被害にあって移築の建物は全て失われ、光格上皇までの五代の上皇のあとそこに住まわれる上皇に途絶があったため、以降御所は再建されずに今日に至っている。隣接して皇太后の居所として設けられた大宮御所(3)があり、両御所の庭は共通で、遠州の意匠が反映されたという。しかし、後水尾上皇が元のこじんまりした池を舟遊びができるまでに拡張され趣向も変えられたので、一部に残る荒削りの立ち岩を除き、残念ながら遠州の匂いは残っていない。

南禅寺には遠州の庭が二つある。一つは、大方丈前にある「虎の児渡しの庭」である。「虎の児渡し」とは、三匹の児虎のうち一匹が獰猛で母親が一緒に居ないと他の児虎を食い殺してしまうという設定で、「母親が一度に一頭しか咥《くわ》えて運べない状況下で、どうすれば三匹を無事に河の向こうに渡せるか」というクイズのような禅的お題。

この庭は池や滝を使わない枯山水の庭で、水は白砂によって表現されている。先に「移り変わりのない岩や常緑樹」と書いたが、枯山水は移り変わりのなさをより抽象化したものである。ここでは、二条城などのように須弥山や蓬莱山を石組で表すの

南禅寺金地院庭園

と異なり、塀に沿ってうまく遠近技法を操りながら大小の石を配置して、母虎が児虎を咥《くわ》えて河を渡る様を表している。

もう一つが金地院の方丈南庭である。金地院は、狩野探幽の襖絵、長谷川等伯の猿猴の襖絵や遠州の手がけた八窓席の茶室も有名で、数寄屋、鎖の間、東照宮などの建物も遠州の指図であるが、庭は多忙を極めた遠州が金地院崇伝からのたっての依頼で作庭した「半公事」的な作品。しかし、依頼した崇伝は将軍家光の上洛の際の台臨を意識しており、いわゆる「御成《おなり》の庭」の形式をとっている。その意味では二条城の作庭に近い意図が窺われる。比較的ゆったりした空間を使い、崖地の傾斜や蓬莱石組を駆使した庭作りをしている。白砂で海洋と船を表しその左右に亀島、鶴島を配置するのは他の蓬莱と同様の意匠だが、方形の長めの切石はその向こうにある東照宮の遥拝石である。

また、京都の西賀茂にある正伝寺[4]には「獅子の児渡しの庭」という庭園がある。これも遠州作と言われているが、石の代わりがサツキの植え込みという変わり種である。サツキの刈り込みで七五三調を表した枯山水だが、これも「どこが獅子なのか」と思うのは野暮というもの。むしろ比叡山を丸ごとに借景にしたスッキリとした開放的な趣向を楽しむべきであろう。

正伝寺庭園（京都市）

さて、遠州の庭を語るに外してはいけないのが、弧篷庵《こほうあん》である。

京都の大徳寺弧篷庵は、大徳寺の広大な境内の北西の角、市立紫野高校の隣にある。紫野は嵯峨野、宇多野など七つある「野」のひとつ。大徳寺自体も大燈国師の厳しい禅風を守るべく世塵から超越しているような寺である。この洛北の地にも開発の波が押し寄せ、街並みや名刹が都市化、観光資源化してしまう中にあって、この一帯だけは超然と俗化を拒んでいるかのようは感じがある。その中の弧篷庵であるが、もともと五年に一度程度しか公開されないのがしきたりである。しかし、ここ二年間はコロナのために更に公開が延び、令和四年の五月から六月の限定公開は実に七年ぶりであった。朝早くから並んで、少人数毎に案内されて解説を聞きながら内部を拝見してきた。弧篷庵は、元々は慶長一七年（一六一二年）に同じ大徳寺塔頭の龍光院に建てた庵を、寛永二〇年（一六四三年）にこの地に移築したものであるが、この建物は寛政五年（一七九三年）の火災で焼失したため、その後に再興されたものである。遠州の趣を愛した松江の松平《まつだいら》不昧《ふまい》公により、方丈、書院、忘筌などが復興された。庭はともかく、建物内部の襖絵や誂《あつら》えが遠州当時のものであるとの解説を聞いて不思議に思ったのだが、襖などが漆の木枠のまま取り外せるようになっていて、火災にあっても消失を免れたと伺って大層感じ入った。

ここの主題は遠州の故郷の琵琶湖である。建物を入って小さな舟から始め段々と大きな船に乗って

大徳寺孤篷庵（舟窓―縁側からの庭）

進むが如く誂えがなされている。弧篷庵の「篷」は茅《かや》などを編んで舟の上を覆う苫《とま》のことで、弧篷とは孤舟の意味である。訪れた折は本堂の前庭の籬《まがき》の先にある樹木が伸びて隠れていたが、籬を水平線とみなしその向こうに見えるはずの船岡山を船に見立てているとのこと。直入軒前庭は近江八景の庭と言われる枯山水だが、ここでは庭は何故か白洲ではなく赤土であり、特に波立たせてもいないが、これによって琵琶湖の水を表している。

有名な書院式の忘筌席《ぼうせんせき》は本堂の北西にある茶室である。忘筌の「筌」とは、魚を取る竹で編んだ漁具のことで、忘筌は目的（魚）を達したらもはや手段（筌）にこだわらないことを意味する。功成なって風雅の道に親しむ遠州の心境を表しているという。表題を取った遠州の句「きのふといひ　けふとくらして　なすことも　なき身の夢の　さむるあけぼの」の心境にも通底するものがある。

この茶室は、庭に向かって舟入板の間となっていて、障子は上半分だけで下は吹き抜けという趣向である。西陽を調節した明かり取りとしても有効で、手水鉢《ちょうずばち》、灯籠、植え込みが見えるようになっている。

なお、大徳寺に塔頭の一つで、前田利家未亡人マツゆかりの芳春院にも遠州作と伝えられる庭園があるのであるが、残念ながらその日は公開の時期ではなかった。

実は、弧篷庵と称する庵《いおり》は滋賀県にもある。現在の長浜市小堀町が遠州の生誕地で、今は街角に父新介正次の名を刻んだ石碑が残るのみであるが、小谷城址を山向こうに控える同市上野町《うわのちょう》には「近江弧篷庵」と称する寺がある。遠州の息子である正之(5)が遠州の菩提を弔うために開山した寺院であり、その名は大徳寺弧篷庵に因んで命名された。本堂の南側に枯山水式、東側に池泉式の庭園が広がっている。最寄りの北陸線の駅から結構な距離のある山裾に寺と庭園があり落ち着いた風情である。その意匠が遠州的というより、寺の中に遠州ほかの墓があり、また近くに小室城址の史跡があって、遠州一族を偲ぶ縁《よすが》の地という感じであった。小室城址は木々の中に石碑が残るだけであるが、屋敷指図によれば、主殿を中心に周りに土蔵、小屋を巡らし、敷地内に堀で囲まれた馬場もあり、その北と西側に養保庵と転合庵という茶室が備わっていたと記されている。

遠州の生誕地に話が及んだので、彼の私的な空間である居宅の趣向にも付言しておきたい。彼の京における居宅は六角堀川町と六角油小路との間の辺りにあり、これは義父の藤堂高虎の居宅を引き継いだものである。高虎は城づくり名人の武将で、焼き物などにも造詣が深かったので、それなりの自宅空間であったと思われるが、風流心に長《た》けた遠州は数寄屋を含む独自の居室の改造をした

小堀家墓所（近江孤篷庵の敷地の外の山合いにある。遠州政一から政方までの代々の墓が並んでおり、遠州の墓石は左から４つ目である。遠州の側室で正之の生母光輪院の墓（同５つ目）なども一緒にある。）

近江孤篷庵（長浜市上野町）（山門）

だろうと想像される。そのことは、長く務めた伏見の奉行所の佇《たたずま》いからも推し測られる。伏見奉行所はその新たな普請が遠州の着任と時期的に重なったこともあり、役所であると同時に居宅として、随所に彼の趣味性が反映されている。現在残っている当時の屋敷指図によれば、建物に付随して、あるいは独立して茶屋、数寄屋などが幾つも設《しつら》えてある。

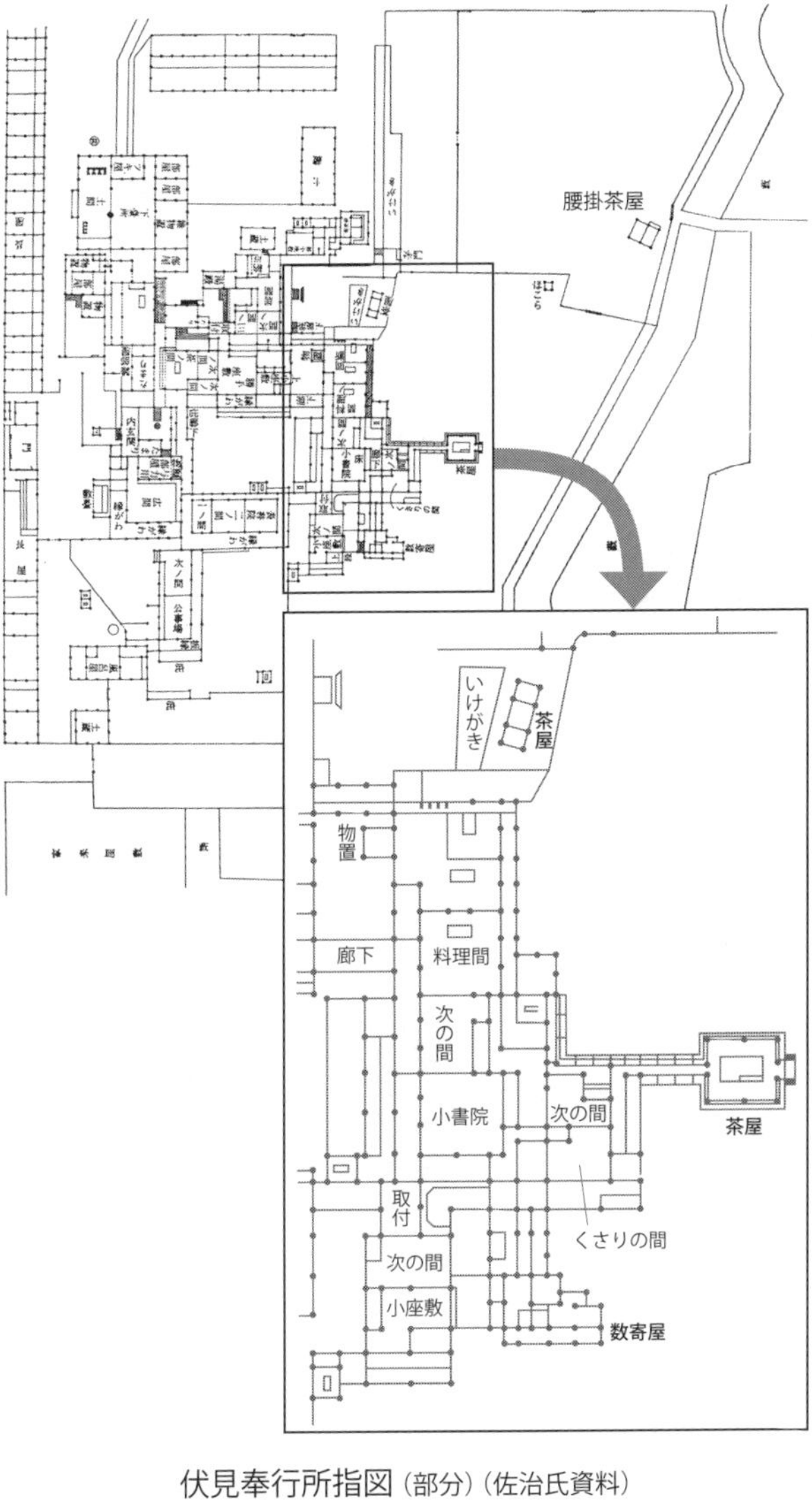

伏見奉行所指図（部分）（佐治氏資料）

もう一つ遠州の庭として忘れてはいけないものが、岡山の備中高梁の頼久寺にある。寺は正式名を天柱山安国頼久禅寺という臨済宗永源寺派に属するもので、南北朝時代に開基されたものとされる。先に記したように、慶長五年（一六〇〇年）遠州の父小堀正次が備中に国奉行として派遣されたが、本庁とすべき松山城が荒廃し、かつ山頂という立地が不便であったため、政務のための館を麓の頼久寺に置いた。慶長九年に急死した正次の跡を襲った遠州はそこに蓬莱式枯山水の庭園を造成した。ここが貴重なのは、他の遠州所縁の庭園が時代とともに手が加わっているのに比べ、当時の彼の意匠が旧態に近く残されていることである。愛宕山を借景に組み込み、比較的低い築山状の亀島の手前に白砂敷きに囲まれた鶴島を配し、サツキの大刈り込みで大海波を表現している。庭を横切る敷石も絶妙で、方丈に丸く穿《うが》たれた窓からみる庭の景色も美しい。上記の京都・正伝寺の雰囲気に似たゆったりした趣きが印象的であった。

備中高梁頼久寺庭園（岡山県高梁市）（庭）

ここまで公事にせよ、私的な建築、造園などにせよ、色々な遠州の芸術的業績(6)を辿ってきた。個人的には「神仙蓬莱」型の庭よりも「虎の児渡し」、「獅子の児渡し」のような自由で開放的な庭が好きだし、明るい茶室の趣向も心に残った。個々に詳しくは紹介できなかったが、庭の誂《あつら》えにも直線をうまく使った石組みや西洋の芝生を思わせる斬新な感覚が生かされているものがある。また、義父の藤堂高虎の得意とした城造りとは異なるが、遠州のたくさんの庭の石組みや滝の落とし具合、更には灯篭《とうろう》や敷石の配列にみる石の呼吸の測り方には、岩石を巡る近江の伝統技能が、さりげなく、しかし確《しっ》かりと遠州造形のベースとして刷り込まれているとの感触を覚えた。近江といえば、繊維をはじめ沢山の工芸技術があるが、この時代に近江衆の手になるものとして圧倒的な存在感を発揮したものに、城の石垣積技能がある。信長の安土城築城の頃から城は土嚢積みから石垣を用いることが広まった。そして、堅牢な「野面積み」石垣の技能は、それを極めた近江出身の「穴太衆《あのうしゅう》」に因んで「穴太積み」と言われた。穴太衆は高虎が頼みにしたプロフェッショナル特能集団である。

確かに、遠州に対する評価としては文化人としての傑出した功績に断然注目が集まるし、国奉行という役目柄ゆえ、政治的リーダーとして当時の治政の改革を先駆的に先導するという立場ではなかったが、筆者は、遠州の本性はやはり行政官にあると思う。茶湯や作庭を自らの本義として極め、併せて世過ごし、身過ごしのために役職をこなしたという訳ではない。その逆だと思う。時代にふさわしい領民の生活と新しい経済に、彼の本領は向き合っていたと感じる。

戦国の最後の時期から江戸初期の変動期において、「威」と「前例踏襲」では立ち行かない社会の変化に行政官僚として立ち向かうには、どうしたらいいかを考えたと思料する。そして、単に武断政治、軍政から「文治政治」への発想転換というにとどまらず、より「幅」と「奥行き」のある所作・対応が必要であると感じていたのではないだろうか。「粋《いき》」の要素を加えることを目指したように見える。伏見の地勢的な重要性に鑑みると、柔軟性と多様な精神性、さらには社交性が不可欠である。さもないと、所謂豪商と言われるような人を含めた商人《あきんど》の発想を計り、産品と金《かね》の流れを見定めて物流を司る伏見の奉行は長くは務まらない。しかし、重要性を増す経済の重みに沿うとともに、それだけではなく、むしろ経済合理性に従った損得勘定をもある意味において相対化することを目指し、そのためにそれに資する縁《よすが》を、茶道と作庭、建築の芸術的着想の自由さ、鷹揚さに求めたように思える。「粋《いき》」(7)というのは、江戸期のもっと後の時代のもので、遠州のそれを「粋」の心持とするのは無理があるが、武家の意気地と禅宗の無常的精神論に裏打ちされた心境はそれに通じるものがある。

どんな仕事であれ、職業人としては、職務に係る必要知識の習得と経験の蓄積は当然である。時代が下るに従って、世の中の仕組みが複雑となり、スピードも求められるようになる。それにつれ、職業人に求められる資質も行動も変化し、いわゆる分業化・専門化が進む。そして、だからこそ同時に全体を束ねる規律についてのルール作りも進められ、集中・専門の効果把握の指標やコンプライアンスなどによる統合チェックが重視されることになる。しかし、その統合チェック・運用は容易ではない。もとより何でもわかり、何でもできるようなスーパーマンを想定することは現実的ではない。従って、各段階で「複眼的／複層的な付加価値が加えられる人材」をどれくらい配置できるかがシステムのパフォーマンスの決め手となる。大学などにおいて、リベラル・アーツが見直され、事業遂行においても「一芸に秀でた人の多芸」、「他分野の経験に照らして違う視点でのチェックを利かせる社外役員」などが望まれる所以《ゆえん》である。

そうした観点で遠州の治績を振り返ると、彼は、近江などの豊かな土壌と商業的先駆性に育《はぐく》まれながら、戦乱の武辺《ぶばった》の世界から文治・安定の世界への変革期を、文化の趣《ソフトパワー》で脚色したテクノクラートぶりで駆け抜けたように映る。

（1）葉室麟に「弧蓬のひと」という小説があり、その冒頭近くに、遠州が秀長に作法指導する利休と相見え会話するくだりがある。利休の用いる黒い茶碗の印象のほか、二人の間で石田三成の事などが話題になっているが、実際にはありえない設定である。ただ、遠州がのちに極める茶道との違い、遠州と三成が同じ土地の人間であることをさり気なく含ませて、小説展開の面白い伏線にしている。

（2）幕末の大舞台と言えば、二条城での大政奉還である。大政奉還は、二条城二の丸御殿の大広間で諸大名への申し渡しがなされたとされている。本稿の主題からは外れるが、一つエピソードを。教科書などでよく目にする「大政奉還図（頓田丹稜画）」は、上段の間にいかにも慶喜将軍と思しき人物が描かれ、その下座に裃姿の諸大名が控えている。常設ではないが、大広間にそのような人形が配置されてもいる。しかし、その絵画の奥及び両脇の襖絵は桜の図柄となっていて、実際の大広間の図柄（狩野探幽画の松）と異なっている。当時の記録を見ると、慶応3年（旧暦）10月12日に、慶喜は先に松平容保、松平定敬ら親密な親藩、譜代の大名を黒書院（襖絵の図柄は桜）に呼んで大政奉還の意思を内々に伝え、翌13日に上洛中の40諸侯と幕閣を大広間に集め、老中の板倉勝静から大政奉還の賛否を諮問したとある。実際の大政奉還は14日。15日に勅許されている。どうやらこの辺りの前後の機微が頓田の描いた絵画の図柄混乱に影響したのではないかと思われる。また、よく考えると、大政（政権）を奉還するのは朝廷に対してであり、幕府体制内の関係者への申し渡し（通知・諮問）の場面の図を「大政奉還図」と称するのも奇妙ではある。

（3）大宮御所は、近世では天皇東下（京都では「遷都」とは言わない！）のあと天皇が京都滞在中の宿舎として使われたが、現在の京都迎賓館ができるまで外国賓客の宿舎としても使われた。

（4）正伝寺は方丈の狩野山楽の枯れた襖絵（重要文化財）も見どころだが、何と言っても血天井が有名。これは、関ヶ原の戦いの前哨戦で家康から必死の伏見城を託された鳥居元忠が、落城の際最後まで奮戦して残った三百八十名と共に割腹自害し、夥しい血痕を残した廊下を方丈広縁の天井にしたもの。なお、寺の縁側に置いてあった新聞の切り抜きによれば、一時代前のグラムロックのスターで俳優でもあったディヴィッド・ボーイが来訪したことがあり、庭の佇まいに感動したとある。一時日本にも住んだほどの日本好きで、日本の伝統的服束装飾、芸能にも関心を示した彼の感受性をうかがわせる。

（5）遠州の後、息子正之がこの地に陣屋を作り、「小室藩の政庁」とした。藩は正之から五代続き、若年寄なども輩出したが、六代目の政方の代に至り財政難のため治政に混乱をきたし、市中からの訴えの処理に不手際もあり、伏見奉行はお役御免、小堀家は改易となって大名家としては途絶した。しかし、時代が下がって文政年間に御家人家として復活している。

（6）遠州の庭は東京でも見られる。浅草の浅草寺伝法院、池上本門寺松濤園の庭園などがそれである。但し、残念ながら、いずれも期間限定の公開であるうえ、前者は現在改修中（二〇二八年まで）であり、後者はコロナのせいでの公開時期（五月連休）にも今年の公開が見送られた。

（7）「粋」というと、学生のころ読んだ九鬼周造の「「いき」の構造」を思い出す。そこでは、庶民が生き生きと文化を担った江戸期の情緒から始まって、「野暮《やぼ》」や「気障《きざ》」を対極のものとして意識しながら、「武士は食わねど高楊枝」の痩せ我慢的意気地、諸行無常の諦観的詠嘆、そしてある種の婀娜《あだ》っぽさが綯交《ないま》ぜになった日本的な美意識が描かれていた。

水晶　瑞松　随所に誉れあり　――我が国特許第一号――

その御仁《ひと》、天保八年（一八三七年）生まれの幕末から大正初めの人物である。名を貞、幼名を菊太郎と言い、長じて家業の刀鞘塗《かたなさやぬり》を継ぎ、画柄を漆板に彫刻刀で一気に刻み付ける「一刀彫鉄筆」という技法を極めて世に出た。その頃は寸松と号した。

のちに孝明天皇から御諚《おことば》を賜り「瑞」の一字を頂戴し、瑞松と称した。ことの発端は、彼の技量の名声を聞かれた孝明天皇が、御物の置物の臺《だい》を納めよと命じられたことにある。その置物が数個からなる水晶の宝珠であったため、臺も水に縁《ゆかり》のある波の形であるべきと考えた彼は、その形を求めて煩悶すること数十日。豪雨の中、氾濫する川の波濤を三条大橋の上から凝視し、遂にその形を会得《イメージ》。それをもとに彫り上げた紫檀の臺を献上して、ことのほかの思召《おぼしめし》を賜ったという次第。

この話は、戦前は国定の教科書にも載っていたとのことで、なかなかに有名であったらしいのだが、彼の神髄はむしろその後の技能工芸者ぶり、起業者ぶりにこそ存在した。瑞松と名乗り始めたのち、当時の鉄製の近代船舶が潮水により船底を侵食され、頻繁にドック入りの必要があるとの話を聞いた。この話に持ち前の研究心と、ドック入りの頻度が減れば世のためになるとの公共心を刺激され、得意の漆をベースにして新型塗料の開発に取り掛かった。横須賀の造船所周辺で試行錯誤を繰り返し、当時の海軍の船にも試してみて実用の確信を得た。

それを当時創設されたばかりの農商務省専売特許所に出願して、見事特許を取得したのである。これが我が国の特許第一号である。明治一八年（一八八五年）七月一日出願し、同八月十四日に、特許が「堀田錆止塗料及びその塗法」に与えられた。当時の特許期間は十五年間であった。

筆者は、特許庁在任中に自分の執務室に掲げられたその証書の写しを毎日眺めていた。証書の署名は、農商務大臣・西郷従道、しかも直筆である。残念ながら、初代専売特許所長（現在の特許庁長官）の高橋是清の署名はない。長官の名前で証書が出されるようになるのは明治三二年になってからである。恐らく殖産興業の実を上げる形で発明出願が増え、大臣の署名が追い付かなくなったことによるものと考えられる。のちにその長官の署名すらも署名印影の印刷を以って替えることとなって今日に至るのであるが、その印影のもとになる署名には依然として長官の毛筆直筆を求められるのはその名残である。もっとも、書式が横書きになっても毛筆の署名をするのには若干の違和感がある（笑）。

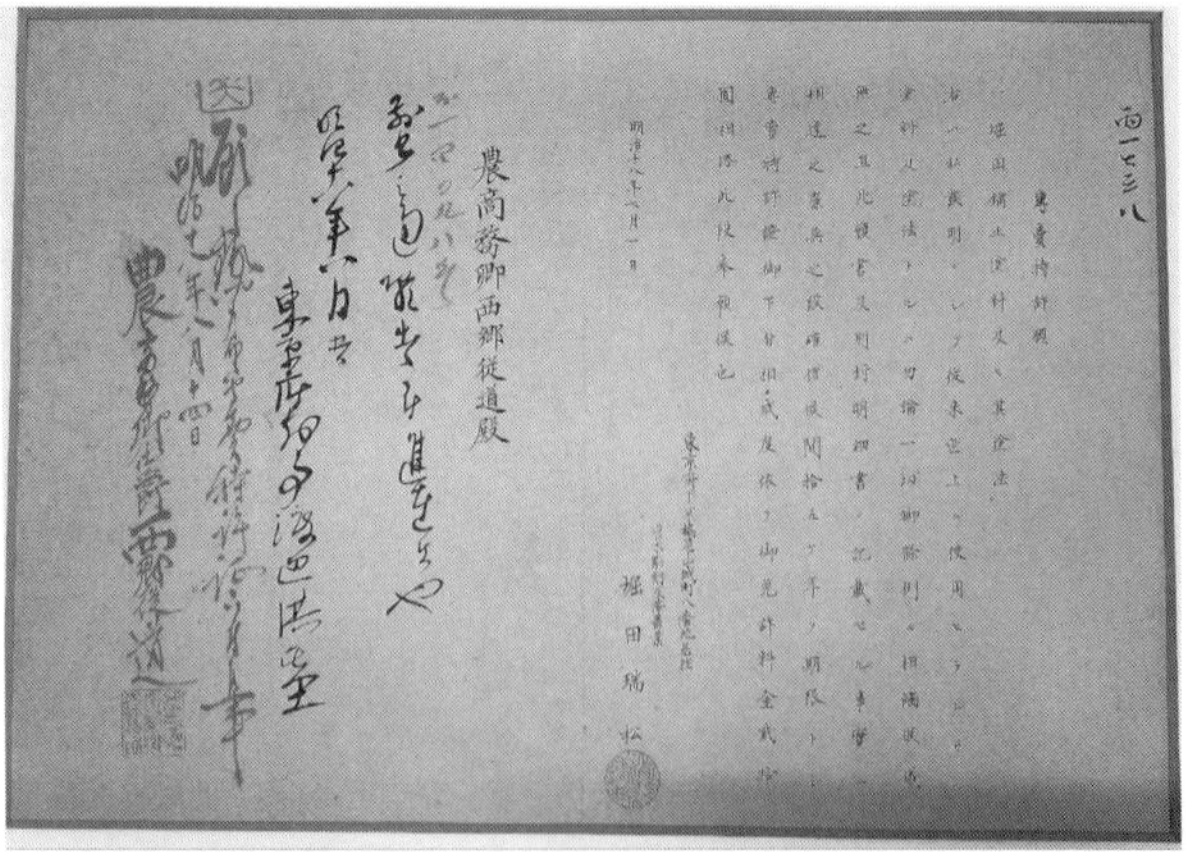

特許状（我が国特許第1号）

さて、瑞松さんである。海洋を航海する船は、単に錆びないだけでなく、海の虫、貝殻、藻が付着しないことも重要である。それに着眼した瑞松さんは、「介藻防止漆」を考案して第九一八号目の特許をも取得している。彼の特許塗料は、海軍をはじめその筋からも高く評価されたが、一方いかんせん当時の日本は近代的艦船の数が限られており、リピーターが続々とやってくるというものでもなく、事業としてのマーケットが小さすぎた。

そこで、彼は「堀田式漆樹栽培法」を国内で試し、漆増産の目途を付けるや、海外雄飛を決断する。彼の渡米は六十八歳のことである。以来、メイドインジャパンの漆技術による塗料の普及と企業化に邁進した。米国でも二件の特許を取得し、船底の塗装に留まらず、駅やガススタンドの塗装にも威力を発揮した。しかし、不況のせいもあったが、何より漆が高価であり、また米国の技術者にはこなしきれない素材であったことから、事業としては成功に至らず、無念の帰国となった。

しかし、その時代、日本の技術を引っ提げて単騎海外の市場に殴り込みをかけた彼を、故郷で迎える人々は、さすがに「モノがわかって」いた。明治四四年に帰国するや、「特許第一号記念会」を盛大に挙行して、彼の偉業を顕彰している。主催者には、清浦圭吾、御木本幸吉などの名前が見える。

没年は、大正五年(一九一六年)。最後まで研究心は衰えず、漆の乾燥性を改良した第二五二三三号の特許取得(大正二年十二月二十六日付)の記録が残っている。

(本稿は、北垣實一郎・安田清「堀田瑞松傳」のほか、特許庁内の文献及び有識者の助言に拠った。)

〈付録〉

折々に詠みし戯《ざ》れ和歌《うた》

冬の街路で詠む

木枯らしの街路を歩む母子連れ見交わす笑みにさざんか揺れる
さざんかの花一輪の気高さや吹く風に立つ赤き称号
翠雨浴び枯野の蔦が萌《もえ》たちて君がたちまち姿くらます
隅田川耳朶《じだ》をちぎって風が吹く川面に浮かぶ鳥に笑われ

夏に詠める

幼な児がまどろむ籠《かご》に風車《かざぐるま》佳い風受けて元気に廻れ
永代の橋のたもとのイチジクを行きかう人が横目窺う
長雨の湿りに耐えて蝉時雨《せみしぐれ》生き急ぐがばや力の限り
織姫が嘆く長梅雨《ながつゆ》彦星がかけし橋げた雨に流され

娘の旅立ち／出産に詠む

花ことば娘と父の合ことば未来に届け愛ことば
今日だけはゆっくりでいいと娘笑《え》むバージンロード歩み留めて
もういいよパパの涙腺パンパンさもう一言で破裂しちゃうよ
嫁に行くと伏し目で語る頤《おとがい》に想い重ねる幼き日々を
年代物《ねんだいもん》飛び切りワインこの日こそ息子が増えた盃《さかずき》交わす
いまのうち二人でいける最後旅身軽に行くと身重宣《のたも》う　（娘出産前）
伸びをする碧《あお》き空むけ嬰児《みどりご》は萌黄《もえぎ》の産毛《うぶげ》薄紅《うすあか》ほっぺ　（初孫誕生）

亡き母の思ひ出

母の日に風船バレー新記録汗ばむ顔に笑みがこぼれる
たらちねの母亡き朝の不思議なり事なきごとく普通に明けた

家族の古きメモに思ふ

その昔妻から職場に手紙ありもっと一緒に居たいと零《こぼ》つ（残業続きの新婚の頃）
クリスマス我が児を寝かし灯もつけず帰らぬ吾を待つ妻愛《いと》し
異郷の地子供は直ぐに慣れる筈それは違ふと娘言いけり（外国勤務）

被災地に思ふ

いざ響け遠き海鳴りかき消して瓦礫《ガレキ》の街に祭りの太鼓（二〇一一年　被災地にて）
ブルドーザーパワーシャベルもドンと来い眦《まなじり》決し被災地に向かふ（重機講習修了）
五十年に一度の大水地を浚《さら》う去年も聞いたりそんな解説

オリンピックに寄せて

エッジ立てバックストレッチ疾走す大和撫子表彰台に輝く

朝ぼらけ下弦の月が見おろせり河畔を走るマラソン人を
春ウララ隅田河畔で花柄のマラソン人に蝶が戯《たわむ》れ
金ひとつ銀メダル６つ銅12青と黄色の選手天晴《あっぱ》れ　（ウクライナ選手団に寄せて）

横綱に思ふ

リモコンは殴るためではありませぬ仲良く歌う秘密の小箱　（日馬富士乱心）
休み明け綱の意地張り三連敗貫く鯔背《いなせ》浮かぶ瀬ありや　（稀勢の里引退）
見上げれば幕内三役遥けくも臥薪嘗胆綱を手繰《たぐ》れり　（照ノ富士復活）

コロナ禍に思ふ

今こそはソーシャルディスタンス心して相合傘《あいあいがさ》の明日を夢見て
暖簾《のれん》露おけば払えど払われぬコロナに耐えてつゆも負けじと
ワクチンの副反応がなかりけり腕をまくりて接種あと見る

熱が出たわれは頭痛で君は喉若さを競うワクチン接種

社会不祥事に思ふ

口裏を合わせてもなお顕《あらわ》れる組織でやれば必ず漏れる
嘘一つそれを糊塗する嘘三つそして全てが嘘になりけり
騙されたと思って一度やってごらんそういう騙しは善意の顔で
関係は全くないと統一す政治と宗教公式見解

出品作を描き終へて詠む

出来栄えは推して知るべしエプロンに残る絵の具の哀しからずや
やれやれとひねもすのたり爪楊枝思いは次へ図柄が跳ねる
晴ればれとブルーシートを片付けて居室に戻るにわかアトリエ
武者の絵に仕事の想い刷り込んでいざ前進と吾を鼓舞する　（図柄にメッセージを潜ます）

物干しがキャンバスに見え洗い物干すにも色の並び気にする

男の独酌

朔月の夜は独酌灯を点《とも》し昔の恋と歳を数える
独酌の酒を舐めつつ思ひやる酔わせてくれるかの人いずこ
サクサクときざむ長芋糸を引くゆうべを思ふ朝の食卓
とくとくと銚子に注ぐその横でとんとん刻む葱と白菜
十六夜《いざよい》の月を砕きて吹く風の思い起こせし愛《いと》し面影
月食の翳《かげ》りうつろひ見ましかばかの人よもやもとなさざめく

老いに向かいて詠む

あわあわと募る思いを五七五七七とつぐ霜月の末
冬過ぎて日の出が早くなりにけり老いの身にも陽だまり優し

歳重ね青春遠く冬支度されど時折佳き日和《ひより》あり
目の前に上がった白球チャンスとて気持ちスマッシュ空きるラケット
古希古希《コキコキ》と骨が鳴る音聞こえけりけふもオッチラ高齢者体操
憂きつらきことぐさ忘れ住みよきは児の声ひびく我が庵なり
朝起きて父の面影生き写し鏡に映る我が眠気顔
顔のシワ父のと位置は同じなりされど深さと味で及ばざるなり
父母《ちちはは》が建てし時分を思い出すゆかし故郷《ふるさと》家を継いだり

旅先の地に寄せて

信長の癇癪《かんしゃく》破裂仕置きする本能寺まで一直線　（佐和山城址にて）
信長を卒業したあとあてはなし余韻にひたる琵琶湖のほとり　（「信長四部作」書き終えて）
勿来《なこそ》とて霧に包まる北陸路かすみ見ゆるは東尋坊かな
家持の昔をしのび七尾湾波間に浮かぶ君の面影
等伯も眺めし能登の潮の道廻りて届け松前沖に

降りしきて鉄路を隠す雪とばし汽笛一声夜汽車が通る

遥《はる》けくも来つるものかな喜望峰ひだりインド洋みぎ大西洋　（喜望峰突端にて）

アラビアの半島横断豪州へ窓から眺む弧《まろ》き海原　（ドバイから西豪州への印度洋上空）

海を越え羅馬《ローマ》帝国震撼さす軍神将軍名はハンニバル　（カルタゴにて）

人生の岐路に詠む

もういやだわたしゃ受ける気ありませぬよしておくれよ口説き文句は

さりながら三つ子の魂百までと思い悩んで師走の月見る

始まりは向こう懇願気がつけば勘弁してよとこちら嘆願

新年度季節外れの雪が舞ふ花も嵐も踏み越え行かん

世を憂しと嘆く心根《きもち》を振り切って手綱絞って馬を駆けさす

腰伸ばし背筋正して国おもふ心ひとつの節はあるなり

秋立ちぬ一筋違《たが》えた散歩道こんなところにワンダーランドが

初出掲載一覧

○託孤寄命に導かれ

紡ぎ伝えられる遺命（その一）　特技懇第302号（2021年9月）

紡ぎ伝えられる遺命（その二）　特技懇第303号（2021年11月）

○細川家にとっての「関ヶ原」

心の種をのこす言の葉　特技懇第304号（2022年1月）

梓弓もと立つばかり道を正して　特技懇第306号（2022年9月）

○吾れ時局に臨みかく始末せり

員に備わるのみ　特技懇第308号（2023年1月）

恐れながらお尋ねに付き申上げ奉り候　特技懇第309号（2023年5月）

○日露戦役を蔭で支えた益荒男たち

怡与造と林太郎そして源太郎のクラウゼヴィッツ　特技懇第298号（2020年9月）

独り剣を撫して虎穴に入らん　特技懇第299号（2020年11月）

宏猷を翼賛するは此秋に在り　特技懇第300号（2021年1月）

渡りて聞かむ雁金の声　特技懇第301号（2021年5月）

○小評論

鎌倉草創期の「真実」　特技懇第305号（2022年5月）

なすこともなき身の夢のさむるあけぼの　特技懇第307号（2022年11月）

水晶　瑞松　随所に誉れあり　「公研」第589号（2011年1月）

細野哲弘（ほそのてつひろ）

1976年4月通商産業省（現 経済産業省）入省。通商貿易政策、中小企業政策、流通政策関係部局のほか、マレーシア、ドイツ日本国大使館勤務などを経て、資源エネルギー庁資源燃料部長、資源エネルギー庁次長、経済産業省製造産業局長、特許庁長官、資源エネルギー庁長官などを歴任。2011年9月退官後、（株）みずほ銀行顧問、（株）JECC代表取締役社長などを経て、2018年4月より独立行政法人 石油天然ガス・金属鉱物資源機構（現 エネルギー・金属鉱物資源機構）（JOGMEC）理事長。著作「学校で知っておきたい 知的財産権」全3巻（監修）「それゆけ！ 歴史街道」

忘れえぬ人びとの跫音《あしおと》
―それゆけ もっと！ 歴史街道―

2023年3月15日　初版第1刷

著　者　細野哲弘
発行人　中井健人
発行所　株式会社ウェイツ
〒160-0006
東京都新宿区舟町11番地
松川ビル2階
電　話　03-3351-1874
FAX　03-3351-1974
http://www.wayts.net/
装　幀　飯田慈子（株式会社ウェイツ）
印　刷　株式会社シナノパブリッシングプレス

ISBN978-4-904979-35-8　C0095